로이드 칸의 **아주 작은 집**

Tiny Homes
Copyright © 2012 Lloyd Kahn
All rights reserved.

Translation copyright © 2013 by Hansmedia Publishing Co.
Korean translation rights are arranged with Shelter Publications, Inc. via Pubhub Literary Agency.

이 책의 한국어판 저작권은 PubHub 에이전시를 통한 저작권자와의 독점 계약으로 한스미디어에 있습니다.
저작권법에 의하여 한국 내에서 보호를 받는 저작물이므로 무단 전재와 무단 복제를 금합니다.

로이드 칸의
아주 작은 집

로이드 칸 지음 | 이주만 옮김

TINY HOMES

셸터는 단순히 지붕 달린 건물이 아니다.

● 추천의 글

모든 집 짓는 동물들이 그렇듯 인간도 자기 집을 스스로 지으며 살아왔다. 인간이 직접 집을 짓지 않고 살게 된 것은 전체 인간의 역사에선 아주 최근의 극히 짧은 기간에 지나지 않는다. 로이드 칸은 현대인들이 잃어버린 이 '건축 본능'을 일깨워주는 작업을 해왔다. 그가 소개하는 건강하고 소박한 집들은 우리에게 내재된, 하지만 실현하지 못하는 집짓기의 욕망을 대리 만족하게 해준다.

그의 새 책 《로이드 칸의 아주 작은 집》은 '작은 집'들만을 골랐다는 점에서 더욱 반갑다. 집은 작을수록 예쁘고, 작을수록 재미있다. 작은 집이 큰 집보다 '집이란 것의 본질'을 더 잘 보여주며, 톡톡 튀는 아이디어를 더 즐겁게 시도할 수 있기 때문이다. 책을 읽다 보면 집의 가치는 손수 구상하고 짓는 즐거움에 있다는 것을 깨닫게 되고, 동시에 저들처럼 집을 짓고 싶다는 부러움에 끊임없이 시달리게 된다. 이 책을 읽는 것은 그래서 즐겁고 또 괴롭다.

— 구본준 건축칼럼니스트, 〈한겨레〉 문화부 기자

서문

1973년 우리는 《셸터Shelter》를 출간했다. 전 세계 건물들의 사진을 1000여 장이나 담은 이 책은 말하자면 〈전 지구 카탈로그Whole Earth Catalog〉(스튜어트 브랜드Stewart Brand가 창간한 잡지로서 제조사와 제품 가격을 명시해 온갖 제품을 소개한다-옮긴이)의 대형판인 셈이다. 《셸터》에는 밥 이스턴Bob Easton이 그린 삽화와 함께 다섯 가지 유형의 초소형 주택이 소개되었다.

《셸터》가 발행될 즈음 많은 사람은 판에 박힌 일자리와 직업, 주택담보대출과 임대로 대표되는 기존 주택의 패러다임에서 벗어날 길을 모색하고 있었다. 《셸터》는 이런 사람들을 격려하고 싶었다. 살림을 줄이고, 집을 줄이고, 창의적인 아이디어를 발휘해서 자기 손으로 생활공간을 창출하자는 것이 우리의 지론이다.

근래 들어 1960년대의 사상이 재조명되면서 이와 같은 대안적 생활방식이 다시 한 번 주목받고 있다. 일반 대중뿐 아니라 언론매체에서도 초소형 주택의 가치에 눈을 떴다.

서브프라임 모기지 사태가 북미 지역의 부동산시장을 황폐하게 만든 것도 그 배경이 되고 있다. 높은 담보대출 이자를 갚아나가야 하는 대형 주택에서의 생활은 지속 불가능한 생활로 판명 났다. 수많은 사람이 믿고 있던 동아줄이 썩은 동아줄이었던 것이다.

설상가상 임금은 하락하고, 일자리는 갈수록 줄어들고, 월세는 가파르게 오르기만 했다. 사람들은 오래전부터 벌어들이는 소득 이상으로 과소비를 하고 있었으며, 수입에 비해 턱없이 큰 주

1916년경 부친이 샌프란시스코의 릭윌머딩 고등학교를 다니던 시절에 그린 그림이다.

택에 거주했다.

주택으로 한몫 잡을 수 있다는 꿈은 물거품처럼 사라졌으며, 인간이 사는 데 꼭 필요한 요소로 꼽히는 주거비용이 하루가 다르게 치솟자 살림을 줄이자는 운동이 일어나고 있다.

―·―

나는 2년 전부터 이 책의 자료를 수집하기 시작했고, 실제로 현장을 둘러보면서 깜짝 놀랐다. 요즘 초소형 주택을 건축하는 이들이 보여주는 창의성과 다양성, 그리고 빌더들의 열정을 목격하면서 나는 가슴이 들떴다. 우리 책을 기다리는 새로운 고객층도 생겨나고 있다. 수많은 젊은이는 출간된 지 40년이 넘은 《셸터》의 사상에 여전히 자극을 받고 있다.

우리는 초소형 주택에 관해 많은 조사를 하고 2012년에 그 결과물을 발표했다. 대부분 빌더들이 직접 작성한 글을 그대로 실었다. 이 책에 실린 건물들의 유일한 공통점은 크기가 작다는 것뿐이다. 글 쓰는 스타일도 각기 다르고, 사진도 다양하다. 이 책에서는 우아한 집부터 파격적인 집까지, 직접 지은 집부터 구입한 집까지, 초저가 주택부터 초고가 주택까지 다양한 주택을 소개한다. 처음부터 철저하게 계획하고 시작한 빌더도 있고, 본능적으로 혹은 일단 부딪쳐 보자는 빌더까지 빌더의 유형도 제각각이다.

―·―

책에 등장하는 건물 중에 가장 큰 건물이 46㎡(14평)이다. 꽤 작은 편이다. 하지만 여러분이 아직 젊고, 독신이고, 직장(혹은 집)을 잃었다면, 월세나 주택담보대출의 굴레에서 벗어나고 싶다면, 또 살림을 대폭 정리할 수 있다면(혹은 이런저런 이유로 삶을 새롭게 시작하고 싶다면) 이 책에서 대안을 찾을 수 있을 것이다. 평생 작은 집에서 살 필요는 없지만 작은 집에서 살아보면 그 효과를 금방 느낄 수 있다. 꼭 이렇게까지 작아야 할 필요도 없다. 하지만 여기 소개된 아이디어들은 지난 수십 년 동안 과도하게 커져 버린 1인 가구 주택을 해결하는 처방이 될 것이다. 요즘은 주택시장에서도 소형 주택 바람이 불고 있다.

―·―

건물을 짓는 방법은 여러 가지다. 빌더를 고용할 수도 있고, 조립식 키트를 구입해 조립할 수도 있고, 시간이 충분하고 기술이 있다면 직접 짓는 방법도 있다. 주인이 직접 지을 경우 공사비를 50%가량 절감할 수 있다(건물을 지으려면 보통 인건비와 자재비가 50 대 50의 비율로 소요된다). 경제적으로 또 하나 짚고 넘어갈 장점이 있다. 모기지론으로 집을 산다면 오랜 세월에 걸쳐 빌린 금액의 두 배가량을 은행에 지불해야 할 테지만, 직접 집을 짓는 사람들은 그럴 일이 없다는 것이다.

우리는 지금 비약적으로 발전한 온라인 시대를 살고 있지만, 집을 지으려면 두 손을 사용해야 한다. 컴퓨터가 집 짓는 일을 대신할 수는 없다. 신기술로 대체할 수 없는 과거의 기술이 남아 있다는 것이 어찌 보면 참 다행스러운 일이다.

이 같은 모험을 시작하려는 이들에게 내가 해줄 수 있는 조언은 40년 전과 다름이 없다. 작게 시작하라. 주방과 욕실은 효율적인 배관 공사를 위해 서로 벽을 마주하는 것이 좋다. 여름에는 태양광 패널로, 겨울에는 온수기 코일을 설치한 난로에서 온수를 확보한다. 여기까지가 반드시 필요한 부분이고 나머지는 살면서 추가하면 된다.

이 책은 아이디어를 얻는 용도로 쓰면 좋다. 진짜로 관심이 있거나 필요가 절실한 사람이라면 이들 건물(혹은 빌더) 가운데 분명 마음이 통하는 것을 찾을 수 있다.

주의할 점은 여기 있는 소형 건물이 모두 주택은 아니라는 것이다. 소형 스튜디오, 사우나, 정원 창고, 휴가 때 이용하는 오두막, 임대용 시설, 주거용 차량, 수상주택, 요트도 있다. 각기 용도는 다르지만 크기가 작다는 것이 핵심이다. 이 책은 직접 건물을 짓거나 빌더를 고용하려는 사람에게만 유용한 것은 아니다. 도시 사람이든 시골 사람이든 누구나 소박한 삶을 사는 데 유용한 아이디어를 얻을 수 있다.

―――•―――

《셸터》에서 우리가 말하는 '자급자족'이란 100% 자급자족이 아니라 하나의 방향 제시일 뿐이다. 말인즉슨 가능한 한 우리 손으로 많은 일을 처리하자는 것이다. 다시 옛날처럼 말을 끌며 밭을 일궈야 한다든지, 밀 농사를 지어야 한다든지, 신발을 직접 만들어야 한다는 뜻이 아니다. 일상생활을 자기 손으로 꾸려나가자는 말이다. 직접 집을 개조하고 작업실을 짓고 탁자나 침대를 만들 수도 있고, 시간을 내어 텃밭을 가꾸거나 닭을 키우고, 빵을 굽거나, 화분에서 상추나 파를 키울 수도 있다.

남을 위해 하는 일과 자신을 위해 하는 일, 자기 손으로 직접 무언가를 창조하는 일과 남이 창작한 것을 돈 주고 사는 일 사이에서 현대인은 조화를 찾아야 한다. 컴퓨터 앞에 앉아 있는 시간과 신체활동을 하는 시간 사이에서 균형을 찾아야 하는 것과 마찬가지다. 조화로운 삶은 곡예사가 균형을 잡으며 외줄타기를 하는 것과 같다. 그만큼 우리는 복잡한 시대를 살고 있다.

그렇다면 나는 초소형 주택에 살고 있는가? 아니다. 하지만 이전까지는 작은 집에서 살았다. 내 손으로 처음 집을 짓기 시작했을 때, 아내와 나는 침대 하나가 겨우 들어가는 침실에서 잠을 잤다. 요리는 야외 주방(혹은 데크)에서 콜맨 캠핑 스토브를 이용했다. 나중에 규모가 커졌지만 처음에는 작은 집에서 시작했다.

―――•―――

《로이드 칸의 아주 작은 집》은 우리가 출판한 집짓기 관련 서적으로 다섯 번째 작품이다. 이전 작품으로는 다음과 같은 책이 있다.

● 《셸터 Shelter》 (1973)
● 《셸터 Shelter II》 (1978)
● 《행복한 집구경 Home Work: Handbuilt Shelter》 (2004)
● 《빌더: 샌프란시스코에서 밴쿠버 섬까지 장인 목수들이 지은 집을 찾아다니다 Builders of the Pacific Coast》 (2008)

책을 보면 알겠지만 이 책에 등장하는 건축물 중에는 먼저 출판된 우리 책을 보고 자극을 받은 경우가 많다. 우리 책에는 연속성이 있다는 것이다. 최근에는 이메일과 블로그, 인터넷상으로 나에게 연락하는 경우가 많지만, 그린 페스티벌이나 솔라 페스티벌 때 우리를 찾아오는 이들도 있고, 직접 나를 찾아와 셸터 시리즈에서 영감을 받아 자신들의 집을 직접 지었노라고 인사를 한다. 나는 이러한 추세가 계속되기를 바라고, 이 책이 여러분의 삶을 소박하면서도 풍족하게 변모시키는 데 도움이 되기를 기원한다.

1971년 나는 돔을 짓는 것을 그만두고, 925㎡(280평) 정도의 대지를 구입해 소도시로 이사를 왔다. 돔을 짓는 5년간 나는 플라스틱이나 틈막이 재료 caulk, 또 알루미늄, 비닐, 폴리우레탄 폼처럼 고도로 가공된 자재들을 다량 이용했었다. 하지만 보다 자연에 가까운 천연자료로 돌아가고 싶었다. 나는 중고 포드 픽업트럭을 구해 몰고 다니면서 팔레트, 창문, 문, 각재 등 버려진 목재들을 수집하기 시작했다. 대부분 샌프란시스코의 여러 건설 현장 쓰레기 더미에서 구했다.

우리 땅에 처음으로 지은 건물이 이 작은 오두막이다. 이 오두막은 17㎡(5평)으로 아들놈인 피터의 방으로 몇 년간 사용했다. 여기에 쓴 거의 모든 자재가 폐기물 더미에서 가져온 것이라 공짜였다(지붕 방수포, 못, 채광창용 유리는 구입했다). 데크와 바닥은 팔레트 목재로 만들었고, 문과 창문, 외벽널과 내벽널도 폐자재를 사용했다. 근사한 소형 침실을 한 채 짓는 데 몇백 달러면 충분했다.

서문

로이드 칸의 아주 작은 집

추천의 글 · 5
서문 · 6

CHAPTER 1. 땅 위에 지은 초소형 주택

눈을 사랑한 사나이 · · · · · · · · · · · · · · · · · · · 16
슈거 색Sugar Shack · · · · · · · · · · · · · · · · · · · 26
뒤뜰에 작은 집 · 30
필드 랩Field Lab · 34
2000달러짜리 태양광 오두막 · · · · · · · · · · · 37
현실을 차단하는 오두막 · · · · · · · · · · · · · · · 40
루크의 뒤뜰에 정박한 요트식 오두막 · · · · · 43
1인용 주택 · 48
4m²(1.3평)짜리 오두막과 5m²(1.5평)짜리
데크를 결합한 통나무 주택 · · · · · · · · · · · · 51
숲 속의 풍요 · 55
1000달러짜리 해안가 오두막 · · · · · · · · · · · 57
아트의 침실 · 59
소형 건축물 · 62
피닉스 커모션Phoenix Commotion · · · · · · · · 64
우리의 두 번째 집 · · · · · · · · · · · · · · · · · · · 68
킴과 조니의 오두막 · · · · · · · · · · · · · · · · · · 72
초소형 텍사스 하우스 · · · · · · · · · · · · · · · · · 75
어떤 삶이 정상일까? · · · · · · · · · · · · · · · · · · 85
공무원과 친해지는 방법 · · · · · · · · · · · · · · · 87

CHAPTER 2. 바퀴 위에 지은 초소형 주택

고물 자동차 오두막 · · · · · · · · · · · · · · · · · · 90
텀블위드 초소형 주택 · · · · · · · · · · · · · · · · · 92
트레일러 위의 작은 집 · · · · · · · · · · · · · · · · 100
오리건 카티지 컴퍼니Oregon Cottage Company · · · 102
제닌의 초소형 주택 두 채 · · · · · · · · · · · · · 105
프로토하우스ProtoHaus · · · · · · · · · · · · · · · 111
바퀴 달린 초소형 주택 · · · · · · · · · · · · · · · 114
팔레트 하우스 프로젝트Pallet House Project · · 116

CHAPTER 3. 건축가가 지은 초소형 주택

주디스 산자락의 오두막 · · · · · · · · · · · · · · 120
조립식 전원주택 · 123
힝클 농장의 컨테이너 오두막 · · · · · · · · · · 128
도쿄 캡슐 호텔 · 132
태국 고아원의 나비 집 · · · · · · · · · · · · · · · 135
위하우스weeHouse · · · · · · · · · · · · · · · · · · 139

CHAPTER 4. 조립식 주택

리클레임드 스페이스Reclaimed Space · · · · · 144
스몰 하우스 이노베이션Small House Innovation · · 148
조립식 방갈로 · 150
카바나 빌리지Cabana Village · · · · · · · · · · · 152
야드포즈YardPods · · · · · · · · · · · · · · · · · · · 154
몬태나 모바일 캐빈스Montana Mobile Cabins · · 156
톰의 오두막 · 159
조립식 주택 관련 정보 · · · · · · · · · · · · · · · 162
온라인 건축: 사이버 공간을 이용해 집짓기 · · 168

TINY HOMES

CHAPTER 5. 천연재료로 지은 초소형 주택

- 남자의 동굴 · · · · · · · · · · · · · · · · · · · 172
- 볏단 공법 · 175
- 웨일스의 호빗 하우스 · · · · · · · · · · · · · · 186
- 지기의 코브 주택 · · · · · · · · · · · · · · · · 189
- 미소 짓는 집 · · · · · · · · · · · · · · · · · · 194
- 브리티시컬럼비아의 머드걸스: 생태주택을 짓는 여성 빌더들 · · · · · · · · · · · 197
- 팔레트와 코브로 만든 뒷마당 창고 · · · · · · · 202
- 남부 오리건 주의 볏짚-코브 주택 · · · · · · · 204
- 코브웍스 Cobwoks · · · · · · · · · · · · · · · · 207
- 코브와 나무로 지은 원형 주택 · · · · · · · · · 214
- 브리티시컬럼비아 섬의 코브 주택 · · · · · · · 218
- 하늘이 보이는 유르트 · · · · · · · · · · · · · · 222
- 하이다 그와이 섬의 사우나 · · · · · · · · · · · 225
- 바하 해안을 찾는 서퍼를 위한 움막 · · · · · · 228
- 아르데이아 Ardhei · · · · · · · · · · · · · · · · 230
- 태양광 정원 창고 · · · · · · · · · · · · · · · · 241
- 해변에 지은 유목 판잣집 · · · · · · · · · · · · 244
- 간이 휴게소가 있는 흔들다리 · · · · · · · · · · 246

CHAPTER 6. 나무 위에 지은 초소형 주택

- 크리스탈 리버 트리하우스 Crystal River Treehouse · · · 252
- 트리베인 Treebane · · · · · · · · · · · · · · · · 256
- 라파스 네스트 트리하우스 Lapas Nest Treehouse · · · 259
- 호숫가의 트리하우스 · · · · · · · · · · · · · · 264
- 딕 디드릭슨 Deek Diedrickson · · · · · · · · · · · 267
- 테일러 캠프 Taylor Camp · · · · · · · · · · · · · 270

CHAPTER 7. 주거용 차량

- 로이드의 밴 · · · · · · · · · · · · · · · · · · · 274
- 혼비 섬의 카라반 · · · · · · · · · · · · · · · · 277
- 플라잉 토터스 Flying Tortoise · · · · · · · · · · · 280
- 양치기 왜건 · · · · · · · · · · · · · · · · · · · 283
- 소박하라, 소박하라 · · · · · · · · · · · · · · · 286
- 니콜렛의 1000유로 왜건 · · · · · · · · · · · · 289
- 프로토스토가 Proto Stoga · · · · · · · · · · · · · 292
- 제이 넬슨 Jay Nelson · · · · · · · · · · · · · · · 295
- 멕시코 바하 여행
- 바하에 두었던 여행용 자동차 세 대 · · · · · · 298
- 붉은색 캠핑 트레일러 · · · · · · · · · · · · · · 300
- 밴을 타고 다니는 화가 · · · · · · · · · · · · · 302
- 길 위의 여인 · · · · · · · · · · · · · · · · · · · 305
- 사라진 바다를 찾아서: 노새가 끄는 집 · · · · · 308
- 마굿간 집 · 311
- 미국에서의 유목생활 · · · · · · · · · · · · · · 314
- 다양한 빈티지 캠퍼 · · · · · · · · · · · · · · · 319

CHAPTER 8. 물 위에 지은 초소형 주택

- 폴과 줄리의 항해일지 · · · · · · · · · · · · · · 326
- 미스티 호 · 334
- 브리티시컬럼비아의 유목집 · · · · · · · · · · 338
- 온타리오 보트하우스 · · · · · · · · · · · · · · 340
- 호수 위의 작은 오두막 · · · · · · · · · · · · · 343
- 내로우 보트 Narrow boat · · · · · · · · · · · · · 346

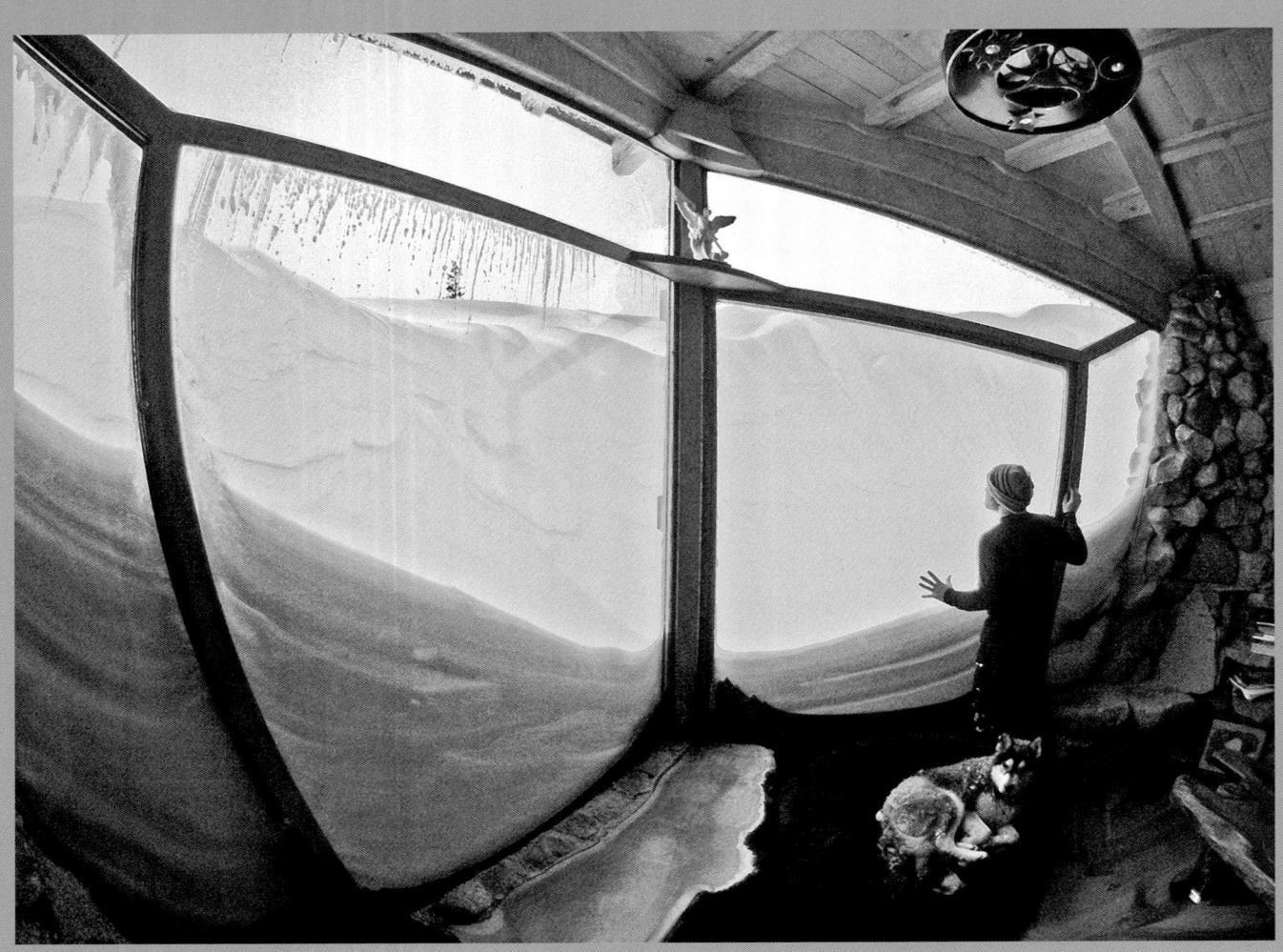

CHAPTER **1**

땅 위에 지은 초소형 주택

- 눈을 사랑한 사나이
- 슈거 색Sugar Shack
- 뒤뜰에 작은 집
- 필드 랩Field Lab
- 2000달러짜리 태양광 오두막
- 현실을 차단하는 오두막
- 루크의 뒤뜰에 정박한 요트식 오두막
- 1인용 주택
- 4㎡(1.3평)짜리 오두막과 5㎡(1.5평)짜리 데크를 결합한 통나무 주택
- 숲 속의 풍요
- 1000달러짜리 해안가 오두막
- 아트의 침실
- 소형 건축물
- 피닉스 커모션Phoenix Commotion
- 우리의 두 번째 집
- 킴과 조니의 오두막
- 초소형 텍사스 하우스
- 어떤 삶이 정상일까?
- 공무원과 친해지는 방법

눈을 사랑한 사나이

눈을 사랑한 사나이

마이크 베이식 Mike Basich

2009년, 아들로부터 이메일을 한 통 받았다.

아빠, 안녕하세요?
인터넷으로 새 스노보드를 찾다가 우연히 마이크 베이식이란 사람을 알게 됐어요. 스노보드 프로선수인데 아주 뛰어난 빌더builder입니다. 대단히 창의적인 사람이랍니다. 이 사람이 사는 모습을 보면 홀딱 반하실 거예요! 도너 패스Donner Pass 인근에 이 사람이 지은 집을 한번 찾아보세요. 진짜 굉장해요! 모두 현지에서 구한 자재와 돌을 이용해 직접 지었답니다. 아빠가 보면 특히 온수 욕조가 마음에 드실 거예요.
– 에반 올림

내 아들놈이 건축에 흥미가 있는 줄은 전혀 몰랐다. 어쨌든 아들놈 말대로 나는 마이크 베이식을 검색해보았다. 마이크 베이식은 세계 정상급 스노보드 선수였다. 마이크가 30m 상공의 헬리콥터에서 낙하산 없이 스노보드를 타고 뛰어내린 적이 있다는 아들의 말을 들으니 더욱 흥미가 동했다. 다음은 이 놀라운 친구와 그가 지은 멋진 오두막에 대해 아들이 설명한 글이다.

*

2009년 9월, 나는 인터넷에 접속해 미국에서 생산한 수제품 스노보드를 찾다가 마이크 베이

유타에 370㎡(112평) 주택도 있었지만 지금은 이 오두막이 전부예요.

식을 우연히 알게 되었다. 자기 땅에 있는 400년 된 죽은 나무로 스노보드를 만들었다는 사람이 있다는 소식은 일전에 듣긴 했는데, 그 사람이 바로 다름 아닌 마이크 베이식이었던 것이다. 마이크는 팔방미인으로 전설적인 스노보드 선수이자 뛰어난 빌더이기도 했다. 우연히 보게 된 동영상에서 마이크는 노천 수영장과 땔감으로 물을 데울 수 있는 욕조를 시공하는 모습을 보여주고 있었다. 나는 이 동영상을 보자마자 마이크가 집 짓는 얘기로 직접 책을 쓰거나 그게 아니라면 아버지가 출간하시는 셸터Shelter 시리즈에서 곧 소개될 사람이라고 직감했다. 마이크는 내가 아는 한 가장 재능이 많은 빌더 중 한 사람이다.

마이크가 오두막에서 무엇을 만들고 있을지 상상하는 일은 쉽지 않다. 스노보드 제조에 사용할 목재를 절단하고 있을지, 트럭을 절단해서 사륜구동 하이브리드 차량을 결합한 일종의 스노모빌(눈이나 얼음 위를 쉽게 달릴 수 있게 만든 차량-옮긴이)을 만들고 있을지, 아니면 오래된 엔진과 뒤 차축으로 손수 만든 견인 장치를 타고 산을 내려가고 있을지 모를 일이다. 참, 마이크가 세계에서 가장 뛰어난 품질의 스노보드 장비를 제조하는 회사 Area-241의 창업주이자 소유주라는 사실도 아는가?

마이크가 건축에 대해 품은 열정은 스노보드에 대해 품은 열정만큼이나 뜨겁다.

마이크의 오두막은 도너 패스 뒤쪽으로 약 5km 떨어진 17만㎡(5만 평)의 두메산골에 있어 겨울이면 스노모빌이나 설상차 혹은 설피가 없이는 접근할 수 없다. 내가 이곳에 처음 방문했을 때 마이크는 나를 스노모빌 앞자리에 앉히고 내 뒤에 서서 눈바람을 날리며 시속 80km의 속력으

● 30m 상공의 헬기에서 뛰어내리는 마이크. 나는 그때 어떤 경험을 했는지 물었다. "헬기에서 뛰어내리자 날개가 만들어낸 바람 때문에 가속도가 붙었어요. 평상시처럼 두 발로 착지하다가는 다리가 부러질 듯싶었죠. 그래서 옆으로 넘어지며 착지했어요." 다행히 가루눈이 수북이 쌓여 있어 부상을 입지 않았다.
●● "현관에서 불과 몇백 미터 떨어진 곳에서 스노보드 타기에 딱 좋은 장소를 발견했다." 2007년 새해 첫날
●●● 마이크의 삶에서 집짓기와 스노보드 타기는 동일선상에 놓여 있다.

로 벌판을 질주했다.

　오두막은 주로 돌로 지었는데, 이 돌들은 모두 마이크가 직접 주워 나른 것이다. 강철 보를 구부리는 작업은 마이크의 사촌이 도와주었고, 용접 작업은 마이크가 직접 했다. 목재들은 모두 마이크가 골라 벌목한 것들로 그의 이동식 제재기로 가공했다. 나는 사소한 것들까지 이렇게 눈길을 사로잡는 집을 본 적이 없다. 문고리와 의자, 카운터가 모두 나름의 사연이 있고, 뛰어난 장인의 손길이 느껴졌다.

　마이크 베이식은 스노보드 업계에서 신화적 인물로 평가받는다. 탁월한 스노보드 실력, 독특한 시선이 담긴 사진, 스노보드 업계에 끼친 공헌 등 여러가지 이유가 있지만, 세상을 살아가는 관점과 인간이 두 손으로 지을 수 있는 것들에 대해서 사람들에게 깨달음을 주었기 때문이다. 스노보드를 빼고 마이크의 인생을 말할 수는 없다. 마이크는 창의력을 맘껏 발휘할 수 있는 광활한 대자연과 눈 덮인 산에서 스노보드를 즐기고 있으며, 또 일상에 필요한 물건을 손수 만들어보면서 진짜로 인생에 꼭 필요한 것들이 무엇인지 배워나가고 있다.

www.241-usa.com

www.241-usa.com/video.html

여기서는 시계가 소용이 없어요.

마이크 베이식: 2004년, 그러니까 나이 서른셋이 되어서야 유년 시절의 꿈을 실천하기로 결심했다. 내 두 손으로 직접 집을 짓기로 한 것이다.

도너 패스 정상에 있는 이 17만 ㎡(5만 평) 대지의 아름다운 장소를 우연히 발견하고는 바로 땅을 구입했다. 그때는 무척이나 추운 겨울이었는데 나는 원뿔형 천막에 기거하며 온몸으로 대지를 받아들였다.

우선 어떤 모양으로 집을 만들지 구상하기 시작했다. 나는 산 정상에 서 있을 때 가장 충만한 느낌을 받는 사람이다. 그래서 세상으로 뻗어나가고 싶은 듯 산 위에서 두 팔을 활짝 벌리고 찍은 내 사진들을 살펴보기 시작했다. 사진 속의 내 팔과 다리, 머리를 선으로 이으면 오각형이 만들어진다. 당시 나는 스콧 올슨 Scott Olsen이 지은 《황금분할: 자연의 위대한 비밀 The Golden Section: Nature's Greatest Secret》을 읽으면서 황금비율의 우아함과 단순함을 깨우쳐가던 중이었다.

황금비율을 염두에 두고 집을 짓기 시작하면서 놀라웠던 사실은 일단 작업에 들어가자 모든 일이 자연스럽게 진행되었다는 것이다. 이를테면, 현관을 배치할 자리에 서서 팔을 뻗었을 때 닿는 위치가 창문이 있어야 할 곳이었다.

가장 힘들었던 것은 눈 속에서 콘크리트를 섞는 등 갑작스레 변하는 산악기상에 대처하는 일이었다. 하지만 자연에 복귀해 자급자족하면서 단순한 삶을 꾸려가는 것이 내가 원하는 삶이었다. 주변을 둘러보니 먼 옛날부터 그곳을 지키고 있는 돌들이 많았다. 그래서 나는 돌을 이용해 집을 지었다.

나는 스콧 올슨이 지은 《황금분할: 자연의 위대한 비밀》을 읽으면서 황금비율의 우아함과 단순함을 깨우쳐가던 중이었다.

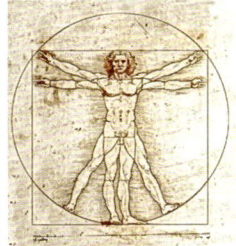
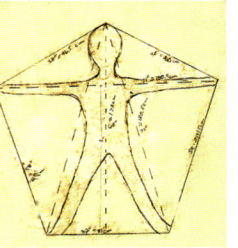

● 2011년에 내린 폭설로 인해 오두막이 완전히 눈에 뒤덮였다. 이 사진에서는 조금씩 오두막이 모습을 드러내고 있다.

CHAPTER 1. 땅 위에 지은 초소형 주택

이로부터 22년이 지나 어릴 때 꿈을 찾아 나섰어요. 집 모양새가 잡혀가면서 내가 늘 꿈꾸던 삶이 펼쳐지고 있다는 사실을 바로 알아차렸습니다.

11살 난 마이크의 모습

오두막은 마이크가 직접 주워 나른 돌로 지었다. 강철 보를 구부리는 작업은 마이크의 사촌이 도와주었고, 용접 작업은 마이크가 직접 했고, 목재들은 현지에서 바로 가공했다.

CHAPTER 1. 땅 위에 지은 초소형 주택

2010년 8월, 나는 아들과 함께 마이크의 오두막을 찾았다. 우리는 마이크가 키우는 개와 함께 사륜구동 트럭에 몸을 싣고 바퀴 자국이 깊이 파인 길을 따라 산에 오른 뒤, 수많은 바위를 껑충껑충 건너뛰어 그의 오두막에 도착했다.

먼저, 이곳 풍경은 말문이 막힐 정도로 아름다웠다. 둘째로, 그의 집은 장인정신이 꼼꼼하게 발휘된 놀라운 소형 주택이었다. 집 안 곳곳에는 창의적인 볼거리가 가득했다. 모두 그가 손수 만든 것들이다.

마이크는 수백 장의 컬러 사진을 곁들여 자신의 집 짓는 과정을 기록해 《꿈의 실현 The Making of a Dream》이라는 책을 냈다. 책에 실린 사진 중에는 감탄이 절로 나오는 뛰어난 사진들이 많다.

22~23쪽에 등장하는 사진은 에반 칸 Evan Kahn 이 찍었다.

● 오각형 모양의 바닥에 사용된 목재는 모두 현지에서 벌목한 나무로 만들었다. 중앙에 오각형이 보인다. 마이크의 생일인 10월 29일이 되면, 문에 달아놓은 별 장식에 난 구멍을 관통한 햇빛이 이 위를 비춘다.

눈을 사랑한 사나이

한밤에 마이크가 스노보드 묘기를 하는 모습을 저속으로 촬영한 사진: 조명은 세 가지를 이용했다. 으두막 뒤쪽에서 12분 노출, 왼쪽 설상차 헤드라이트 1분 30초 노출, 그리고 베이식이 손에 들고 있던 플래시를 터뜨려 촬영했다.

슈거 색 Sugar Shack
빌 캐슬 Bill Castle

빌 캐슬은 2004년 출간된 《행복한 집구경Home Work: Handbuilt Shelter》에 소개된 세 명의 중요한 빌더 가운데 한 사람이다. 빌은 단순한 구조의 집을 짓는 데 탁월한 능력을 발휘하는 명장으로(29쪽 사진에서 동력톱으로 서까래를 절단하는 모습만 봐도 알 수 있다), 가족과 함께 뉴욕 벨몬트Belmont 인근의 산림에서 생태 휴양시설을 운영한다. 빌이 최근 지은 '슈거 색(식사를 할 수 있는 메이플 시럽 농장-옮긴이)'을 소개한다.

❋

우리 생태 휴양시설의 테마는 언제나 애디론댁 인디언 스타일Adirondack Style이다. 바꿔 말하면 '돈 들이지 않고 느긋하게 짓는 것'을 의미한다. 우리 휴양시설은 2억 3000만 ㎡(7000만 평)에 달하는 뉴욕 주정부 산림에 둘러싸여 있는데, 해마다 주정부와 계약을 갱신하고 '죽은 나무와 쓰러진 나무들'을 수확한다. 대지의 여신이 소유한 목재 저장소에서 나무를 구해 집을 짓는 셈이다. 가장 최근에 지은 슈거 색은 두메에 위치하지만 가정집처럼 아늑하고 편안하다. 평면도상 면적은 3.6m×4.8m이고, 침실 겸 거실, 주방, 중력을 이용해 물을 공급하는 샤워실, 퇴비화장실, 아늑한 벽난로를 갖추고 있다. 내가 지은 건물들이 모두 그렇지만, 집을 지을 때 가장 먼저 하는 일은 밑그림을 세세하게 그리는 것이다.

집짓기는 내가 만든 목공소를 중심으로 돌아간다. 산림 관리소에 제출할 목록을 작성한 뒤 바로 근처에 있는 주정부 산림을 방문한다. 거기서 집의 틀을 짜고 바닥재로 사용할 만큼의 나무를 구해 목공소로 운반한 뒤 나무를 톱으로 가공한다. 우리는 '빌의 목구조 시공 수정안Bill's Modified Timber Frame'을 활용했다. 이 공법을 따르면 비용이

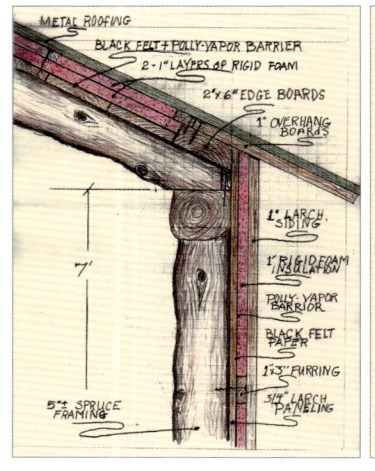
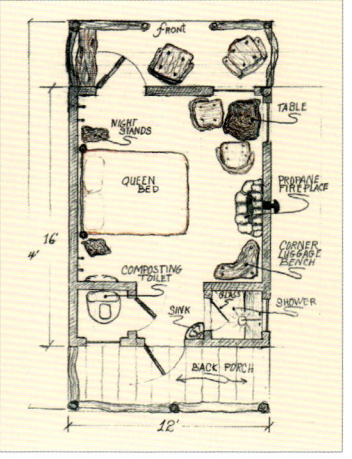
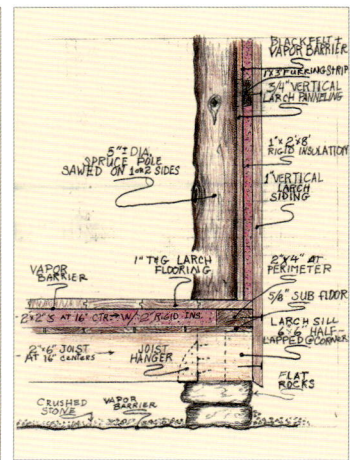

싸고, 신속하게 지을 수 있고, 주택이 튼튼하고 매력적이다. 여기에 대해서는 2008년 〈마더 어스 뉴스The Mother Earth News〉 1-2월호에서 자세하게 다룬 적이 있다(www.shltr.net/castle-article).

건물 전체가 재활용 자재를 이용해 지은 것이다. 기본 건물은 죽은 나무(독일가문비 나무)로 만들었고, 지붕은 재활용 고무 루핑(고무발포)을 이용했다. 창과 프로판 벽난로, 굴, 샤워실 문은 모두 현지 중고 매장에서 조달했다. 단열재는 모두 두께 5cm의 경질 폼으로, 마을 사람들이 지붕을 새로 단장할 때 나온 재활용품이다. 먼저 돌을 깐 다음에 기초 작업을 해서 등결선을 확보한다.

건축 기간은 4개월에 지나지 않고, 무척 아늑하고, 비용도 1500달러 미만이다.

동상凍上(동절기에 땅 속의 수분이 동결하는 과정에서 지반이나 구조물 등이 솟아오르는 현상 – 옮긴이)이 심하게 일어날 경우 땅을 평탄하게 고르기가 수월하기 때문이다.

건강하고 멋진 생태주택을 짓는 데 걸린 기간은 4개월에 지나지 않았고, 비용도 1500달러 미만으로 무척 아늑한 집을 지을 수 있었다. 하지만 이따금 자원하는 봉사자들이 없었다면 이보다 훨씬 오래 걸렸을 것이다.

www.pollywoggholler.com

건물 전체가 재활용 자재를 이용해 지은 것이다.

CHAPTER 1. 땅 위에 지은 초소형 주택　29

뒤뜰에 작은 집

리디아 돌만 Lydia Doleman

이 모든 일이 시작된 것은 2003년이다. 친구와 함께 오리건 주 포틀랜드 시에 주택을 하나 마련한 후 주택융자를 갚을 재원을 마련할 겸 본채에 딸린 침실을 하나 더 지은 것이다. 도시에 작은 생태건물을 지을 수 있는 아주 좋은 기회였다! 당시 11㎡(3.3평) 이하로는 시당국의 허가를 받지 않아도 어떤 건물이든 지을 수 있었고 비용도 걱정할 필요가 없었다.

이 '오침용 시설'은 모두 재활용 천연소재로 지었다. 집의 뼈대로 쓰는 목재는 버려진 헛간에서 가져왔고, 기초는 현지의 구성재를 담은 흙 부대와 현지의 양조장에서 버린 보리찌꺼기 부대로 만들었고, 역시 현지에서 구한 석재 외벽 마감재로 덮었다.

창과 문은 모두 다른 건축현장에서 재활용하거나 포틀랜드의 재활용 건축자재 센터에서 구입했다. 건물은 짚버무리를 단열재로 쓰고, 내부는 흙으로 미장했으며(대부분 다른 미장 작업에서 쓰고 남은 재료를 활용한 터라 마감미장을 하기 전까지 색이 아주 다채로웠다), 외부는 전통적인 미장재료인 석회를 발랐다. 바닥재는 흙이고, 집에서 만든 화목난로가 있다.

게다가 살아 있는 지붕 living roof은 금붕어가 들어 있는 두 개의 빗물 통으로 배수를 처리한다. 이 건물은 도심 가운데 자리한 오두막이자 소형 생태건물로서 훌륭한 표본이 된다.

도심 휴양지로
안성맞춤인
오두막

11㎡(3.3평) 이하로는 시당국의 허가를 받지 않아도 어떤 건물이든 지을 수 있었고 비용도 걱정할 필요가 없었다.

바닥재는 흙이고,
집에서 만든
화목난로가 있다.

32

뒤뜰에 작은 집

CHAPTER 1. 땅 위에 지은 초소형 주택 33

필드 랩 Field Lab
존 웰스 John Wells

존이 사는 곳 인근에는 70마리의 뿔이 긴 소떼가 돌아다닌다. 어느 날 존은 송아지를 막 잃고 시름시름 아픈 어미소 한 마리를 발견했다. "파리 떼가 주변에 들끓었지요." 존은 암소에게 물과 여물을 먹이며 보살폈고 차츰 기력을 회복한 암소는 존과 함께 노닐기 시작했다. 존은 이 암소에 베니타Benita라는 이름을 지어주었다. 암소 주인은 결국 존에게 베니타를 선물했고, 지금은 베니타가 낳은 암소의 수소까지 얻었다.

존 웰스는 텍사스 사막에 있는 자신의 조그만 오두막을 찾아오는 사람들에게 이렇게 말한다. "261㎡(79평)짜리 집을 팔아버리고 13㎡(4평)짜리 집을 지었지요."

존은 뉴욕시와 브루클린에서 20년 동안 사진가와 목수로 활동하다가 도시 생활에 지쳐 북부 뉴욕에 있는 커다란 농가를 구입했다. 하지만 곧 잘못된 선택이었음을 깨달았다. '융자금을 갚느라 죽을 지경'이었기 때문이다. 게다가 재산세도 매달 1000달러나 나갔다. 존은 여름 동안에 집을 세놓기로 하고 자신은 숲 속에 직접 '캠프'를 지어 살았다. 단순한 생활방식이 더 체질에 맞았던 존은 자급자족하는 삶을 본격적으로 공부하기 시작했다.

2006년도에 나왔던 〈메이크Make〉 잡지를 들춰 보던 존은 에이비Abe와 조시 코널리Josie Connally가 만든 풍력발전기에 관한 기사를 보고, 텍사스까지 두 사람을 만나러 갔다. 거기 머무는 동안 존은 텍사스의 드넓은 자연이 마음에 들었고, 2007년 4월 뉴욕 집을 처분하고 17만 ㎡(15만 평)의 토지를 매입해 텍사스로 이사를 왔다.

"뉴욕 시에서 빌더로 있을 때 배운 기술을 활용해 직접 집을 설계했는데, 2.4m×4.8m입니다. 엿새에 걸쳐 패널을 만든 뒤 박스형 구조는 하루에 모두 조립했어요. 사막을 방문한 지 열흘 만에 이사했지요. 일을 모두 마치기까지는 석 달이 더 걸렸습니다(지붕공사, 외벽마감, 포치(건물로 들어가는 지붕 덮인 입구-옮긴이), 집수장치, 내부마감). 건축자재에 들어간 비용은 총 3000달러였습니다.

"우리 집 전원은 남쪽에 설치된 15개의 태양광 패널에서 총 225와트를 공급합니다. 태양광 패널로 두 개의 배터리 뱅크를 충전해서 실내조명과 선풍기, 컴퓨터를 돌립니다. 제가 디자인한 12볼트 냉풍가습기가 있어서 더운 여름에도 서늘하게 지낼 수 있어요. 냉장고는 집에서 만든 아이스박스를 이용하는데, 매주 4.5kg의 얼음이 필요합

니다. 1년에 4개월, 그러니까 겨울에는 밤 기온이 낮아 얼음 없이 그냥 아이스박스를 문밖 포치에 두고 지냅니다. 요리는 작은 프로판 그릴과 태양광 오븐을 이용해요. 뜨거운 물은 태양광 온수기에서 나옵니다.

제가 쓰는 물은 전부 빗물을 받아 쓰는 겁니다. 이곳 강수량은 연간 228~279mm 사이이고, 집에 있는 저장탱크 용량은 8만 리터 정도 됩니다. 집 주변에는 집수구역(빗물이 들어가는 범위, 지붕 표면과 개울의 수로)이 충분해서 150mm 정도의 비만 내려도 물탱크를 가득 채울 수 있어요."

http://thefieldlab.blogspot.com
Flickr pix: www.shltr.net/FieldlabFlickr

> 제가 쓰는 물은 전부 빗물을 받아 쓰는 겁니다.

● 많은 사람이 뿔이 긴 소가 수소라고 생각하지만 암수 모두 뿔이 있다.

2000달러짜리 태양광 오두막

라마 알렉산더 LaMar Alexander

라마에게 연락해 그가 지은 오두막에 대해 물었더니 이렇게 답변을 보내왔다.

"제가 오두막을 설계할 때 《행복한 집구경》에서 자극을 많이 받았어요. 당신이 쓴 책을 얼마나 탐독했던지 도서관에 돌려줄 때 사서가 책이 너무 닳았다고 그 책을 사라고 하더군요. 그래도 기분이 좋았습니다."

다음은 라마가 오두막에 대해 들려준 이야기다.

✻

때로는 비극이 축복이 되기도 한다. 병으로 교직을 그만두고, 이혼까지 하게 되어 파산 지경에 이르니 집도 없이 오갈 데 없는 신세가 되었다. 내 명의로 남은 것이라고는 낡아빠진 캠핑용 차량과 트럭 한 대, 4000㎡(1200평)가량의 허허벌판이

15년째 자급자족하는 생활방식을 유지하고 있는데 무척 만족스럽다.

CHAPTER 1. 땅 위에 지은 초소형 주택

전부였다.

공공 수도나 전기 없이 15년째 자급자족하는 생활방식을 유지하고 있는데 무척 만족스럽다. 나는 유타 주에서도 수십억 평방미터의 유트 인디언 보호구역과 연방토지에 둘러싸인 유인타 산맥 Uinta Mountains 아래에 살고 있다. 사냥과 낚시, 자연 속에서의 다양한 모험을 즐기는 데 가능한 한 많은 시간을 보낸다.

자급자족하는 생활은 내가 가진 4000㎡(1200평)가량의 임야에 세워놓은 아주 작은 캠핑용 차량에서부터 시작되었다. 45와트 태양광 패널과 오래된 트럭 배터리에 의지해 전등을 켰고, 양수기와 프로판가스를 이용해 요리하고 물을 데웠다.

캠핑카에서 두 해를 보내고 나니 2000달러를 모을 수 있었다. 직접 설계한 작은 오두막을 한 채 짓기에 충분한 금액이었다. 당시 나는 건축법상 19㎡(5.6평) 미만의 오두막을 지을 수 있었다. 그래서 가로세로 4.2m 크기로 오두막을 지어 부엌, 욕실, 거실을 아래층에 넣고, 위층에 다락방을 넣어 침실 겸 사무실로 쓰기로 했다.

돈을 절약하려고 철거 중인 집에서 창문과 단열처리된 문을 가져와 재활용했다. 거친 제재목을 이용해 문선몰딩과 선반, 포치를 만들었다. 오두막을 짓는 데 총 2주가 걸렸고, 지붕을 놓으면서 한번은 사다리에서 떨어질 뻔했다.

번듯한 시설을 갖출 자금이 없어서 싱크대, 스토브, 난로, 냉장고, 전등, 캐비닛, 물탱크, 펌프, 스위치, 배관, 전선 등 캠핑카에서 쓰던 것들을 모두 재활용하기로 했다. 나는 태양광으로 전원을 공급할 생각이었는데 캠핑 차량의 12볼트 기기들도 문제없이 작동했다.

주변에 물 나오는 곳이 없어서 웰포인트라는 흡수관과 핸드드릴을 써서 직접 우물을 파기 시작했고, 7.6m 깊이에 흐르는 깨끗한 지하수에 도달했다. 4000달러나 지불하며 정화조를 이용하느니 배출지가 필요하지 않은 태양열 퇴비화 변기를 직접 설계하기로 했다. 또 빗물은 물론 싱크대와 샤워실에서 사용한 물을 모아 정원에 사용한다. 살림이 조금씩 늘자 태양광 발전기 용량을 증설하고 작은 풍력발전기를 추가했다. 이제 570와트 전력을 생산할 수 있어 실내조명, 양수기, 노트북, 텔레비전, 기타 전자기기를 모두 돌릴 수 있다. 휴대전화 서비스도 가능해서 전화와 와이파이 통신을 신청했고, 위성방송도 잡히는데 무료로 제공되는 15개 채널을 볼 수 있다.

나는 닭과 토끼를 여러 마리 키우고, 해마다 텃밭을 가꾸면서 자급자족의 범위를 넓혀가고 있다. 먹을거리는 대부분 내 땅에서 재배한 것들로 조달했고, 또 사냥과 낚시를 자주 해서 필요한 식량을 보충했다. 작은 사업도 시작했고, 하루 몇 시간만 일해도 프로판가스비와 필수품 구입비 그리고 재산세를 내기에 부족함이 없다.

갚아야 할 주택 융자금도 없고 매월 들어가는 공공서비스 요금도 없다. 자유롭게 글과 음악을 짓고, 야외 활동을 즐기며 시간을 보낸다. 하루 4시간만 일하고 겨울에는 쉬면서 지낸다. 게다가 내 생활방식을 마음에 들어 하는 여자친구도 새로 생겼다.

살맛 나는 세상이다!

라마가 쓴 책을 참고하기 바란다.

www.simplesolarhomesteading.com

갚아야 할 주택 융자금도 없고 매월 들어가는 공공서비스 요금도 없다. 자유롭게 글과 음악을 짓고, 야외 활동을 즐기며 시간을 보낸다.

CHAPTER 1. 땅 위에 지은 초소형 주택　39

현실을 차단하는 오두막

케이시 존슨 Cathy Johnson

집 근처에 따로 작업실을 갖고 싶은 소망은 오래전부터 있었다. 멀리 있는 오두막은 지은 지 20년이 넘었고, 나이를 먹다 보니 관절염이라도 생기면 거기를 가는 일도 만만치 않겠다 싶었다. 아직도 그 오두막을 좋아하지만, 겨울이나 습도가 높은 날에는 약간 긴 진입로가 너무 질척거려 찾아가지 못하는 날이 많았다. (내가 그 오두막을 짓는 과정을 소개한 책이 1991년 출간된 《자연주의자의 오두막 The Naturalist's Cabin》이다.)

또 지금은 고인이 되었지만 시어머니가 치매가 심각해 하루에도 대여섯 번이나 전화로 괴이한 대화를 장시간 나눠야 했다. 나는 집에서 일하는 프리랜서 작가 겸 화가인데, 이런 상황에서 일하는 모습을 상상해보라. 남편이 심란해하는 모습을 보는 것도 우울했다.

그래서 나는 우리 집 옆에 있는 공터에 작은 오두막을 하나 지으면 어떨까 생각해봤다. 원래 그곳에 있던 집은 오래전에 불타 없어지고 공터로 남았는데 사실은 정원을 만들 요량으로 그 땅을 구입해둔 터였다. 20년 동안 공터에 나무들이 자라 정원을 만들기에는 좀 그늘진 편이었다. 하지만 우리 집 옆에 있었으면 싶은 작업실을 하나 짓기에는 더할 나위 없이 좋았다. (뒷문에서 가까워 물을 마시러 집에 들르거나 화장실을 이용하기도 편했다.)

전년도에 비해 소득도 줄었는데 예납세금을 많이 내서 환급받은 금액이 쏠쏠했다. 돌아가는 모든 정황이 작업실을 만들어야 할 시기라고 말하는 듯했다. 그래서 우리를 대신해 오두막을 지어줄 목수 친구에게 연락했다.

나는 필요한 것들을 간략하게 스케치했다. 채광이 잘 들고 풍경을 감상할 수 있도록 창을 여러 개 내고, 외부에 따로 창고를 내 내부 수납공간에 여유를 주고, 실외로 이어지는 작은 데크를 그렸다. 우선 마크Mark가 보유하고 있던 재활용 자재와 얼마 전까지 재활센터를 건축하던 현장에서 구한 자재들도 재활용했다. 덕분에 건축비를 대폭 줄일 수 있었다. 재활용한 창과 문, 중고 장터에서 구한 프랑스식 문, 쓰고 남은 합판과 단열재를 사용했다. 외벽널과 돌출 잇기로 마감한 철제 지붕이 돈을 가장 많이 쓴 '신품'이었다. 우리는 여러 가지 마감 작업도 직접 수작업으로 처리했다. 결과는 대부분 만족스러웠다!

나는 집에서
일하는 프리랜서
작가 겸 화가다.

CHAPTER 1. 땅 위에 지은 초소형 주택

이곳에서 첫 겨울을 나려면 바닥에 양탄자를 깔고 이중창이나 단열 커튼을 달 필요가 있다. 여태껏 작은 전기 히터 두 개로 겨울을 났지만 벌써 20년이나 쓰고 있었다. 책장 맨 아래 선반 밑으로는 접이식 침대를 놓았다.

건축법이 허용한다면 얼마든지 이곳에서 살 수도 있다. 생수만 가져오면 핫플레이트가 있으니 간단하게 요리를 할 수도 있고, 전기가 들어오니 조명과 히터를 돌릴 수도 있다. 집중력에 방해가 되는 전화와 인터넷은 설치하지 않았다. 작업실로는 완벽한 공간이다.

(내 블로그를 '현실을 차단하는 오두막'이라 부른다. 작업실을 지어야겠다고 생각했을 즈음 현실을 차단할 필요가 있다고 느꼈기 때문이다!)

우리 집 옆에 있는 공터에 작은 오두막을 하나 지으면 어떨까 생각해봤다.

주요 견적
3m×3m
9㎡(2.8평)
총비용: 5000달러
(목수 임금 포함)

루크의 뒤뜰에 정박한 요트식 오두막

루크 그리스월드 터기스 Luke Grisworld-Tergis

샌프란시스코 집 뒤뜰에 있는 이 9㎡(2.8평)짜리 건물이 우리 집이다. 양계장을 개조해 만든 '요트 오두막'이다. 본래 우물이 있던 자리였는데 1900년에 양수장을 지었다가 정확히 언제인지는 모르지만 1970년대에 양계장으로 개조했다. 아직도 우물은 남아 있다. 그리고 몇 해 전 내가 요트를 닮은 오두막으로 개조했다. 디자인은 알래스카의 작은 요트에서 지내는 동안 영감을 받았

다 요트 오두막은 진짜 요트에 비해 유지비가 덜 들고, 침몰할 위험도 없으며, 창문이 많고, 정원에 둘러싸여 정박해 있으니 해안까지 노를 저어 나갈 필요도 없다. 다만 어디로도 항해할 수 없다는 점은 요트보다 못하다.

목재와 창문들은 대부분 아버지와 삼촌이 지난 60여 년 동안 할아버지 집 뒷마당에 쌓아놓

그 밖에 렉산 지붕재, 단열재 그리고 커다란 창문을 하나 구매하는 데 쓴 200달러 외에는 돈을 쓸 일이 없었다.

은 목재더미에서 쓸 만한 것들로 재활용했다. 그 밖에 렉산(미국 GE에서 만든 폴리카보네이트 브랜드–옮긴이) 지붕재, 단열재 그리고 커다란 창문을 하나 구매하는 데 쓴 200달러 외에는 돈을 쓸 일이 없었다. 북쪽 방향의 벽은 외부로 향해 기울어지게 만들어 바닥 면적은 줄이면서도 공간을 넓게 쓰도록 했다. 또 편안히 등을 기댈 수 있는 모양으로 만들었으며 미학적으로는 요트처럼 보이도록 만들었다. 남쪽 방향의 벽은 거의 전체가 창문이라 햇살을 받으며 정원에 앉아 있는 느낌을 준다. 모종 가꾸기를 시작하기에도 좋은 구조다. 설거지를 하기 위한 싱크대는 파티오(집 뒤쪽에 만드는 테라스–옮긴이)에 설치했다. 욕실은 언덕배기 아래 삼촌 집에 있는 것을 사용한다. 화목난로를 두어 난방을 하고, 오두막 면적은 디너파티를 열면 최대 아홉 명을 수용할 정도다.

오두막 내부에는 터널과 다리가 완벽하게 구현된 HO 증기기관차 모형이 있다. 침대 주위를 돌아 나선형 곡선을 그리며 아래층 문과 창문 바로 위쪽까지 내려왔다가 다시 침대가 있는 곳으로 이어진다.

이 오두막은 때에 따라 주택, 영화제작 사무실, 온실, 정원 창고로 쓰이며, 내가 집을 비울 때면 삼촌이 명상을 하는 공간으로 이용한다.

● 루크가 소유한 8m 길이의 요트, S/V Lunasea: 떠다니는 오두막집, 고기 잡는 어선, 이동식 영화제작사, 남동부 알래스카 주민들처럼 이동 수단이자 사적인 공간으로 쓰는 요트

이 오두막은 때에 따라 살림집, 영화제작 사무실, 온실, 정원 창고로 쓰인다.

CHAPTER 1. 땅 위에 지은 초소형 주택

루크의 뒤뜰에 정박한 요트식 오두막

1인용 주택

피터 제인스 Peter B. Janes

"극히 단순한 공간으로서 1인용 주택을 생각해보자. 크고 작은 벽감이 있는 1인실 오두막이나 스튜디오가 될 것이다." 크리스토퍼 알렉산더C. Alexander가 공저한 《패턴 언어Pattern Language》(1977)는 빌 몰리슨Bill Mollison의 《영속농업 디자이너 매뉴얼Permaculture Designers Manual》과 두 가지 중요한 점에서 비슷하다. 첫째는 본질적으로 두 책 모두 이상적인 인류 사회를 다루고 있다는 것이고, 둘째는 이를 달성하는 데 필요한 자원을 과소평가했다는 것이다.

나는 전인교육 센터를 짓고 공동체를 세우려는 꿈을 품고 시골로 이사했다. 지금까지는 모두 배운 대로 하고 있다. 내가 소형 주택을 짓는 과정은, 말하자면 나무를 벌채하고, 과수를 이식하고, 제재기를 다루는 법을 익히면서 인간을 생각하는 집을 짓는 것이다. 나는 별다른 기구 없이 구식 동력톱으로 토대에 쓸 삼나무를 절단하고, 기계대패로 나무를 다듬고, 내장에 쓸 나무는 연마 작업을 한다. 이제 좀 더 큰 집에 도전해볼 요량인데 닭과 오리, 젖소 등을 기르고 과수와 텃밭 등 식용작물을 가꾸느라 너무 분주하다.

구조물: 외벽 2.7m×4.8m. 기단 벽과 길가의 모래를 활용한 머드룸mudroom(귀가했을 때 신발과

옷가지를 정리할 용도의 공간-옮긴이). 가로세로 15cm 굵기의 더글라스 전나무 기둥과 보로 틀을 짜고, 5cm 굵기로 문틀과 창틀을 만든다. 굵기 15cm×25cm의 마루보. 굵기 5cm의 지붕널(t&g 합판을 사용하지는 않았다). 두께 10cm의 분홍색 경질 폼. 방수포. 흙·비료·씨앗. 벽체의 단면을 외부에서 내부 순으로 기술하면 다음과 같다. 삼나무 외벽널과 솜, 가로 비막이 목재띠, 전나무 소재의 사선 모양 데크널, '톱밥' 충진재(톱밥과 진흙을 섞은 마감재를 이동식 거푸집을 이용해 설치), 동물의 배설물을 섞은 회반죽 manure plaster 으로 초벌 미장을 하고, 점토·모래·절단한 짚을 섞어 마감미장을 했다.

더 튼튼한 초소형 건축물을 짓고 싶다면 2.4m 스터드는 좁은 느낌을 주기 때문에 그 이상으로 길이를 늘린다. 2×6 각재와 각별히 선별한 기둥과 보로 벽체를 만든다. 점토를 약간만 섞어 '가볍게 만든' 톱밥 충진재로 단열처리를 하고 외가지(흙벽을 바르기 위해 벽 속에 엮은 나뭇가지)를 엮은 뒤 미장을 한다. 아니면 양털이나 무기물 모직을 넣어 단열처리를 해도 좋다. 이중창문을 설치하고, 흙 지붕막이를 조금 깊게 만든다. 여름철에 풀이 자랄 수 있으려면 30cm 깊이로는 부족한 감이 있다. 흙 지붕이 좋긴 하지만 값싸고 설치하기도 간편한 철제 지붕에 비해 설치하기가 괴롭다. 왕개미들은 견고한 분홍색 단열재에 서식하기를 좋아하기 때문에 비드법 단열재(주로 흰색 스티로폼을 일컫는다-옮긴이)로 대체한다. 쥐들은 데크와 외벽널 틈에 서식하기를 좋아하는데 쥐가 서식하지 못하게 완벽히 차단해야 한다.

나는 별다른 기구 없이 구식 동력톱으로 토대에 쓸 삼나무를 절단하고, 기계대패로 나무를 다듬고, 내장에 쓸 나무는 연마 작업을 한다.

● 이웃 마거릿Mag의 초소형 주택

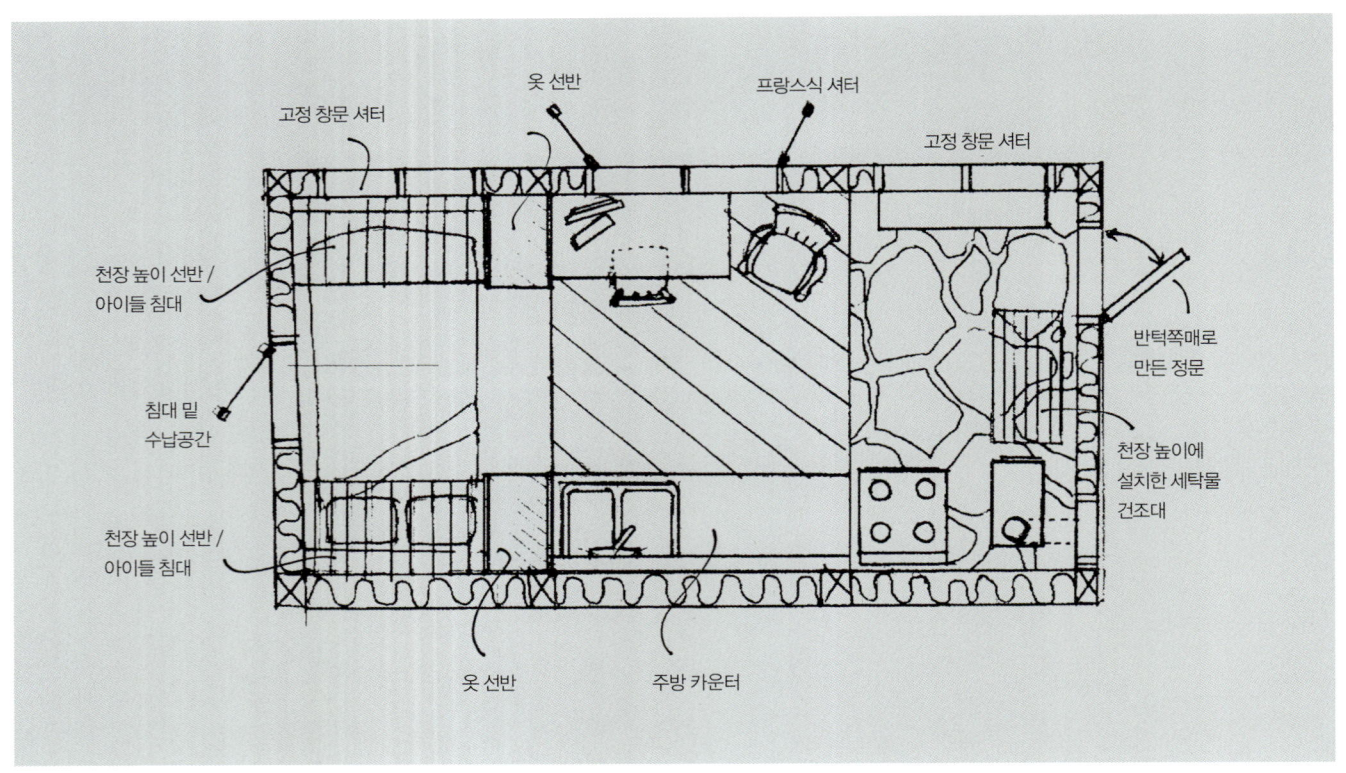

4㎡(1.3평)짜리 오두막과 5㎡(1.5평)짜리 데크를 결합한 통나무 주택

스콧 홀멘 Scott Holmen

우리 집에서 그리 멀지 않은 거리에 어쩌다 가격대가 적당한 대지가 나타나는 바람에 우연히 집 짓기가 시작되었다. 나는 산림 관리 일을 하는데, 그 땅은 원래 내가 근무하는 회사의 소유였다. 일터는 집에서 차량으로 대략 45분 거리에 있다. 숲에서 일하다 보니 통나무로 오두막을 짓고 싶다는 생각이 자연스레 들었다. 그래서 4.8m×7.3m 정도 크기로 한 개 이상의 대형 포치를 설치한 1인용 오두막을 짓는 공사를 구상하기 시작했다. 건축법규를 좀 더 조사해보니 워싱턴 주 여느 카운티와 마찬가지로 내가 사는 곳에서도 19㎡(5.6평) 미만의 간단한 건축물은 별다른 허가 없이도 지을 수 있었다. 물론 구체적으로 따져보면 이보다 훨씬 복잡하지만 기본적으로는 그렇다. 대형 주택의 경우에는 한 지붕 밑에 잠을 잘 수 있는 곳, 요리할 수 있는 곳, 화장실을 모두 갖춰야 한다.

내가 구입한 땅에 대형 주택을 지으려면 (아마도 90~152m 깊이의) 우물과 지상에 좋은 정화시설을 갖춰야만 했다. 하지만 그럴 만한 자금이 없었다.

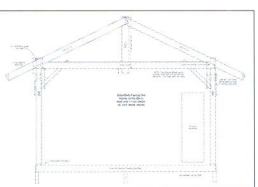
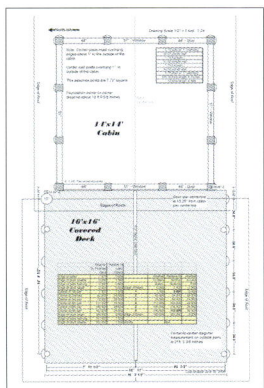

1970년대 중반부터 산림 관리 일을 하면서 나는 기능이 제한된 건축물, 이를테면 요리와 식사만 하는 취사장, 샤워와 세탁을 하는 목욕탕, 취침을 위한 소형 건물(오두막이나 텐트 구조) 등에 둘러싸여 살고 있다. 따라서 나는 별 고민 없이 내가 원하는 목적만 충족시킬 수 있는 건축물을 구상했다. 나는 늘 보송보송한 외부 공간이 널찍하게 있었으면 좋겠다는 마음을 가진 터라 오두막 앞에 가로세로 4.8m의 데크를 설치했다. 널찍하고 보송보송하고 평평한 데크는 내가 바라던 공간이기도 하거니와 비가 자주 내리는 지역에 사는 나로서는 더욱 매력적인 공간이다.

우리 오두막은 통나무 벽체 모듈을 만들어 목구조 방식 골조에 조립하는 방식을 썼다. 통나무 벽체는 두께가 1.9cm 폭이 7.6cm가량의 단혀 splines(두 판재를 결구할 때 이용하는 긴 막대-옮긴이)를 이용해 기둥과 결구한다. 통나무 벽체 모듈은 지그jig(가공 위치를 정확하게 지정하기 위한 보조기구-옮긴이)를 대고 작업하고, 나중에 공사를 시작할 때까지 다른 장소에 보관해두거나 혹은 기초 위에서 재조립한다.

나는 첨단장비에는 도통 관심이 없다. 작업할 때도 구식이라 전기 공구를 쓰는 것보다 나무와 철제 도구를 즐겨 쓴다. 솜씨만 조금 있으면 전기 공구를 쓰는 것보다 결과물은 더 낫다. 물론 외벽재로 쓸 목재를 매끈하게 다듬을 때나 덩치가 큰 통나무를 절단할 때는 전기대패나 동력톱을 사용한다. 하지만 목재 하나(아니 70개라도)의 빗면 절삭 같은 간단한 작업에는 소음이 없는 손대패를 즐겨 사용한다. 내가 쓰는 손대패는 우리 손자나 자식들은 물론 아버지보다도 더 나이가 많을 것이다. 아마 우리 할아버지가 사용하던 도구

수작업으로 집을 짓는 이들이 대개 그렇듯이, 나 역시 '할 수 있지 않을까……'라는 생각으로 시작했다.

만큼 오래된 대패가 아닌가 싶다.

이 오두막은 그냥 오두막이 아니라 내 오두막이다. 무언가를 창조했다는 자긍심이 있다. 허영심으로 볼 수도 있지만 어쨌든 이 오두막은 내가 지었다. 이제 나는 이것이 무엇을 의미하는지 음미할 만한 나이가 되었다. 수작업에 시간이 얼마나 많이 들어가는지는 신경 쓰지 않는다. 내가 손수 지은 방에 앉아 느끼는 만족감으로 그 시간을 모두 보상받기 때문이다.

손으로 하는 작업이 크게 힘들다면 모를까 그게 아니라면 나는 기계보다는 수작업을 택하는 편이다. 건축은 창조하는 과정을 즐기는 여행이기도 하다. 수작업은 바람직하기도 하고 결과물도 멋지다. 다만 단순한 작업임에도 속도가 조금 느린 것은 감안해야 한다. 전기대패를 쓰면 빗면 절삭 시에 손대패처럼 예쁜 모양의 나무오리가 생기지 않는다. 손대패와 기계대패를 비교하면 빗면 절삭을 70번 한다고 가정했을 때 한 시간 차이도 안 날 것이다. 작업 전에 연장 코드를 챙기고 끝나면 다시 치워야 할 일이 없으니 되레 손대패가 더 빠를지도 모른다.

작업 규모가 크다면 나도 전기 공구를 이용할지 모르지만 소규모 작업이고 일이 힘에 부치지 않는 한 전통 방식을 고수한다. 땀 좀 뺀다고 잘못될 일은 없지 않은가.

수작업으로 집을 짓는 이들이 대개 그렇듯이, 나 역시 '할 수 있지 않을까……'라는 생각으로 시작했다. 손으로 집을 짓겠다고 하면 제정신 아닌 사람으로 취급하거나 농담 삼아 응원하는 사람들이 대부분이다.

설계를 하는 데 수십 시간이 걸리고, 현장 작업하는 데 수개월이 걸리고, 집을 짓고 개조하는

> 이 오두막은 그냥 오두막이 아니라 내 오두막이다. 무언가를 창조했다는 자긍심이 있다.

CHAPTER 1. 땅 위에 지은 초소형 주택　53

데 몇 년씩 걸리고 돈도 많이 들어간다. 하지만 내 머릿속에 든 비전을 사람들에게 모두 꺼내 보일 수는 없고, 어떻게든 내가 구상했던 집의 근사치라도 완성시켜 보여주고 싶은 마음이 간절해지는 것이다.

4년 하고도 7개월여가 걸린 이 시점에 거의 마무리되어 가는 결과물을 여러분에게 소개할 수 있어 기쁘다. 아마 여러분은 이 집을 보면서 '나도 이런 작업을 해낼 수 있었겠구나'라며 아쉬움을 표할지도 모르겠다.

숲 속의 풍요

2010년 3월 14일, 맑음.

안녕하세요, 로이드. 이 초소형 오두막은 태평양 연안의 외딴곳에 있습니다. 당신이 쓴 《셸터》를 보고 영감을 받아 혼자 만들었습니다. 모든 재료는 4.8m 길이의 작은 배로 운송했어요. 전나무 창틀과 삼나무 목재로 마감한 외벽을 비롯해 재활용 자재를 써서 만들었지요. 작은 선박용 주철 난로로 난방을 하고, 철제 지붕에는 빗물을 집수할 수 있는 시스템도 설치했습니다. 데크에 놓인 상자에는 소형 프로판가스 냉장고가 있고, 조명은 배터리로 작동하는 LED등을 씁니다. 옥외 욕실과 화장실까지 갖췄으니 빠진 거 없이 완벽한 셈이지요. 이 원고를 보내면 로이드 씨가 곧 내려는 초소형 주택에 관한 신간에 포함될 수도 있겠다는 생각이 드네요. 제7- 이 집을 지었고, 주인이기도 하지만 저에 대해서는 익명으로 남기는 편이 좋겠어요. 컴퓨터 조작이 서툴러 이메일하고 사진 두 장이 잘 도착했는지 궁금합니다. 혹시 제대로 도착했다면 답을 주시겠습니까? 두루 평안하시고 하시는 일이 잘되길 기원합니다!!!

— 감사합니다. 리치

> 당신이 쓴 《셸터》를 보고 영감을 받아 혼자 만들었습니다. 모든 재료는 4.8m 길이의 작은 배로 운송했어요.

1000달러짜리 해안가 오두막

맥시밀리언 고디노 Maximillian Godino

몇 해 전 우리 출판사는 나선철로 제본한 작은 책을 하나 받았다. 숲속에 오두막을 짓는 과정을 소개한 내용이었다. 맥시밀리언 고디노는 우리가 낸 책들에 영감을 받아 오두막을 지었노라고 말하며 이 책을 헌정했다. 그의 책 도입부를 소개한다.

로이드 칸과 셸터 출판사 직원들에게.

지난 한 해 동안 캘리포니아 북부 산림에서 오두막을 지은 과정을 순차적으로 기술한 내용을 보냅니다. 다른 영향도 있었지만, 여러분이 낸 첫 번째 책 《셸터》와 최근에 낸 《행복한 집구경》에 많은 도움을 받았습니다. 우선 이동식 제재기를 이용해 이곳 숲 속에서 전나무와 레드우드를 벌목했습니다. 그리고 주말마다 동력톱과 끌을 들고 오두막을 짓기 시작했어요. 실제 선박에서 나온 고풍스러운 현창(동그란 창문), 창과 문, 그리고 어머니가 보관하던 멋진 난토를 재활용하니 총비용이 1000달러도 안 되더군요!

도면도 그리지 않고, 아무런 도움 없이, 사실 경험도 없고 건축법도 몰랐지만 어쨌든 바라던

오두막을 지었어요. 영감을 준 것에 감사해요.

– 맥시밀리언 고디노

추신: 제가 어렸을 때 밀 밸리Mill Valley의 테네시 밸리 로드에 철도 침목으로 지은 집에서 자란 덕분에 《셸터》를 무척 즐겁게 읽었어요. 사진에서 보이듯 아주 많이 닳았는데, 이 복사본을 아버지가 돌아가시기 전에 제게 주셨어요. 이 책에서 영감을 받아 굉장히 만족스러운 오두막을 지을 수 있었습니다.

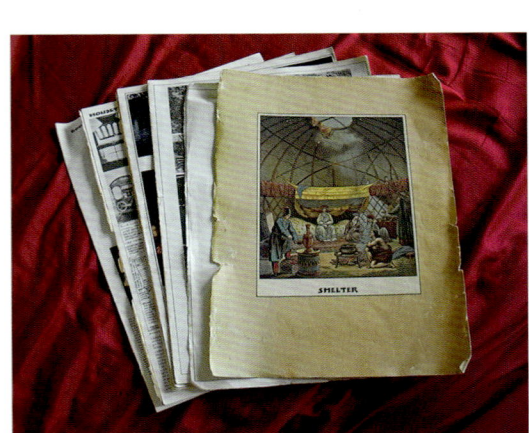

아트의 침실

아서 에스페넷 카펜터Arthur Espenet Carpenter(흔히 아트Art라고 부른다)는 매우 정교하고 아름다운 가구를 만드는 예술가이자 목수였다. 아트는 30년 전부터 그의 목공실 뒤에 소형 건물들을 손수 지으면서 자발적으로 단순한 삶을 살았다. 여기 보이는 침실 역시 그가 지었다. 나무들을 향해 미닫이문이 나 있고, 총 실내면적은 23㎡(7평)이다.

아트는 생전에 자신의 예술과 삶을 담은 책 한 권을 20년에 걸쳐 작업했다. 최근 아트의 아들 트립Tripp이 이 우아한 장인의 삶을 보여주는 책을 출간했다. 제목은 《아서 에스페넷 카펜터: 목공예 교육Arthur Espenet Carpenter: Education of a Woodsmith》이다. 여기서 서문을 잠깐 인용한다.

모순이라는 말을 생각해본다. 아서 카펜터의 삶은 바로 그 '모순'이었다. 그는 유행과 상관없이 사는 고리타분한 스타일이지만 히피들과 어울려 살았고, 가구 공예 명장이었지만 대충 만들 줄도 아는 사람이었다. 소박하고 질박한 미감을 지녔지만 모더니스트였으며, 주목받는 것을 달가워하지 않았지만 대중의 존경을 한 몸에 받던 아이콘이었다. 그의 이름을 봐도 보통 함께 쓰지 않는 두 단어, 아트art와 카펜터carpenter가 멋지게 동거

하고 있는 것 같지 않은가. 아트는 이런 말장난을
싫어했지만, 그에게는 더할 나위 없이 어울린다.
그는 탁월한 예술 감각을 지닌 목수였다. 다시 말
해, 물건을 만들 줄 아는 타고난 아티스트였다.
 - 런던, 빅토리아 앨버트 박물관 연구부 부서
장 글렌 애덤슨 Glenn Adamson

> 그는 탁월한
> 예술 감각을 지닌
> 목수였다.
> 다시 말해,
> 물건을 만들
> 줄 아는 타고난
> 아티스트였다.

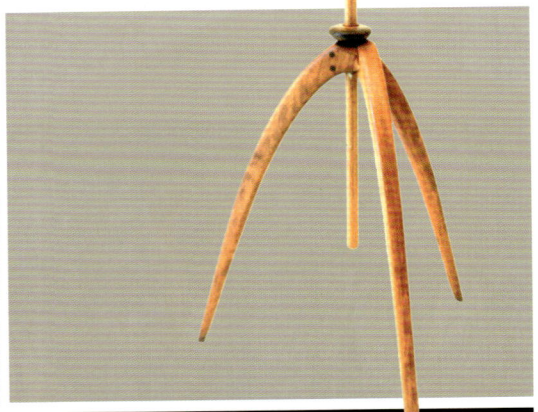

하천이 흐르는 계곡의 오두막   캘리포니아 주 빅서

소형 건축물

빅 마크Vic Marks는 몇 해 전에 브리티시컬럼비아에서 짓고 있는 이 소형 오두막 사진을 내게 보내왔다.

제이 셰퍼Jay Shafer가 찍은 사진. 텀블위드 건축회사의 초소형 주택

피닉스 커모션 Phoenix Commotion

댄 필립스 Dan Phillips

텍사스 헌츠빌에 있는 피닉스 커모션은 댄 필립스가 세운 건축회사다. 필립스는 사람들이 집 짓는 것을 돕는다. "우리 회사는 싱글맘, 저소득층 가정, 예술가들을 주요 타깃으로 삼고 있습니다. 모두 우리 사회의 소외계층들이죠." 댄은 지금까지 버려진 자재들을 재활용해서 주택 14채를 직접 짓거나, 아니면 다른 사람들이 짓는 것을 옆에서 지도했다. (건축법규가 합리적이라면 소도시나 시골에서는) 누구라도 집을 지을 수 있다는 것이 댄의 생각이다. "어린 시절에 다들 블록 쌓는 법을 배웠으니까 할 수 있어요……. 집짓기는 재밌고, 색다르고, 멋진 놀이가 될 수 있어요. 힘들지도 않고, 복잡한 엔지니어링 지식이 필요하지도 않아요."

폴라의 농장

텍사스 헌츠빌에서 자녀 넷을 키우고 있는 싱글맘인 폴라 아놀드 Paula Arnold는 16살 난 딸과 함께 1년 정도 걸려 이 집을 지었다. 댄 필립스는 건축 공정 전체를 안내했다. 그녀의 예산은 대지를 포함해 2만 2000달러였고, 은행에 지불할 돈은 매월 199달러였다. 이곳은 텍사스 헌츠빌의 '낙후 지역'이라 땅값이 싸고, 댄의 말에 따르면 "……자재들은 공짜이고 인건비도 들지 않았다." 건축자재의 80%가량이 재활용한 것이다. 댄은 또 이렇게 말한다. "우리가 새로 구입한 자재는 파이프와 전선, 그리고 온수기를 포함해서 에너지 스타 Energy Star(에너지 절약 소비자 제품에 채용되는 로고-옮긴이) 제품뿐이었어요."

폴라의 농장

에릭의 농장

에릭의 농장

에릭 페리스Eric Ferris(67쪽의 나무집 계단에 앉아 있는 사람)는 댄의 건축회사에서 1년 정도 근무하다가 위 사진에 보이는 자기 집을 직접 짓기로 결심했다.

한 주민이 이 공사를 위해 2만 2000달러를 선뜻 빌려주겠다고 했고, 댄은 "1만 8000달러도 들지 않을 것"이라고 장담했다. 폴라와 에릭의 집 모두 기존의 지붕 트러스를 활용했고, 현지의 전통적인 주택 모양을 따랐다.

댄의 트리하우스

댄 필립스가 지은 이 2층 나무집은 스튜디오 겸 주거 공간으로 쓰인다. 꾸지뽕나무의 커다란 가지들이 지탱하는 이 나무집의 지붕은 방부처리한 거친 목재로 되어 있다. 댄은 '이 나무가 오래오래 살아남기'를 바란다. 댄은 이 나무집을 예술가들에게 임대하는데 세입자의 조건은 이렇다. "포트폴리오를 보여줄 수 있는 진짜 예술가여야 합니다."

내부에 보이는 천장은 못이 박힌 사진틀 샘플로 구성했는데, 모두 액자 가게에서 버린 것들이라고 한다. 통로와 데크, 다락방 난간은 모두 꾸지뽕나무의 가지로 만들었다. 주민 3만 명이 사는 헌츠빌은 휴스턴에서 북쪽으로 112km 떨어진 곳에 있고, 댄은 지금까지 이곳에서 집 14채를 지었다. 폐기재목, 지붕널로 쓰인 낡은 번호판, 문, 창, 버려진 타일들, 물결모양 철제 지붕재 등 건축에 이용된 자재는 주로 재활용 자재다.

CHAPTER 1. 땅 위에 지은 초소형 주택   67

우리의 두 번째 집

존 사이넨 Jon Seinen

올해 초 존으로부터 이메일을 받았다. 거기에는 우리가 발간한 《빌더Builders of the Pacific Coast》에 대해 언급한 부분이 있었다. 존은 나중에 사진과 함께 자신의 사연을 들려주었다. (존에게 영향을 미친 브루노 애트키Bruno Atkey는 우리 책에 소개된 주요 빌더 중 한 사람인데, 30년 가까이 브리티시컬럼비아의 '거친 해안'에서 유목을 쪼개 쓰며 독특한 주택을 짓고 있다.)

*

감사하다는 말씀을 전하고 싶었어요. 제가 오랜 세월 찾고 있던 것이 바로 《빌더》에 소개되었더군요. 지난 10년 동안 아버지와 형들과 저는 브리티시컬럼비아 북부의 외딴섬에서 20만 ㎡(6000평) 가량의 대지를 개발하고 있어요. 우리는 이 책에 소개된 분들처럼 직접 집을 지어 살고 있어요. 해변에서 유목을 수거해 쪼개어 쓰고 있죠. 《빌더》는 우리 가족에게 기나긴 겨울을 날 수 있는 큰 힘이 되고 있어요. 다음 해에 재개할 공사를 생각하면서 흥분된 마음으로 지낼 수 있거든요.

— 존 사이넨

추신: 당신의 책 내용 중에서 브루노에 대한 글이 (개인적으로) 가장 좋았어요.

Ons Tweede Huis(네덜란드어로 '우리의 두 번째 집')에 사용된 자재는 거의 모두 현지의 재활용

좌측이 존이고 우측은 존의 형인 에릭 사이넨Eric Seinen이다.

자재다. 해변에서 바닥장선과 보 구조물에 쓰일 목재를 동력톱으로 절단하고, 로프를 이용해 집터까지 끌고 왔다. 지붕재로 쓰인 삼나무는 해안에서 발견한 나무를 쪼개어 사용했다. 구조목들은 현지 해안가에서 주운 것을 현장에서 가공해 작은 배로 집터까지 운송했다. 창문과 화목난로는 다른 주택에서 나온 것을 재활용했다. 화목난로 주변을 장식한 돌은 현지 '조약돌 해변'에서 주운 것들이다. 사용한 장비라고는 전선과 동력톱, 로프, 도르래, 삽, 도끼 그리고 우리의 노동력이 전부였다.

이곳 섬에서는 범고래, 수달, 사슴도 흔하게 볼 수 있다. 식료품이 수상비행기나 보트로 배달되는 곳이지만 대신 큼지막한 광어와 연어, 게가 풍족해서 영양 보충에는 문제가 없다. 식수는 빗물을 받아서 쓰는 데 부족함이 없다. 하지만 비가 오면 여지없이 상토가 쓸려 내려가서 텃밭과 정원 가꾸기에는 늘 어려움이 따른다. 피해를 줄이려면 모판 관리와 퇴비가 중요하고, 사슴 울타리를 꼼꼼하게 설치해야 한다.

폭풍이 해안을 강타할 때마다 쓸 만한 건축자재들을 구할 수 있어 좋지만 이곳을 방문한 손님들은 며칠씩 발이 묶이기도 한다. 그래도 땔감이 떨어지지 않는 한 예상치 못한 자연 상황에 여행객들이 불평을 토로하는 일은 거의 없다.

우리 가족은 이곳에 '우리의 두 번째 집'이 있어서 참 행복하다. 우리 목표는 가능한 한 자주 이 집을 다른 사람들과 공유하는 것이다. 애초 그런 생각으로 오두막을 지었던 터라 단체 손님이 취침할 수 있는 공간과 텐트를 여러 개 칠 수 있는 실외 데크, 개방형 주방, 그리고 침대처럼 널찍한 의자를 갖춘 식사 공간도 마련했다. 친구

폭풍이 해안을 강타할 때마다 쓸 만한 건축자재들을 구할 수 있다.

구조목들은 현지 해안가에서 주운 것을 현장에서 가공해 작은 배로 집터까지 운송했어요.

끼리 또 가족끼리 이곳을 찾은 손님들은 낮 동안 섬을 탐사하거나 낚시를 하거나, 아니면 창작 활동을 하거나 미래를 꿈꾸다가 따뜻한 오후의 햇살이 드는 식당에서 고요한 풍경을 감상하면서 식사를 즐길 수 있다.

전화기나 주변의 이웃은 낡은 삼나무 판자 (5cm×30cm)를 깔아 만든 산책로를 따라 20분쯤 걸어가야 보인다. 외진 곳에 떨어져 있어 언제 방문해도 특별하고 독특한 공동체 분위기를 느낄 수 있다.

http://onstweedehuis.blogspot.com
jonseinen@hotmail.com

사용한 장비라고는 전선과 동력톱, 로프, 도르래, 삽, 도끼 그리고 우리의 노동력이 전부였다.

Ons Tweede Huis(네덜란드어로 '우리의 두 번째 집')에 사용된 자재는 거의 모두 현지의 재활용 자재다.

CHAPTER 1. 땅 위에 지은 초소형 주택

킴과 조니의 오두막

디자인스폰지Design*Sponge라는 제목의 블로그에서 내 영혼을 사로잡는 이 작은 오두막을 우연히 발견하고, 이 오두막을 지은 킴 크랜스Kim Krans와 조니 올슨Jonny Ollsin에게 메일을 보냈다. 킴이 답장을 보내왔다.

와우.
로이드, 꼭 할 말이 있어요. 남편이 놀라서 넋이 나갈 지경이에요! 굉장히 흥분했답니다.
"셸터 출판사에서 다음 책에 우리 오두막을 싣겠다고?!?!" 우리 오두막을 소개한다는 제안에 저희 부부가 무척 관심이 있다는 것은 두말할 필요가 없겠지요. 사진이든 글이든 우리가 도울 수 있는 일이면 기꺼이 하겠습니다.
우리의 조그만 오두막을 짓는 동안 손으로 직접 지은 집'을 소개하는 다른 책들도 많이 봤지만 셸터 출판사 책을 정말 많이 참조했어요.
— 고마워요, 킴과 조니로부터

단순하고 행복한 우리만의 공간을 짓는 것이 목표였고, 모든 결정과 공정은 가족, 친구들과 함께 의논했어요.

킴 크랜스와 조니 올슨은 뉴욕 브루클린에 거주하는 화가이고 음악가이다. 두 사람은 2005년 캣스킬(Catskills) 캠프파이어에서 만났다.

이들은 그곳에서 그리 멀지 않은 캣스킬 산 속에 함께 오두막을 지었다. 이 오두막은 가족과 친구들이 창의력을 키우는 휴식처가 되었으며 가족 밴드를 탄생시킨 요람이 되었다.

"봄에 공사를 들어가기로 하고 우리는 겨울 동안 직접 집을 짓는 방법을 다룬 1960~70년대의 낡은 책자들을 살펴보며 지냈어요. 목공 기술은 부족하지만 가족과 친구들의 도움을 받으니 공사를 시작할 수 있겠다는 확신이 들었어요. 그리고 정말 끝까지 우리 옆에서 필요한 정보를 모두 가르쳐줬습니다.

이런저런 이유로 우리는 융자를 받지도 않고 하청업자도 쓰지 않기로 했어요. 단순하고 행복한 우리만의 공간을 짓는 것이 목표였고, 모든 결정과 공정(돌계단을 놓는 것에서 스테인드글라스 창문을 만드는 일까지)은 가족, 친구들과 함께 의논했어요.

공사를 진행하다 보니 남편도 저도 솜씨가 좋아져서 지금은 캐비닛도 만들고 더 정교한 목공예도 할 수 있어요. 공사를 시작한 지 4년째인데 일은 거의 마무리되었어요."

> 이런저런 이유로 우리는 융자를 받지도 않고 하청업자도 쓰지 않기로 했어요.

● 초소형 주택에서 공간의 쓰임새를 결정할 때는 대개 그렇지만, 주방의 수납장 또한 공간을 최대한 이용하는 것이 목적이었지요. 어디에, 어떤 목적의 공간을 만들지 모두 결정하는 데 장장 3년이 걸렸어요. 그리고 드디어 몇 개월 전에 수납장에 문을 달아 완성했답니다.

●● 이 식탁을 제가 만들어서 뿌듯합니다. 어머니와 함께 만들었어요! 잡지에서 이 디자인을 봤는데 1000달러를 훌쩍 뛰어넘더군요. 그래서 사진을 오려내어 사진 파일에 보관해두었지요. 나중에 어머니께 사진을 보여드리니 이쯤은 우리가 만들 수 있겠다고 말씀하셨어요! 단돈 100달러로 딱 하루 만에 만들었답니다. 지금은 이 식탁 위에서 식사를 하고 있지요.

● 이 창문들은 수납장을 만들기 전에 설계했어요. 어머니는 스테인드글라스 화가로 활동 중인데, 와일드언논닷컴(www.WildUnKnown.com)에서 어머니가 만든 프리즘을 판매합니다. 우리도 창문 작업할 때 어머니의 도움을 받았어요. 스테인드글라스 덕분에 작은 오두막으로 다채로운 빛깔이 마구 쏟아져 들어와요. 달 모양의 창문은 서쪽을 향하고, 해 모양의 창문은 동쪽을 바라보고 있습니다.

●● 욕실은 오두막 외부에 따로 지었고, 새로 이사 와서 두 번째 여름을 보내는 동안 완성했습니다.

●●● 밑에 수납공간이 있는 이 소파는 손님용 침대로 설계되었습니다. 쿠션 커버랑 베개는 공간에 맞게 손바느질로 만들었어요.

초소형 텍사스 하우스

브래드 키텔 Brad Kittel

텍사스 주 샌안토니오와 휴스턴의 중간에 위치한 룰링에서 판매되는 이 재활용 건물은 전통적인 미국식 오두막 디자인에 재활용 자재들을 활용해 지은 주택이다. 즉석에서 구매가 가능하다. 브래드 키텔이 지은 훌륭한 작품을 소개한다.

*

우리가 지은 주택은 99%가 폐자재로 되어 있다. 문과 바닥, 창, 제재목, 포치 기둥, 유리, 문틀, 외벽널까지 모든 자재가 폐자재를 재활용한 것이다. 우리는 이렇게 지은 집이 100년은 너끈히 버텨줄 거라 믿는다. 현재 미국 땅에 있는 폐자재만 이용해도 다음 세대가 살아갈 주택을 모두 지을 만큼 충분하다고 생각한다. 다만 이 일에는 인간의 순수한 노동력과 정신, 그리고 오래오래 생명을 유지할 주택을 지어야겠다는 인간의 욕망이 필요할 뿐이다.

나는 이렇게 지은 집을 '새비지 빌딩Savage Building'이라 하는데, 이런 개념을 통해 인류의 미래에 대한 새로운 가능성을 사람들에게 보여주는 것이 내 목표다. 나는 재활용 자재가 현재 이용되고 있는 그 어떤 자재보다 더 우수하다고 생각한다. 건축자재로 여전히 쓸 만한 것들이 쓰레기 매립지의 51%를 차지하는데도 여전히 우리는 더 많은 건축자재를 찾아 세상을 황폐하게 만들고 있다. 이는 미친 짓이다. 우리가 몸단 조금 움직이면 건축자재로 쓸 수 있는 엄청난 양의 목재, 하드웨어, 유리, 지붕재 등이 쌓여 있다. 아무리 에너지

3번 채플. 전체 면적은 3.6m×6m이며 길이 2.1m의 스테인드 글라스 창이 8개 있고, 입구의 나무 현관에서부터 반대편 끝까지 유리벽으로 둘러져 있다. 첨탑을 제거하고 웨스트 텍사스의 목장으로 운반하는 중이다.

> 아무리 에너지 절약을 한다고 해도 자재를 새로 생산하는 방법은 폐자재를 활용하는 방법보다는 에너지를 더 많이 쓸 수밖에 없다.

절약을 한다고 해도 자재를 새로 생산하는 방법은 폐자재를 활용하는 방법보다는 에너지를 더 많이 쓸 수밖에 없다.

현재 미국에는 1조 달러 가치의 건축자재들이 제대로 가치를 평가받지 못하고 그냥 버려져 있다. 해외에 수출할 수 없는 건축 폐자재 분야를 활용하면 다수의 일자리를 창출할 수도 있다.

초소형 텍사스 하우스는 세상에 하나밖에 없는 작품이나 마찬가지다. 정해진 가격이나 모델은 없고, 고객이 원하는 대로 짓는다. 가격은 주택 크기, 스타일, 다양한 요구사항에 따라 결정된다. 현재 가격대는 3만 8000달러에서 9만 달러 사이이다. 지금까지 우리가 지은 주택 크기는 대개 3m×4.8m부터 3.6m×6m 사이인데, 고객이 원한다면 주택을 결합하기도 한다. 우리의 목표는 선조들이 했던 대로 100년 넘게 유지될 수 있는 주택을 짓는 것이다. 우리는 과거 건축 기술의 장점을 그대로 계승하고 또 단열과 에너지 절감 부문에서는 최신 기술의 장점을 살려 주택을 짓는다. 주택 배송은 보험에 든 운송사가 담당하는데, 운반 비용은 목적지까지 걸리는 시간에 따라 다르지만 하루 왕복 기준으로 2500달러선이다.

● 길 위에 있는 퀼러 하우스 (78~79쪽을 참조하라).

우리가 지은 주택은 99%가 폐자재로 되어 있다.

케이 하우스는 전체 면적 3.6m× 8.5m이며, 전면 전체에 포치를 달았고 주택 후면 포치에는 방충망을 달았다. 주택 기단은 돌로 쌓았다.

CHAPTER 1. 땅 위에 지은 초소형 주택

쾰러 하우스
Koehler House

쾰러 하우스는 세 살 난 아이를 키우는 젊은 부부를 위해 지은 살림집이다. 두 개의 다락방과 주방과 욕실이 있으며 전체 면적은 3.6m×8.5m이다. 이 집이 배달된 곳은 주변에 아름다운 나무가 자라는 텍사스 주 바스트로프이다.

7600만 명의 베이비붐 세대는 이제 한목소리로 '살림 줄이기'를 외치고 있다. 그 목적을 달성할 수 있는 최선의 방법은 바로 우리 앞에 있는 것이 아닐까?

거실

● 아일랜드형 주방과 다락방 아래 놓인 침대 겸용 소파

●● 퀼러 하우스를 숲 속에 설치 중이다.

●●● 후면, 방충망을 설치한 포치가 보인다.

CHAPTER 1. 땅 위에 지은 초소형 주택　79

가스 하우스
Garth House

가스 하우스. 아유르베다 요법을 실시하는 치료소로 설계되었다. 가로세로 3m×4.8m 크기로 텍사스 주 비 케이브스Bee Caves에 설치되었다.

보몬트 하우스
Beaumont House

● 지금까지 우리가 지은 건물 중에 가장 크다. 크기는 3.7m×10m에 이단박공지붕으로 설계했다.

●● 주방 카운터를 비롯해 보몬트 하우스의 주방은 왕솔나무 자재를 썼다.

●●● 거실과 침실 사이에 미닫이문을 설치했다.

7600만 명의 베이비붐 세대는 이제 한목소리로 '살림 줄이기'를 외치고 있다. 그 목적을 달성할 수 있는 최선의 방법은 바로 우리 앞에 있는 것이 아닐까?

앞으로 계획은 '초소형 텍사스 빌리지'를 세워 사람들이 직접 둘러보고 하룻밤 묵으면서 자신에게 맞는 주택을 구매할 수 있도록 돕는 것이다. 사람들이 실제 거주자들과 함께 주택을 생생하

● 아름다운 텍사스의 아침 풍경을 배경으로 사업 초기에 전시하던 시제품 주택이 보인다. 개장 닷새를 남겨두고 토네이도가 불어닥쳐 전시 중이던 집 여섯 채가 기둥이 부러지거나 공중에 날아올랐다가 떨어졌다. 이 난리를 겪었지만 창문 세 개가 깨졌을 뿐 주택은 모두 무사했다. 기둥이 부러지며 옆으로 쓰러진 주택도 지붕이 반쯤 찢겨 나간 것 빼고는 멀쩡했다.

●● 위버 아트 스튜디오. 우리가 판매한 첫 번째 집이다. 건축 시에는 두 개의 부분으로 나눠서 지었지만 운송 시에는 하나로 결합해 날랐다. 지금은 텍사스 주 오스틴 남쪽 베어 크리크Bear Creek에 있다.

게 체험하고 점검하면 기억에 오래 남을 것이다. 내 목적은 이 기억이 뿌리를 내리고 꽃을 피워 '초소형 텍사스 빌리지'에서 살아갈 가능성을 열려는 것이다. 내 생각을 지지하는 사람들이 많아져야 마을이 활성화되고, 그래야 모든 주민이 마을에서 남은 인생을 행복하게 지낼 수 있지 않겠는가. 1에이커, 그러니까 4000㎡(1200평) 정도면 925㎡(280평) 정원과 녹지를 갖춘 집을 10~12채가량 지을 수 있다. 마을 한가운데에 큰 주방과 거실이 있는 공동 주택을 지어 주민들이 함께 모여 식사와 놀이를 즐길 수 있는 공간도 만들 생각이다. 현재 미국의 젊은 층은 나이가 들면 소득이 줄어들어 모자란 생활비로 몇십 년을 살아가야 할지도 모른다. 하지만 이 초소형 주택은 세를 주거나 콘도처럼 이용할 수도 있고, 집을 통째로 이동시킬 수도 있어서 언제 닥쳐올지 모르는 변화에도 참으로 다양한 가능성이 열려 있다. 폐자재를 활용한 초소형 주택은 '계획적 진부화'라는 소비 방식에 저항하는 한 방편일뿐더러 100년 전 우리 선조가 그랬듯 몇 세대가 지나도 건재한 집을 짓는 건축 방식이다.

* 계획적 진부화:
Planned obsolescence
새 상품의 판매를 위해 구 상품을 계획적으로 진부화시키는 기업행동

● 텍사스 주 오스틴에 있는 크기 3m×4.8m의 사무실
●● 현재 텍사스 주 라운드 톱 Round Top에 있는 페인티트 레이디 하우스. 전면과 후면에 포치를 설치했고, 집 크기는 3.6m×7.9m. 집 안에는 머피 침대(접어서 벽장에 넣을 수 있는 침대-옮긴이)를 설치했다.
●●● 텍사스 주 패서디나에 있는 실버 시카모어 민박업소B&B의 일부를 이루고 있는 크기 3m×4.8m의 빅토리아 양식 건물
●●●● 텍사스 주 오스틴에 있는 파크 레인 민박업소B&B로 사용 중인 샤크티 하우스로 크기는 2.8m×6m이다.

● 내가 처음 지은 집으로 내 마스코트이다. 크기 3m×4.8m의 러스틱 텍사스 오두막은 가장 대중적인 스타일이다. 이 집은 토네이도가 불던 날 공중에 4.5m가량 날아올랐다가 떨어졌지만 다락방 창이 하나 깨졌을 뿐 멀쩡했다. 본래 옛날 건축 방식은 이 정도로 튼튼하게 지었다. 어쨌든 그때의 경험으로 현재는 집 꼭대기에서 바닥까지 관통하는 스테인리스강 케이블을 이용해 고정하는 등 더욱 견고하게 주택을 설계하고 있다.

●● 현재 텍사스 주 샌어거스틴에 있는 집. 크기 4.2m×7.6m 주택은 이 집이 유일하다.

어떤 삶이 정상일까?

태미 스트로벨 Tammy Strobel

많이 소유하기보다는 행복한 삶을 추구하기를 간절히 바란다.

태미 스트로벨은 《심플리 카 프리Simply Car-free》와 《스몰토피아Samlltopia》를 쓴 작가이자 웹사이트 디자이너 겸 미디어 컨설턴트로 일하며 캘리포니아 새크라멘토에서 로건Logan과 함께 산다. 스트로벨이 살림을 줄이면서 느낀 인생의 변화를 여기 간단하게 소개한다.

5년 전 우리는 도시 근교에서 '평범한 중산층'으로 살았다. 막 결혼을 한 우리는 찬란하게 반짝이는 결혼반지를 끼고 침실이 두 개인 아파트에 살며 차량 두 대를 운용했고, 먼 길을 출퇴근하며 우리가 벌어들이는 소득 이상으로 쓰면서 살았다.

우리가 거주했던 캘리포니아 주 데이비스는 집값이 비싸고 공실률이 0% 미만일 정도로 살 집이 부족한 것으로 악명이 높다. 돌이켜보면 우리는 너무 많은 것들을 소유했고 또 그만큼 스트레스를 받으며 살지 않았나 싶다.

처음에는 침실이 하나뿐인 작은 아파트로 이사하기가 꺼려졌다. 경제적 웰빙보다는 지인들에게 비칠 아파트 외양과 비좁은 공간에 더 신경이 쓰였던 것이다. 결국 스트레스의 원인이 다름 아닌 우리의 재무 상태라는 걸 깨닫고 나서야 변화를 각오했다. '변화'의 첫 단계는 인생의 가치와 우선순위를 재정립하는 일이었다. 언젠가 우리 집에 찾아올 손님들을 생각하기보다는 정말로 필요한 것들을 먼저 생각했다.

본격적으로 살림을 줄이기 전에 해당 항목을 놓고 장단점을 철저하게 기록하는 일부터 시작했다. 자가용 한 대를 처분하고 기차역과 식료품점, 편의시설이 가까운 곳에 침실 하나짜리 아파트를 구했다. 이동거리가 길어 남은 차 한 대에 들어가는 비용이 만만치 않았지만 그래도 임대료가 낮아져 조금씩 빚을 갚아나갔다. 우리 삶은 더 좋은 방향으로 바뀌기 시작했다.

그러다 작년에 우연히 디 윌리엄스Dee Williams의 초소형 주택을 보고 나서야 단순한 삶과 '소형 주택 운동'에 대해 알게 되었다. 우리는 그 뒤로 열심히 자료를 조사하고 실천 목록을 꼼꼼하게 작성하고 나서 데이비스를 떠나 소도시인 새크라멘토로 이사하기로 했다. 우리는 규모를 더 줄여 걸어서 출퇴근할 수 있는 거리에 36㎡(11평)짜리 아파트를 얻었다. 나는 윌리엄스에게서 살림은 작

살림 줄이기는 진행형이다. 하룻밤 사이에 완결되는 사건이 아니다.

CHAPTER 1. 땅 위에 지은 초소형 주택   85

> 자가용과 텔레비전을 없애니까 우리 건강과 행복을 가꾸고 인생의 목표를 실천할 수 있는 시간과 돈과 에너지가 생겼다.

게 살고 생각은 크게 하는 삶을 배웠다.

크게 생각하려면 목표를 세우고 복잡한 문제를 해결해야 한다. 우리는 소유물의 양적인 측면과 질적인 측면을 따지기 시작했다.

살림을 줄이는 일은 마냥 즐겁지만은 않았지만 그 혜택은 이루 말할 수 없을 정도로 크다. 작은 아파트로 이사하는 것만으로도 놀라운 가능성이 열린다. 하나 남은 차까지 처분하고 나니 우리 삶은 훨씬 더 좋아졌다. 돈이 모이고 그래서 일하는 시간을 줄였기 때문이다. 판에 박은 말 같지만 자가용과 텔레비전이 없으니 우리 건강과 행복을 가꾸고 인생의 목표를 실천할 수 있는 시간과 돈과 에너지가 생겼다. 우리 부부에게 효과가 있었던 몇 가지 비결을 여기 소개한다.

1. 작은 집으로 이사하기. 침실이 하나뿐인 소형 주택으로 살림을 줄이는 일은 단박에 해치울 수 있는 일이 아니다. 중고품 상점을 수시로 찾아다니며 준비해야 할 일이 아주 많다. 36㎡(11평)짜리 아파트로 이사를 하는 과정에서 우리는 삶의 잡동사니들을 제거했다. 왜 그토록 많은 살림살이가 필요했는지 진지하게 반성하는 시간이기도 했다.

2. 자가용과 이별하기. 자가용을 팔았을 때의 장단점을 놓고 수개월간 논의한 끝에 우리는 차를 처분하고, 위스콘신 대학원의 한 학생처럼 걸어서 출퇴근하기로 했다.

3. 부채에서 해방되면 삶이 그렇게 자유로울 수 없다. 단순한 삶에 대해 접한 뒤 우리는 빚에서 놓여날 수 있었다. 텔레비전을 기부하고 자가용을 처분하고 나서야 우리는 이 물건들을 소유하느라 그동안 얼마나 많은 비용을 지불했는지 알게 되었다. 《돈이냐 삶이냐 Your Money or Your Life》라는 놀라운 책도 발견했다. 이 책을 읽고 나서 돈에 대한 태도가 송두리째 바뀌었다.

4. 무엇보다 행복이 중요하다. 우리 삶에서 군더더기와 부채를 제거하고 나면 더 행복해질 뿐 아니라 덜 소유하게 된다. 살림 줄이기를 시작하면 심리적으로도 한결 '가벼운' 상태에 놓이게 된다. 부채 걱정이 없어지니 나를 행복하게 만드는 취미 활동도 다양하게 즐길 수 있게 되었다. 나는 운이 좋아서 내가 좋아하는 일을 하며 살지만, 만약 일이 싫다면 돈 때문에 그 일에 매달릴 필요가 없다. 이는 빚에서 자유롭고 쓸 돈이 있는 사람에게 주어지는 엄청난 보너스다.

5. 살림 줄이기는 진행형이다. 하룻밤 사이에 완결되는 사건이 아니다. 우리 이야기가 여러분의 삶에서 불필요한 군더더기를 하나하나 차츰차츰 제거하는 데 도움이 되기를 바란다.

단순한 삶을 추구하는 여러분의 노력이 성과를 거두기를 빈다. 그리고 많이 소유하기보다는 행복한 삶을 추구하기를 간절히 바란다.

www.rowdykittens.com

공무원과 친해지는 방법

마이클 리치필드 Michael Litchfield

도시계획과 사람들이 하는 일

일반적으로 건물을 건축하는 과정은 두 단계로 나뉜다. 계획과에서 시작해 건축과에서 끝이 난다. 작은 마을에서는 이 두 부서가 통합되기도 하지만 대개 독립되어 있다.

나는 최근 《인로, 아웃로, 그리고 그래니 플랫In-laws, Outlaws, and Granny Flats》이라는 책을 집필했다. 주택 한 채를 2가구 거주용으로 용도 변경하는 방법을 다룬 책(인로, 아웃로, 그래니 플랫은 모두 같은 대상을 지칭하는 다른 표현으로서 본채에 딸린 거주공간을 말한다. 일반 주택과 달리 특별한 허가가 필요하다-옮긴이)이다. 본채에 딸린 거주공간을 마련하는 데 필요한 모든 정보를 독자들에게 제공하려다 보니 도시계획과와 건축과 공무원을 다루는 법을 기술하는 데만 한 장을 할애했다. 이 주제는 정말이지 쓰고 싶지 않았다. 도시계획과 사람들은 알아듣기 어려운 용어를 줄줄 쏟아내는 공무원들이 아니던가. 이들이 하는 유일한 기능, 즉 용도지역 조례를 집행하는 일은 집주인들이나 빌더들에게 비참한 심정만 안겨준다고 생각하는 이들이 태반이다.

하지만 그렇지 않다.

이 책에 필요한 자료를 수집하면서 처음에는 나도 실제로 숨을 죽이고 도시계획과 사람들과 대화를 나눴다. 하지만 알고 보니 남을 돕기 좋아하는 친절하고 점잖은 사람들이 많았고 큰 비전을 품고 일하는 이들도 있었다. 그러니까 이 책은 이 사람들을 아군으로 만드는 교본이다. 여러분은 또한 이 책에서 이들이 캘리포니아 주 산타크루즈와 오리건 주 포틀랜드 같은 도시에서 어떤 놀라운 일을 해냈는지 감상할 수 있다.

- 도시계획과는 용도지역의 지정 업무를 다룬다. 건물의 높이와 크기가 어떻게 되는지, 이웃하는 주택들과 얼마나 가까운지, 건물이 대지면적을 얼마나 차지하는지(건폐율), 용도변경을 하려면 반드시 거쳐야 하는 과정이 무엇인지를 다룬다. 다시 말해, 도시계획과는 건물의 모양과 그 용도가 지역 공동체에 어떤 영향을 끼치는지 살핀다.
- 건축과는 주택의 건설과 기능성에 집중한다. 기초에 철강이 얼마나 들어갔는지, 벽이 지붕을 충분히 지지하는지, 벽에 어떤 단열재가 들어갔는지를 점검한다. 배관과 배선, 난방, 건강과 안전 문제를 살핀다. 건축과는 주택 내부를 관리하는 부서라고 한마디로 딱 잘라 정리하는 사람도 있는데 크게 틀린 말은 아니다.
- 일부 지방자치단체에서는 건물을 리모델링하거나 인로 유닛을 증축하고 싶어 하는 집주인들을 적극 장려한다. 이런 곳에서는 건축 승인절차를 분명하게 설명하고, 무료 안내책자를 나눠 주거나 온라인상으로 정보를 공유하고, 직원들을 배치해 문의에 답변한다. 이따금 승인절차를 간소화해주기도 한다.
- 그렇지 않은 자치단체도 있다. 이런 도시의 계획과와 건축과 업무는 건축 전문가가 아니라면 일 처리를 어떻게 해야 하는지 여간해서는 알기 어렵다. 물론 집주인들의 권리를 주장하는 일이긴 하지만 이런 경우 건축 승인을 받아 주택을 건설하기까지 길고 힘겨운 시간을 보내야 할 것이다. 이런 환경에서는 전문가를 고용하는 것이 최선의 방책이 아닐까 싶다.
- 하지만 인허가 과정이 쉬울지 어려울지 지레짐작하기보다는 일단 물어보고 정확하게 확인하기 바란다.

가능성 타진하기

첫 번째 단계, 즉 도시계획과를 방문하는 것은 몇 시간만 투자하면 될 일이고 여기서 배우는 바도 적지 않다. 계획과의 주소와 근무시간대는 여러분이 사는 도시나 카운티 사이트에 게시되어 있으며 전화번호부에도 나와 있다. 도시계획과 직원과 전화로 약속을 미리 잡을 수도 있고 평일에 아무 때고 방문해도 된다. 방문자들은 도착한 순서대로 서비스를 받는다.

- 도시계획과 직원을 만날 때 아무 자료 없이 만나도 상관없지만 참고 자료를 준비하면 도움이 된다. 그러니까 ① 대략적인 배치도(대지와 집의 대략적인 스케치), ② 대략적인 평면도와 변경하려는 내용, ③ 문의사항 목록을 적어 간다면 무엇이 가능한지 더 잘 파악해서 답변해줄 것이다.
- 여러분의 주소를 구글에서 검색해 집과 주변이 보이는 항공사진을 복사하면 손쉽게 배치도를 준비할 수 있다. 변경 내용이 이웃 주택에 어떻게 영향을 미칠지 도시계획 담당자에게 보여주려면 집 주위를 디지털 사진으로 촬영하고 이를 인쇄한 뒤 그 위에 변경 내용을 그려 가면 된다. 하지만 이런 자료 때문에 머리를 싸매고 괴로워할 필요는 없다. 여러분이 구상한 바를 담당자가 잘 이해하도록 도움을 주려는 목적일 뿐이다.
- 미팅이 끝나면 담당자는 아마도 용도 허가기준 요약집과 용도변경 신청서 제출에 필요한 첨부 서류들을 안내한 '목록'을 건네줄 것이다.

시민에게 권력을

저가 주택 공급이 심각하게 부족한 상황을 대처하기 위해 개혁 성향의 일부 도시계획과 담당자들은 무척 분주하게 일한다. '스마트 성장'을 지양하는 이들은 쇼핑가와 커뮤니티 시설, 대중교통 시스템이 완비된 도심 지역에 건물을 증축하는 도심개발 추진 프로젝트를 실시하기로 했다. 초소형 주택과 지금 우리가 다루는 인로 유닛in-law units은 규모가 작고 자원을 절약하며 친환경적인 거주공간을 제공하기 때문에 이 프로젝트의 중요한 요소가 될 수 있다.

- 산타크루즈 시의 액세서리 드웰링 유닛ADU 개발 프로그램은 가장 놀라운 성공사례에 속한다. 캘리포니아 주 산타크루즈 시는 이 개발 프로그램을 실시하면서 허가 및 승인 절차를 간소화하고, 수수료를 인하하고, 주택 소유주들에게 공사의 허가 및 승인 절차를 안내하는 매뉴얼을 제작했다. 또 일곱 가지 원형 계획을 만들어 계획을 그대로 준수할 경우 자동적으로 부가 건물 건축을 승인받을 수 있도록 했다. 오리건 주의 포틀랜드에서도 곧이어 이 프로그램을 도입했었다. 두 경우 모두 도시계획가들이 개혁 성향의 시의회 구성원 및 여러 시민단체와 강력한 연대를 형성해 긍정적 변화를 가져왔다.

계획은 단순하게

계획입안 과정

브레인스토밍: 대략적인 배치도 작성
⇩
도시계획과 담당자와 면담: ADU가 실현 가능한가?
⇩
아이디어 정리하기
⇩
설계사와(또는) 건축업자와 면담, 고용
⇩
계획입안에 필요한 도면 및 서류 작성
⇩
도시계획과에 수수료 지불, 신청서와 도면 제출
⇩
도시계획과에서 신청서 검토하기
⇩
필요할 경우 공청회, 디자인 검토
⇩
도시계획과의 승인 및 공사 진행

마이클 리치필드, 《인로, 아웃로, 그리고 그래니 플랫》(2011)에서 인용

CHAPTER **2**

바퀴 위에 지은 초소형 주택

- 고물 자동차 오두막
- 텀블위드 초소형 주택
- 트레일러 위의 작은 집
- 오리건 카티지 컴퍼니
- 제닌의 초소형 주택 두 채
- 프로토하우스 ProtoHaus
- 바퀴 달린 초소형 주택
- 팔레트 하우스 프로젝트 Pallet House Project

고물 자동차 오두막

울프 브룩스와 라일 콩던 Wolf Brooks & Lyle Condon

고물 자동차 오두막을 지으려던 생각은 곧 현실로 이루어졌다. 재생자재를 활용해 작고 효율적인 집을 짓겠다는 생각은 세상에 하나밖에 없는 독특하고 친환경적인 집을 짓겠다는 목표와 딱 맞아떨어졌다.

우리는 제품 카탈로그나 평면도가 따로 없다. 창의력을 발휘해 오두막을 구상한 다음 재활용 자재들을 이용해 조립한다(최소 90%가 재활용 자재다).

울프 브룩스는 평생 작은 집에서 살며 지난 13년 동안 집을 지어온 빌더이다. 매년 짓는 오두막 수가 그리 많지 않아 재활용 자재를 구할 시간이 충분하고, 또 재활용 자재를 이용하기 때문에 오두막마다 독특한 특징을 지니게 된다.

산타페 오두막은 피어 Pierr 씨를 위해 지은 집이다. 뉴멕시코 주의 산타페 남쪽에 땅을 가지고 있던 피어 씨는 자신의 땅에 초소형 주택을 짓고 싶어 했다. 피어 씨는 주말이면 그곳에서 등산이나 탐험을 즐겼는데, 야외에서 긴 하루를 보낸 뒤 휴식을 취할 수 있는 장소를 갖고 싶어 했다. 작은 오두막이 한 채 있으면 휴식도 취하고, 기후가 안 좋을 경우 피난처로 삼기에도 좋을 것이라는 생각이었다.

피어 씨는 키가 2m가량 되는 장신이라 키에 맞게 문을 따로 제작했고, 캐비닛도 일반적으로 쓰는 80cm가 아니라 1m 높이로 만들었다. 우리는 피어 씨와 함께 의논하면서 그가 마련한 집터에서 가장 좋은 풍경이 눈에 들어오는 위치에 창문을 배치했다.

울프 브룩스는 평생 작은 집에서 살며 지난 13년 동안 집을 지어온 빌더이다.

피어 씨는 싱크대는 물론 캐비닛에 사용할 목재까지 우리에게 제공했고, 현관에 사용할 자재도 제공했다. 모두 피어 씨가 본가를 짓기 위해 수년 전에 구입해둔 자재들이었다. 우리는 물건을 재활용하거나 다른 용도로 전환해서 사용하는 것을 좋아하는 사람들이라 그가 제공한 자재들은 우리에게 안성맞춤이었다!

아직 전기가 들어오지 않는 지역이지만 오두막에는 전기배선 작업까지 해두었다. 앞으로는 태양광 설비를 마련할 계획이다.

트레일러 위에 지은 오두막이라 우리가 있는 콜로라도 주에서 누멕시코 주까지 끌고 갔다. 피어 씨가 만약 다른 풍경을 바라보고 싶다면 오두막 위치를 바꾸면 그만이다!

콜로라도 주 파고사 스프링스
크기: 13㎡(4평) 이상
가격: 1만~2만 달러
웹사이트: www.jalcpycabins.com
(970) 903-3298

텀블위드 초소형 주택

제이 셰퍼 Jay Shafer

요즘 초소형 주택 시장에서 가장 눈에 띄는 인물은 단연 제이 셰퍼가 아닐까 싶다. 〈뉴욕타임스〉와 〈월스트리트저널〉, 미국 공영 라디오 방송 NPR, 〈오프라 쇼〉에서도 그를 소개한 바 있다. 《더 스몰 하우스 북 The Small House Book》을 집필한 제이 셰퍼는 '텀블위드 하우스 Tumbleweed Houses'(93쪽 참조)라는 초소형 주택 웹사이트를 운영한다. 뿐만 아니라 과학적이고 멋진 구조를 뽐내는 여러 종류의 초소형 주택을 설계하고 건축한다(주택에는 대부분 바퀴가 달렸다). 이 책에서 셰퍼는 자신의 초소형 주택을 처음으로 만들었던 때를 이렇게 회상한다.

"초소형 주택은 안전상의 이유로 주택으로 허가를 내주지 않기 때문에 저는 주택에 바퀴를 달아 법을 우회해 트레일러로 허가를 받았습니다. 내부 면적은 대략 2.4m×3.6m 크기(3평)이고, 다락방과 현관이 있고, 바닥에는 바퀴를 네 개 달았습니다. 그러면 미국식 오두막 모양에 위네바고 벡트라 Winnebago Vectra 캠핑 차량이 결합한 형태가 됩니다. 삼나무 목재로 현관 기둥을 세우고, 역시 삼나무 목재로 만든 벽체 위에 뾰족한 철제 지붕을 올립니다. 소형 목조주택의 설계 도면을 보면 전통적으로 외부 현관, 곧 정면 중앙에서 전체가 좌우 대칭 구조입니다. 옹이를 활용한 소나무 벽과 더글라스 전나무 바닥재로 마감한 내부는 스테인리스강 부자재 시설과 조화를 이룹니다. 가로세로 2.1m 크기의 거실로 쓸 방이 하나 있고, 옷장만 한 크기의 주방과 그보다 더 작은 욕실이 하나, 그리고 1.2m 높이에 침실로 쓸 다

락방이 하나 있어요. 주철로 된 난방기가 아래층 중앙에 제단처럼 배치되어 있습니다. 사실 주택의 전체 모양을 보면 1.5톤 차축 두 개 위에 세워진 초소형 성당처럼 보입니다.

행복한 집을 설계하는 것은 곧 행복한 생활을 설계하는 것입니다. 그러려면 무엇이 필요한지를 생각하기보다는 무엇이 없으면 안 되는지를 파악하는 것이 중요합니다. 그다음으로 할 일은 장기간 여행을 떠나는 사람이 짐을 꾸리듯이 필수품 목록을 작성하는 겁니다. 극도로 단순하게 산다는 사람도 제가 적은 간결한 목록을 보면 백이면 백 사람 모두 깜짝 놀랄 겁니다. 그 충격의 정도는 물질만능주의자들이 느끼는 충격과 맞먹습니다."

이제 제이 셰퍼가 설계한 초소형 주택 중에 세 가지 모델을 살펴보자. 여기 소개하는 세 가지 모델은 모두 주로 1인 주거용으로 설계되었다.

www.tumbleweedhouses.com

> 행복한 집을 설계하는 것은 곧 행복한 생활을 설계하는 겁니다. 그러려면 무엇이 필요한지를 생각하기보다는 무엇이 없으면 안 되는지를 파악하는 것이 중요합니다.

CHAPTER 2. 바퀴 위에 지은 초소형 주택   93

엑스에스 하우스
XS House

엑스에스 하우스는 텀블위드 건축회사에서 설계한 주택 가운데 가장 작은 크기다. 가볍고 이동이 간편하며(2.1m×3m 크기의 트레일러 주택), 한 사람이 거주하기에 알맞다. 텀블위드 창시자인 제이 셰퍼도 엑스에스 하우스를 지어 1년 정도 살았다. 셰퍼에 따르면 두 사람이 기거하기에는 조금 좁다.

'거실'로 쓰이는 공간에는 붙박이식 책상과 긴 의자가 있다. 긴 의자 아래에는 여분의 수납공간이 있다. 현관과 거실 사이에는 두 개의 벽장이 있어 의류를 수납할 수 있다.

작은 주방에는 스테인리스강 소재의 간단한 싱크대가 있고 그 주변에는 선반이 설치되어 있다. 싱크대 아래에 작은 온수기가 있고, 냉장고와 핫플레이트가 있다. 1m가량 높이에 설치한 다락방에는 침실이 있다. 엑스에스 하우스에서는 대다수 선박처럼 샤워실이 곧 욕실이다. 욕실 벽면은 금속 다이아몬드 플레이트로 마감처리가 되어 있다.

욕실에 설치된 변기는 절수형 캠핑카 변기인데, 퇴비화 변기로 교체할 수 있다.

스테인리스강 소재 벽난로가 있어 영하 37도까지 떨어져도 실내 공기를 따뜻하게 유지할 수 있다. 또 집이 워낙 작기 때문에 R-16 단열재(R은 열전도율을 나타내며 값이 클수록 단열성능이 높다-옮긴이)가 혹독한 추위 속에서도 실내를 따뜻하게 유지한다.

넓이: 7.9㎡(2.4평)
폭: 2.1m
길이: 3.3m
트레일러 크기: 2.1m×3m
차량 무게: 1.8톤
포치: 60cm×45cm
안방: 1.3m×1.5m
주방: 1.2m×1.2m
천장 높이: 1.8m
다락방 높이: 97cm

에퓨 EPU

에퓨 모델은 제이 셰퍼가 거주하는 주택이다. 2008년 〈오프라 쇼〉에서 소개되었다. 거실로 쓰이는 방에는 책상과 벽난로가 딸려 있고, 주방과 습식 욕실, 다락방이 하나씩 있다.

'거실'에는 붙박이 책상과 스테인리스강 소재의 벽난로가 있다. 거실 주변에 창이 네 개 있어 실내를 밝게 해준다.

주방에는 싱크대와 화구 두 개짜리 버너 스토브, 냉장고와 여러 개의 선반이 있다. 싱크대 아래에 작은 온수기와 냉장고가 배치되어 있다.

(1.1m 높이에 있는) 다락방은 퀸 사이즈 침대 하나를 수용할 정도이지만, 두 사람이 기거하기에

는 조금 좁다.

　대다수 선박에 딸린 욕실이 그렇듯이 에퓨 모델의 욕실은 샤워실이 곧 욕실이고, 흔히 말하는 '습식 욕실'이다. 욕실 벽면은 금속 다이아몬드 플레이트로 마감처리가 되어 있어 현대적인 느낌을 준다. 욕실에 설치된 변기는 절수형 캠핑카 변기인데, 퇴비화 변기로도 손쉽게 교체할 수 있다.

　에퓨 모델에는 스테인리스강 소재의 벽난로가 설치되어 있다. 모든 벽면과 바닥, 천장에는 폴리스티렌 폼 보드로 단열처리했다.

　이 주택은 2.1m×4.2m 크기의 트레일러 위에 지었다.

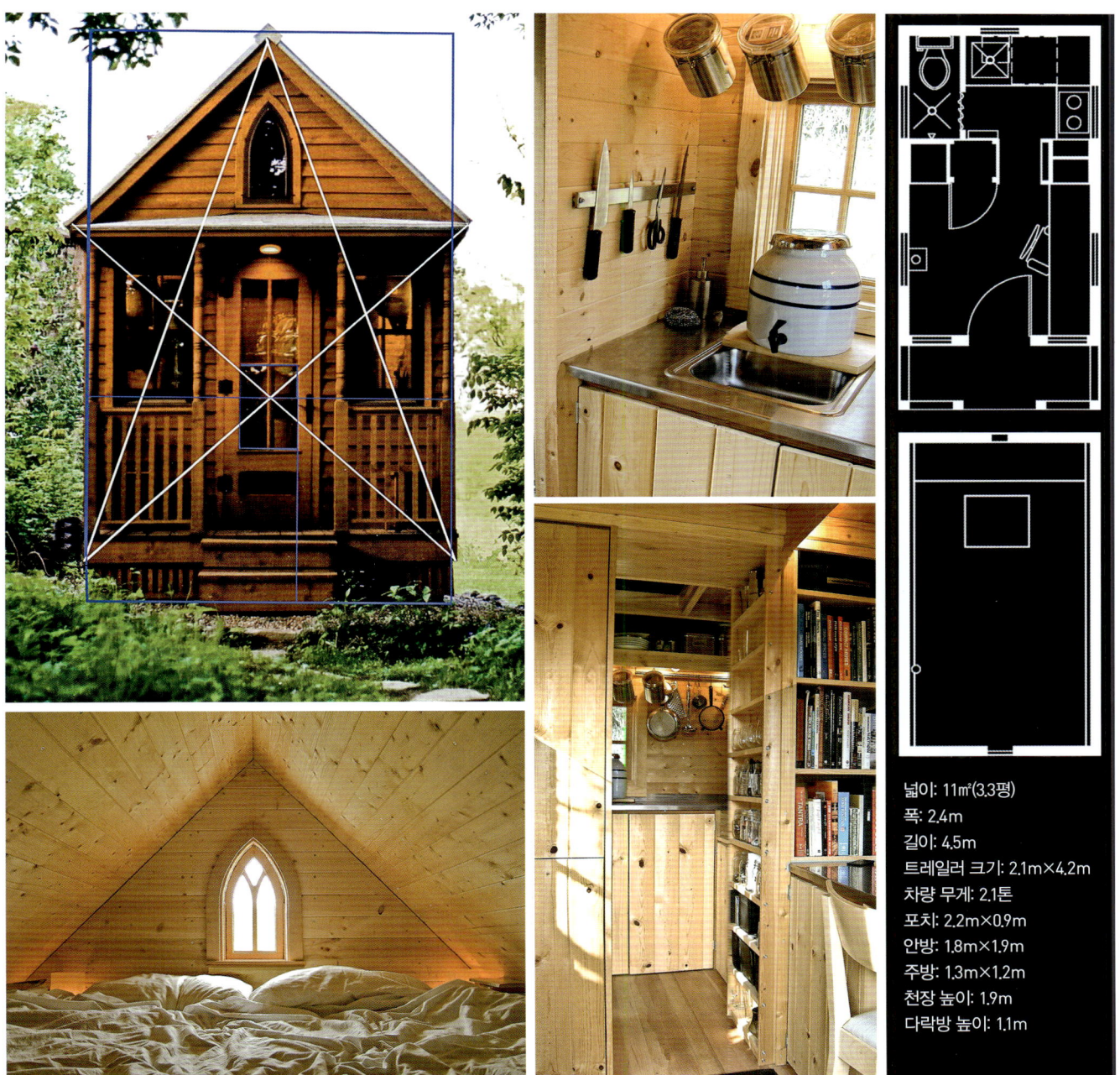

넓이: 11㎡(3.3평)
폭: 2.4m
길이: 4.5m
트레일러 크기: 2.1m×4.2m
차량 무게: 2.1톤
포치: 2.2m×0.9m
안방: 1.8m×1.9m
주방: 1.3m×1.2m
천장 높이: 1.9m
다락방 높이: 1.1m

위비 Weebee

위비 모델을 보면 정면에 앞으로 튀어나온 멋진 창문이 있다. 내부는 소나무 목재로 마감처리되었고 스테인리스강 소재 조리대가 있다. 외부를 보면 외벽을 두른 삼나무 판자가 물결모양 알루미늄 패널로 이은 지붕과 조화를 이룬다(물론 비가 오면 지붕에 떨어지는 빗소리를 들을 수 있다). 위비 모델은 외장재로 물결모양 알루미늄 패널을 쓸 수도 있고, 나무 판재로 틈막이 붙임을 할 수도 있다.

'거실'로 쓰는 방은 정면으로 난 모든 창문에서 빛이 들어오기 때문에 환하다. 스테인리스강 소재의 벽난로가 있어 실내 온도를 따뜻하게 유지한다. 침대 겸용 소파라든가 아담한 침상을 수용할 만큼 구석 공간도 충분하다.

주방에는 싱크대와 화구 두 개짜리 버너 스토브, 냉장고, 여러 개의 선반이 설치되어 있다. 또 취향에 따라 작은 토스터 오븐이나 전자레인지를 놓을 공간도 있다.

침실, 욕실, 화장실, 난방기는 앞서 소개했던 에퓨 모델과 동일하다.

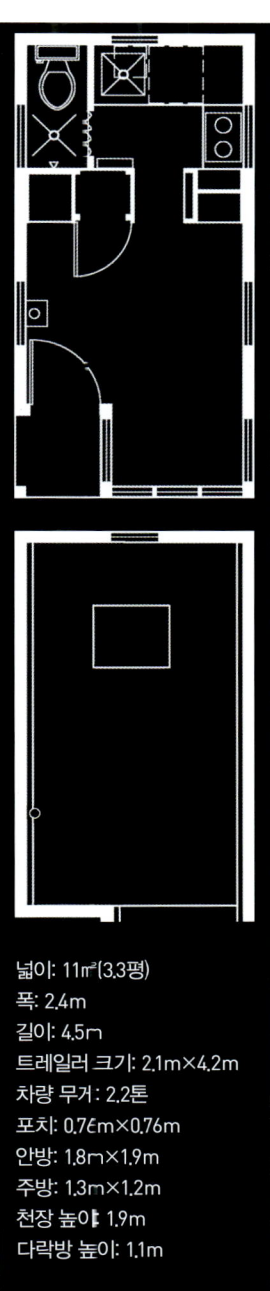

텀블위드 초소형 주택이 비싼 까닭은 무엇일까?

여기에 보이는 세 가지 초소형 주택은 완제품의 경우 4만 5000~4만 9000달러이고, 조립식으로 지을 경우 비용이 2만~2만 1000달러다. 10㎡(3평) 남짓한 주택이 왜 이렇게 비쌀까?

집을 지을 때 가장 싼 값으로 추가할 수 있는 품목은 땅 한 자가 아닐까 싶다. 전기, 배관, 난방 등의 시스템과 각종 주택 설비는 한 가지 확실한 공통점이 있다. 그 값이 비싸다는 것이다. 집을 짓는다는 것은, 말하자면 비교적 값싼 공간에 값비싼 설비를 갖추는 것이다. 일단 핵심 설비가 들어간다면, 그것을 추가로 확장하는 비용은 그리 높지 않다. 땅 한 자를 늘리는 것은 액면가가 싸기 때문에 아무 설비도 없는 공지空地 자체는 사실 헐값이다.

더 크다고 꼭 좋은 것은 아니다. 하지만 이 사실을 잊고 사는 사회에서는 소형 주택을 판매하기가 쉽지 않다. 소형 주택 소유자들이 겪게 될 이런 어려움은 숨겨진 비용으로 봐야 한다. 하지만 필요 이상으로 큰 집을 소유할 경우에는 부채도 커지고, 공공서비스 요금도 늘어나고, 유지비용도 만만치 않다. 감당할 수 없을 지경이 되면 주택 압류나 긴급구제 신청으로 이어지는 경우도 많다. 주택을 구입할 때는 공간의 양보다 질을 생각해야 한다. 작은 오두막이라도 제대로 설계한다면 그리 비좁은 느낌이 들지 않는다. 오히려 설계가 엉망인 커다란 맨션보다 공간 효율성이 높고, 냉난방비나 유지비도 적게 들어간다.

넓이: 11㎡(3.3평)
폭: 2.4m
길이: 4.5m
트레일러 크기: 2.1m×4.2m
차량 무게: 2.2톤
포치: 0.76m×0.76m
안방: 1.8m×1.9m
주방: 1.3m×1.2m
천장 높이: 1.9m
다락방 높이: 1.1m

트레일러 위의 작은 집

스티브 드 라치오 Steve de Laszio

나는 항상 내가 살 집을 직접 짓고 싶었다. 대학 시절에는 다각형 격자를 짜 맞춘 이동식 '측지선 돔'을 짓는 데 시간을 보내기도 하고, 캘리포니아 주 팔로알토 근처의 스카이라인 고속도로 주변에 휴대용 텐트를 치기도 했다. 나는 벅민스터 풀러 Buckminster Fuller(측지선 돔을 디자인한 미국의 건축가, 1895~1983년―옮긴이)의 열렬한 팬이다. 하지만 그의 디자인 철학에서 나온 디자인은 내가 살아갈 집과는 잘 맞지 않았다. 나는 미국의 전통적인 주택 미학과 효율적이고 지속가능한 건축 기술을 결합해야 했다. 30년 동안 주거용 고급 캐비닛 제작자로 일하던 나는 지금은 저렴한 이동식 주택을 짓는 일을 하고 있다. 내가 처음 애정을 품었던 일로 되돌아온 것이다. 나는 일을 할 때 여러 의뢰인의 일감을 동시에 진행하지 않고, 주택 한 채를 짓는 데 집중한다. 스스로 자부심을 느낄 수 있는 결과물을 내놓고 싶다. 건축자재는

국제산림관리협회에서 인증한 지속가능한 목재와 친환경 대나무 바닥재를 쓴다. 그리고 휘발성 유기화합물 페인트는 절대 실내에 사용하지 않는다.

건축가와 마찬가지로 고객과 자주 만나 소통하면서 고객이 미학적으로 또 기능적으로 무엇을 원하는지 확인한다. 제일 먼저 평면도를 작업하면서 건물의 용도를 정리한다. 그리고 의뢰인이 원하는 디자인을 반영해 용도에 따라 주택의 형태를 정한다. 우리가 바라는 형태보다는 가능한 한 의뢰인의 희망사항을 표현하려고 애쓴다.

우리가 꿈꾸는 디자인은 우리 집 마당에 전시된 주택에 잘 드러나 있다. 그리고 의뢰인의 마당에 자리 잡은 주택에서는 의뢰인이 꿈꾸는 디자인이 드러난다. 의뢰인 중 다수는 우리가 전시해놓은 디자인을 보고 마음에 들어서 우리를 찾는 사람들이다. 하지만 결국 의뢰인의 기존 주택 디자인과 어울리는 형태가 제격이라는 사실을 깨닫는 경우가 많다. 우리 포트폴리오 역시 의뢰인들의 다양한 요구를 만족시킬 수 있도록 구성되어 있다.

www.LittleHouseOnTheTrailer.com

나는 일을 할 때 여러 의뢰인의 일감을 동시에 진행하지 않고, 주택 한 채를 짓는 데 집중한다. 스스로 자부심을 느낄 수 있는 결과물을 내놓고 싶다.

오리건 카티지 컴퍼니 Oregon Cottage Company

토드 밀러 Todd Miller

토드 밀러는 21년간 건축가로 일하고 있으며 볏단 공법, 코브 공법, 담틀 공법과 재생 가능한 목재를 이용하는 건축 방식뿐 아니라 패시브 태양광 passive solar(에너지의 전달이 자연적인 방법으로 이뤄진다-옮긴이)과 액티브 태양광 active solar(에너지 전달이 별도의 기계 설비를 통해 이뤄진다-옮긴이), 풍력, 지력을 이용한 시스템을 지향한다. 토드는 오리건 주 윌라메트 밸리 Willamette Valley 남쪽에 거주하고 있다. 그림에 보이는 바퀴 달린 오두막은 그가 지은 소형 주택 중 하나다.

12㎡(3.6평) 정도의 초소형 주택으로 에너지 효율성이 높고, 캠핑카에 들어가는 기본 설비를 갖추고 있어 외부의 전기, 수도, 하수 시설과 연결이 가능하다. 모든 기능을 갖춘 주방, 침실용 다락방, 샤워실과 화장실이 있고, 총중량 5톤의 복축 평판트레일러 위에 지어져 이동이 가능하다. 이 주택의 친환경 요소를 살펴보자.

- 에코배트 벽체 단열재(R-16)
- R-23.5 지붕 단열재
- R-25.7 바닥 단열재
- 페이퍼스톤 paperstone(FSC에서 인증하는 재활용 건축 표면 자재로서 석유 화학물을 함유하지 않는다-옮긴

이)으로 만든 주방 카운터
- 현지에서 가공한 삼나무 외벽널
- 재활용 목재 바닥재와 인테리어 문
- 띠장재로 적송을 이용함
- SFI 인증 목재 창문
- FSC 인증 소나무 목조 장식
- 에너지 스타 인증 마크가 달린 냉장고·냉동고

여기 보이는 소형 주택은 3만 7000달러에 팔렸다. 2만 2000달러면 오리건 카티지 컴퍼니에서 방수처리가 잘된 튼튼한 골조로 이뤄진 방갈로를 지을 수 있다. 내부를 직접 마감하면(원하는 대로 인테리어를 할 수도 있고) 돈을 절약할 수도 있다. 아니면 우리 업체와 '함께 작업하며 고객의 필요에 꼭 맞는 꿈의 공간을 창조'할 수도 있다.

www.toddmillerarchitecture.com/projects.html

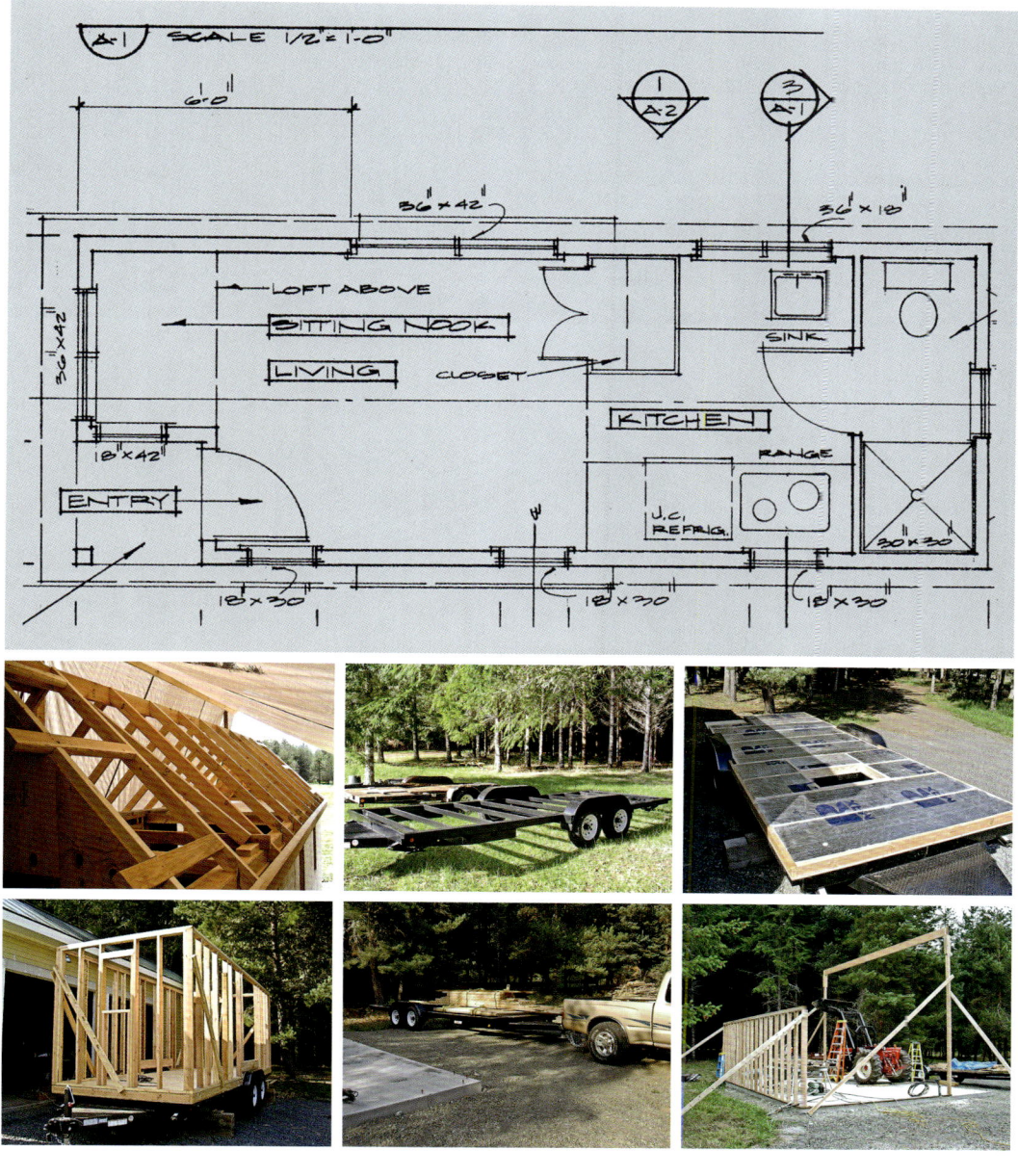

모든 기능을 갖춘 주방, 침실용 다락방, 샤워실과 화장실이 있고, 총중량 5톤의 복축 평판트레일러 위에 지어져 이동이 가능하다.

제닌의 초소형 주택 두 채

제닌 알렉산더 Jenine Alexander

첫 번째 초소형 주택

나는 캘리포니아 힐즈버그에 사는데, 이곳에서는 중간급에 해당하는 주택 가격이 50만 달러가 넘는다. 2009년 나는 처음으로 평판트레일러 위에 쓸 만한 폐건축자재로 소형 주택을 짓기 시작했다. 거의 모든 자재는 폐건축더미나 중고 매매 사이트인 크레이그리스트에서 구한 것들이다.

세부 사항: 집 크기는 2.4m×4.6m(3.6평)이고 패시브 디자인의 태양광 시스템을 갖췄다. 인테리어는 목재와 향판을 이용했고, 바닥재는 전나무를 썼다. 천장은 떡갈나무와 붉은 삼목을 썼다. 단열재는 경질 폼으로 시공했고, 창문은 이중창이다. 침실용 다락방과 오븐이 딸린 주방이 있다. 그리고 수납공간을 최대한 확보했다. 트레일러 훅업(전기, 수도, 하수 시설과 연결하는 장치)을 갖췄다.

내가 돈을 주고 유일하게 구입한 것은 중고 트레일러와 결속용구(못, 나사, 경첩 등)뿐이다. 총 공사비는 3500달러 정도 들었다.

차량 위에 지은 주택이라 도시건축법의 최소 주거규모 기준에 걸리지 않고, 필요하면 이동할 수도 있다.

웹사이트(www.forgeahead.org)에 사진을 게시했는데 반응이 무척 좋았다.

※

페어 컴퍼니스 오브 바르셀로나가 동영상으로 제작한 제닌의 초소형 주택 1편을 올려놓은 주소다.
www.shltr.net/jenine-movie

두 번째 초소형 주택

처음 초소형 주택을 짓고 많은 사람에게 피드백을 받은 나는 친구 에이미 후토Amy Hutto와 함께 두 번째 집을 지었다. 이번에는 일반 자재와 폐건축 자재를 혼합해 사용했으며, 처음보다 빨리 지을 수 있었다. 바닥재는 크레이그리스트에서 구했다. 이중창문은 새것이지만 할인 가격에 구할 수 있었다(고급 창문 주위로 구조물을 지었다). 대리석 카운터는 공짜로 구했다. 외벽널은 파형 강판을 사용했는데, 작업 속도가 빠르고 유지비가 들지 않는다. 이 집은 8월에 팔렸다. 성공적인 시작이었다.

두 개의 초소형 주택 모두 4.8m 길이의 평판트레일러 위에 지었다. 두 번째 주택의 경우 침대 주변에 선반을 설치했다. 크기는 둘 다 건축 허가를 받지 않고 지을 수 있는 최대 구모인 12㎡(3.6평)이다. 지붕까지의 높이는 둘 다 이런 종류의 건물에 허용된 최대 높이인 4.1m이다.

세부 사항: 패시브 방식의 태양광 시스템을 갖췄고, 실내 인테리어는 목재만 사용했다. 바닥재는 대나무, 천장은 소나무 목재를 썼다. 단열재는 청바지를 분쇄해서 만든 데님 단열재를 썼으며, 에너지 효율성이 높은 문과 창문을 시공했다. 침실용 다락방이 있고, 작은 주방도 있다. 개수대는 화강암 상판을 썼다. 욕실 시설에 필요한 배관 시설을 갖췄고, 트레일러 훅업을 갖췄다.

제닌의 웹사이트에는 다양한 사람들이 방문해 댓글을 단다. 초소형 주택에 사는 것을 바보 같은 짓이라고 표현하는 사람도 있고 청혼을 하는 사람도 있다. 하지만 대부분의 사람은 이곳에서 영감을 받는다. 제닌은 "누구나 여기에 마음을 연다면……"이라고 말한다.

제닌은 현재 트레일러 위에 세 번째 집을 짓고 있으며, 또 자신의 집 짓는 경험을 담은 책을 집필해 출판할 예정이다.

로이드: 처음 집을 짓기 시작한 계기가 어떻게 되는가요?

제닌: 2년 전부터 단발성 프로젝트로 시작했어요. 의욕은 넘치는데 일자리를 구하기가 어려웠거든요.

로이드: 집 짓는 법은 어디서 배웠나요?

제닌: 10년 동안 기회가 닿으면 건설현장에서 일을 했어요. 6개월 정도 일하면 다음 일거리를 맡을 때까지 충분한 돈을 벌어요. 공사장 인부들은 제가 가면 늘 반겨줬어요. 여자 몸으로는 고된 노동이지요. 3m 벽에 네일건으로 합판을 고정하는 작업을 열 시간 정도 하고 나면 손목에 통증이 느껴져요.

공사현장에 수시로 가서 쓸 만한 폐자재를 찾아내는 것이 취미예요. 집 짓는 것도 좋아하고 그러다 보니 자연스럽게 소형 주택을 짓게 되었어요.

집을 지어 한동안 제가 살다가 오래전부터 알고 지내던 건설현장 동료에게 세를 주었어요.

● 좀 멀리 떨어져서 보면 바퀴가 달려 있는 집으로 보이지 않는다.
●● 낮은 다락방 아래에 있는 수납공간

자기 손으로
지은 집에서
아침을 맞이하는
일은 아주
멋지고 매력적인
일입니다.

● 낮은 다락방은 긴 의자와 침대로 이용할 수 있다. 오른쪽 상단 구석에 옷걸이가 있다. 정육점용 도마는 조리대 겸 식탁으로 이용 중이다. 창문은 왼쪽에, 현관문은 오른쪽에 있다.

●● 제닌이 지은 이 소형 주택의 특징 중 하나는 팝업 지붕이다. 지붕을 열어두면 햇빛이 안으로 들어오고, 2층이 생긴 듯한 느낌이 든다.

●●● 과거 도시계획가였던 제닌의 어머니 메그 알렉산더Meg Alexander는 그녀에게 많은 영향을 미쳤다.

최근에 사람들이 저한테 질문을 많이 해요. "직접 집을 짓고 싶은데 당신 집이 참 마음에 들어요. 그런데 저는 집을 지어본 적이 없어요"라고 이메일을 보내와요. 뭔가 배우고 싶은 것이 있다면 거기에 전심을 다하면 해낼 수 있다고 봐요. 로켓을 만드는 것처럼 어려운 과학은 아니잖아요. 여러분도 충분히 할 수 있어요.

110

프로토하우스 ProtoHaus
다란 마카와 앤 홀리 Darran Macca & Ann Holley

프로토하우스는 우리 메시지를 전달하는 작품이자 우리의 실험을 보여주는 본보기 주택이다. 트레일러 주택은 조립식이 많지만 우리는 2009년 여름 내내 현장에서 직접 골조를 세우는 전통적인 방식으로 공사를 했다. 이 집을 지을 때 우리는 지속가능성, 기능성, 미학 그리고 교육을 염두에 두었다. 길이 7.3m, 폭 2.4m, 높이 4m, 총면적은 18㎡(5.3평)이다.

프로토하우스는 전기, 상하수도 등의 공공시설 없이 자급자족이 가능한 공간으로 주로 중고 자재와 재활용 자재, 친환경적 자재와 마감재를 사용했다. 복축 트레일러 우에 지었기 때문에 (6.3톤의 하중을 감당할 수 있게 조정되었다) 집 전체가 이동할 수 있다. 수도 시설과 중수도 시설을 독자적으로 갖추었고, 태양광 시스템과 프로판 가스 설비가 있어 전기와 열을 공급하고, 온수를 얻을 수 있다.

2009년부터 2010년까지 우리는 알프레드대학(뉴욕 서부 지역)에서 일련의 워크숍과 오픈하우스 이벤트, 또 강의를 진행하면서 학생과 연구원, 지역 주민들을 만났다. 우리는 집을 개방해서 많은 방문객을 맞아들였고 이들과 경험을 나누었다.

2010년 초에는 우리 집의 기능성을 확장하

는 차원에서 새로운 건물을 짓기로 했다. 이렇게 해서 다용도로 이용할 수 있는 프로토스토가 ProtoStoga(292~294쪽을 참조하라)가 탄생했다.

살림집은 프로토하우스를 계속 이용하고 있는데, 다들 짐작하겠지만 여기서 생활하려면 육체적으로나 심리적으로 만만치 않은 상황에 부딪히게 된다. 이렇게 작은 생활공간에서 거주하는 사람들은 서로서로, 또 자연환경과도 훨씬 더 밀접한 관계를 맺어야 한다. 자그마한 공간에서 자급자족하는 생활방식을 선택하면 소유를 줄이고, 인생을 어떻게 살아야 하는지 진지하게 성찰할 수 있다. 인생에서 진짜 중요한 문제, 그러니까 서로의 관계에 대해 그리고 인류가 지속가능한 방식으로 양심 있게 살아갈 방법에 대해 재고하게 된다.

www.protohaus.moonfruit.com

> 자그마한 공간에서 자급자족하는 생활방식을 선택하면 소유를 줄이고, 인생을 어떻게 살아야 하는지 진지하게 성찰할 수 있다.

태양광 시스템과 프로판가스 설비가 있어 전기와 열을 공급하고, 뜨거운 물을 얻을 수 있어 프로토하우스에서는 공공시설 설비 없이 자급자족이 가능하다.

CHAPTER 2. 바퀴 위에 지은 초소형 주택   113

바퀴 달린 초소형 주택

앤디 리 Andy Lee

지금까지 초소형 이동식 주택을 여러 채 지었다. 그런데 알고 보니 전통적인 건축 기법을 그대로 적용하면 평판트레일러나 차량으로 이동하기에는 무게가 지나치게 많이 나가는 단점이 있었다. 고속도로 평균 속도로 2톤이 넘는 건물을 끌면 주택의 형태 때문에 압력을 많이 받아 언덕은 물론 고속도로에서도 브레이크에 무리가 가게 된다. 트레일러에는 최소한 하나 이상의 브레이크가 있어야 하고, 견인차량에도 브레이크 액추에이터와 브레이크 제동기가 있어야 한다. 만약 트레일러가 길 위에서 흔들리거나 기우뚱거리는 경우에는 하중분배장치를 추가하면 대개 문제를 해결할 수 있다. 견인차량에 설치된 견인장치는 트레일러에 하중분배장치를 설치하면 더 많은 무게를 감당할 수 있다. 일례로 내 GMC 시에라 0.5톤 차량은 하중분배장치 없이 2.2톤가량을 끌 수 있지만, 하중분배장치가 있으면 4톤가량을 끌 수 있다. 개인적으로 2.2톤 정도면 고속도로에서 충분히 속도를 낼 수 있기 때문에 4톤까지 고려해본 적은 없다.

전체 하중을 줄이는 방법도 있다. 길이 6m 트레일러에 초소형 주택을 짓되 분명 평판트레일러 무게까지 포함해 전체 무게가 1.3톤이 넘지 않게도 지을 수 있다. 먼저, 트레일러에서 바닥을 제거하고, 램프(경사로)가 있다면 이것도 제거한다. 그리고 구조재에는 2×4 각재 대신에 2×2 각재를 이용한다. 바닥에 단열처리를 할 때에는 표면

바퀴 달린 프로토하우스
(111~113쪽을 참조하라.)

이 플라스틱으로 되어 있고 크기 1.2m×2.4m에 두께는 1.9cm인 압출 폴리스티렌 시트를 시공한다. 압출발포 방식이라 이동 중에 물이 튀어도 스며들지 않는다. 벽체 단열 시에는 두께 5cm인 확장 폴리스티렌을 이용하면 좋고, 동네 건축자재 판매점에서 구하면 된다. 시트 크기가 0.6m×2.4m에 단열치는 R-8급밖에 안 되지만, 그래도 레저용 차량과 트레일러 자체 단열성능보다는 낫다. 추가 단열을 원한다면 R-3급 단열재, 즉 1.2m×2.4m 크기의 두께 1.2cm인 압출 폴리스티렌 시트를 이용하면 된다. 가격은 개당 7달러 정도이고 무게는 1.8kg 정도밖에 나가지 않는다. 뒤틀림을 어느 정도 방지해주고 풍하중(바람이 건물과 부딪쳐 생성하는 하중-옮긴이)을 견디는 좋은 자재다.

외벽은 두께 6mm의 해양용 합판으로 덮고 해양용 에폭시 페인트를 칠한다. 이렇게 하면 최소한의 돈을 투자해 방수 효과를 얻는 셈이다. 만약 단조로운 합판 모양이 싫어 변화를 주고 싶다면, 폭이 30cm인 합판 위에 2.5cm 틈막이재를 붙이는 방법이 있다. 해양용 합판은 인터넷으로 주문하거나 가까운 보트장에서 크기 1.2m×2.4m 시트 한 장당 40달러에 구입할 수 있다. 두께 6mm의 외장용 합판은 로이스Lowe's나 홈디포Home Depot에서 구입할 수 있는데, 가격은 저렴하겠지만 품질이 해양용 합판만큼 좋지는 않을 것이다. 저렴한 합판을 사용할 때에는 몇 년마다 외벽을 새로 페인트칠해야 하고, 도료가 분리되거나 균열이 가는지 정기적으로 점검할 필요가 있다.

집의 내부는 두께 6mm의 자작나무 합판 혹은 오크 합판으로 마감한다. 이 합판 역시 로이스나 홈디포에서 구하면 된다. 가격은 상당히 비싼 편이어서 시트당 20달러나 하지만 설치하고 마감하기가 쉽다. 소재 고유의 빛깔을 연출하려면 수성 폴리우레탄으로 마감처리를 하면 된다. 이 초소형 주택 내부에 유성 착색제나 민왁스Min Wax 같은 마감재를 이용하는 것은 금물이다. 어느 세월에 냄새가 다 빠져나갈지 모른다. 나도 그렇지만 유성 페인트와 착색제 또는 마감재에 들어 있는 휘발성 유기화합물에 알레르기 반응을 보이는 사람들이 적지 않다. 나의 경우 휘발성 유기화합물 냄새가 제거되지 않은 트레일러나 캠핑카 안에서 몇 분만 있어도 극심한 부비동 두통을 느낀다.

외장재와 내장재를 얇은 합판으로 마감하면 크게 네 가지 장점이 있다. 첫째, 유리섬유 시트를 제외한 다른 재료를 썼을 때보다 무게가 훨씬 가벼워진다. 둘째, 소나무 목자로 제혀쪽매 결구 방식을 쓰면 몇 시간이 걸리지만, 1.2m×2.4m의 얇은 합판을 이용하면 비슷한 면적을 마감처리하는 데 몇 분밖에 걸리지 않는다. 셋째, 벽이 비틀어지지 않도록 지지하고 풍하중을 지탱할 정도의 강도를 가지고 있다. 넷째, 비용에 비해 외관이 근사해서 가족과 친구들에게 보여줘도 결코 부끄럽지 않다.

다음과 같은 설비를 시공해도 좋다. 이를테면 강화유리창이라든가 창문 셔터(특히 정문 유리창)를 달아도 좋고, (일반 주택에서 쓰는 경사진 지붕과 달리) 고무막으로 방수처리한 트레일러처럼 평평한 지붕으로 대체해도 좋다.

길이 5.4m 정도의 트레일러 주택과 3.6m 정도의 트레일러 주택은 두 개의 무게 차이가 기껏해야 수백 파운드에 불과하고 비용의 차이도 크지 않지만 수용할 수 있는 하중에서는 30% 정도 차이가 난다. 내가 직접 짓고 있는 트레일러 주택은 길이가 6m가량으로 4.8m 평판트레일러 위에 짓는 중이다.

길이 5.4m 정도의 트레일러 주택과 3.6m 정도의 트레일러 주택은 두 개의 무게 차이가 기껏해야 수백 파운드에 불과하고 비용의 차이도 크지 않지만 수용할 수 있는 하중에서는 30% 정도 차이가 난다.

팔레트 하우스 프로젝트 Pallet House Project
수잔 와인스와 아진 발리 Suzan Wines & Azin Valy

사진: 사만다 페리 Samantha Perry

내가 곡선 형태의 측지선 돔을 포기하고 직선 형태의 건축물이 지닌 편의성과 효율성을 재발견한 뒤 1971년에 처음 지은 건물은 팔레트를 이용해 지은 작은 창고였다. 나는 그때 팔레트로 조립한 상당히 멋진 작품이 탄생하기를 염원했던 기억이 난다.

다음은 뉴욕에 거주하는 건축가 수잔 와인스와 아진 발리가 자신들의 팔레트 하우스 Pallet House 디자인에 대해 적은 글이다.

✽

팔레트 하우스 프로젝트는 미국이 공급하는 1년 치 팔레트를 재활용해 건물을 지으면 전 세계 난민 가운데 84%를 수용할 수 있다는 사실에서 영감을 얻었다. 미국에서 1년 6개월 동안 생산되는 팔레트만으로도 3300만 명의 난민을 수용할 수 있는 집을 지을 수 있다.

매년 2100만여 개의 팔레트가 매립지에 묻히는 실정이다. 팔레트는 선적용으로 제작된 목재라 식품이나 의약품 등의 구호물자 선적에 쓰인 팔레트를 이용하면 비용이 따로 들지 않는다. 23㎡(7평) 가량의 팔레트 하우스를 짓는 데 필요한 팔레트는 100개 정도이고 네댓 명이 못으로 연결해 수작업으로 세우기까지 1주일이 채 안 걸린다.

선적용 목재 팔레트는 가격이 저렴하고, 즉시 이용할 수 있고, 친환경적인 건축자재다. 또 각 가정의 필요에 맞게 다용도로 응용이 가능한 건축자재다. 타르 칠을 한 방수포나 물결모양의 지

붕재로 골조를 덮어 침수를 방지한 다음 현지에서 점토, 목재, 이엉 같은 자재를 확보해 외장을 바르고 벽의 틈새를 메우고 단열처리를 하면 된다. 팔레트 하우스는 기후대를 가리지 않고, 평균 7년 동안 난민촌에서 기거하는 전 세계 3300만 명의 난민들에게 더욱 견고하고 영구적인 주택을 제공할 수 있다.

여기 보이는 팔레트 하우스는 시제품으로 2010년 런던의 왕실 정원에 전시하려고 찰스 황태자의 협력 아래 IBM, 〈파이낸셜타임스〉, 어스어워즈Earth Awards의 후원을 받아 제작한 것이다.

아이빔 디자인I-Beam Design에서 이 집을 처음 설계한 것은 2006년 코소보 난민들을 위해서였지만, 지금은 자연재해로 거처를 잃어버린 사람은 물론 저렴하고 효율적인 주택을 찾는 사람들에게도 공급하고 있다. 재난구조의 일환으로 지을 때에는 대부분 식료품과 구호물자를 운송했던 팔레트가 이미 현지에 공급되어 있어 기본 건축자재를 쉽게 구할 수 있는 편이다.

CHAPTER **3**

건축가가 지은 초소형 주택

- 주디스 산자락의 오두막
- 조립식 전원주택
- 힝클 농장의 컨테이너 오두막
- 도쿄 캡슐 호텔
- 태국 고아원의 나비 집
- 위하우스 WeeHouse

주디스 산자락의 오두막

제프 셸든 Jeff Shelden

의뢰인들의 말에 따르면 "번개에 맞은 듯한" 경험이었다고 한다. 몬태나 주의 주디스 산맥에 있는 고산 협곡이 46만 m²(14만 평)인데, 여러 해 동안 좋은 장소를 물색하던 의뢰인들은 이곳에서 지금의 집터를 발견하고 꿈이 실현된 것처럼 짜릿해했다. 작은 통나무 오두막도 하나 세워져 있었다. 원래 이곳은 오래된 전나무 숲이 우거진 깊은 골짜기라 늘 어두침침하고, 춥고, 밀실공포증을 유발할 것 같은 분위기였다. 하지만 의뢰인들은 빛과 태양 그리고 광활함을 느끼고 싶어 했다. 그러던 차에 1989년 집터 주변에 산불이 나 다행히 의뢰인들이 원하던 탁 트인 공간이 확보된 것이다.

계곡 하상에서 21m 정도 높은 곳에 위치한 석회암 지대에 자리하고 있어 공중에서 내려다보듯이 계곡 전체를 굽어볼 수 있다. 사시나무 숲이 근처에 있고, 또 다른 방향으로 눈을 돌리면 야생화 꽃밭이 펼쳐져 있다. 이곳에 지어질 오두막에 대해 의뢰인들은 몇 가지 요구사항이 있었다. 의뢰인들은 물리적 관점뿐 아니라 문화적 관점에서도 주변 경관과 어울리는 오두막을 지어야 한다고 했다. 의뢰인 중 한 명은 3대째 몬태나에 거주하고 있는 토박이 주민으로 그의 아버지가 1949년에 몬태나대학을 졸업하고 삼림관리원으로 일하고 있는 터라 어려서부터 이 거대한 삼림에 얽힌 신화를 듣고 또 몸소 체험했다. 그와 가

족들이 늘 그리워하고 가장 이상적인 장소로 꼽는 공간은 다름 아닌 산불 감시 전망대다. 전망대는 사람이 접근하기 가장 어렵고 또 가장 풍경이 근사한 곳에 세워지는 법이다. 그곳에서는 자연의 원초적 요소만 남고 바깥세상의 생활방식이나 인간관계는 사라진다. 우리는 그곳에서 광대한 자연의 품에 그대로 안기면 된다.

오두막은 그런 자연 속의 일부로서 형태와 자재뿐 아니라 시대적으로도 이 원초의 자연과 조화를 이뤄야 했다. 오두막은 완성된 순간부터 마치 그곳에 오래전부터 자리한 것처럼 보여야 했다. 1930년대에 발족된 민간 식림치수대ccc가 지었을 법한 오두막 느낌이 나야 했다. 이를 위해 나는 재활용 자재를 많이 이용했다. 물결모양 금속 지붕재는 내려가는 길가에 버려져 있는 헛간에서 가져왔다. 들보와 바닥재, 데크용 자재는 80년 전에 만들어졌다가 최근에 해체된 버팀 다리 자재들을 재활용했다. 돌은 현지에서 구했고, 돌로 된 바닥재는 아이다호에서 채석했다. 외부와 달리 내부는 태곳적 분위기가 조금 나기는 해도 환하고 전혀 시골집 같지 않다. 1층에는 두 사람이 수면을 취할 수 있는 공간, 주방, 욕실, 창고가 있다. 2층에는 사방으로 나 있는 창문 덕에 멋진 풍경을 감상할 수 있고, 지붕 꼭대기에 1.8m가량의 채광창을 설치해 햇빛이 환하게 들어온다. 2층에도 2인용 침실이 있다. 그리고 수납을 위해서는 가구도 이용하지만 마루 밑에 수납공간을 짜 넣었다.

오두막에는 250와트의 광전지 패널을 이용해 전기를 공급하는데, 12볼트 직류전기로 콘센트와 전등과 우물 펌프를 돌릴 수 있다. 고객은 스테레오, 텔레비전 및 비디오플레이를 이용할 수 있고, 펌프를 돌리면 싱크대에서 수돗물이 흘러나온다. 또 이 물을 욕조에 받아 장작불로 데우면 뜨거운 물을 얻을 수 있다(122쪽 하단의 사진을 참조하라). 화장실은 퇴비화 변기를 설치해 위생적으로 깨끗하다.

이 오두막은 완공 후 1년도 안 되어 의뢰인들의 가족과 친구들에게 그 가치를 인정받았다. 오두막은 협곡을 상징하는 건물이 되었으며 온 가족이 모여 추억을 쌓는 장소가 되었다.

원래 이곳은
오래된 전나무
숲이 우거진 깊은
골짜기여서 늘
어두침침하고,
춥고,
밀실공포증을
유발할 것 같은
분위기였다.
하지만
의뢰인들은 빛과
태양 그리고
광활함을 느끼고
싶어 했다.

조립식 전원주택

마이클 피츠휴 Michael Fitzhugh

여기 보이는 집은 크기 4.2m의 사각형 모듈 위에 미리 구조물을 지어 조립한 모듈 방식의 현대적인 건축물이다. 이 소형 주택은 구조단열 패널을 이용해 바닥과 벽체, 지붕을 마감한 건물로서 에너지 효율성이 대단히 높다. 크기 4.2m×4.2m의 소형 주택용 모듈은 여러 가지 방식으로 조립할 수 있고, 피어 기초 공법을 이용해 다양한 지형 조건에도 적용할 수 있다. 여기 보이는 건축물은 모듈 네 개와 복도를 연결한 것이다.

미시간 주 트래버스 시의 한 공장에서 조립한 다음 96km 정도 떨어진 매니스티 카운티 Manistee County의 공사현장으로 운반되었다. 현장으로 운반을 마치고 나서 소형 주택 모듈을 조립하는 데 걸리는 시간은 다섯 시간 정도다. 미시간 주 북부 지역 특유의 시골집 분위기가 나는 주택으로 가능한 한 현지에서 필요한 자재를 충당했다. 주택을 설계할 때도 지역의 전통적인 특징을 반영하면서 에너지 효율적인 건축자재와 디자인을 결합했다.

이 프로젝트는 건축가와 빌더가 3년여 동안 협력한 결과물이다. 기본 콘셉트는 인간의 흔적을 최소한으로 줄이고 자연을 보호하면서 독특하고 효율적인 주택을 제공하자는 것이었다.

www.mfarchitect.com

현장으로 운반을 마치고 나서 소형 주택 모듈을 조립하는 데 걸리는 시간은 다섯 시간 정도다.

주택을 설계할 때도 지역의 전통적인 특징을 반영하면서 에너지 효율적인 건축자재와 디자인을 결합했다.

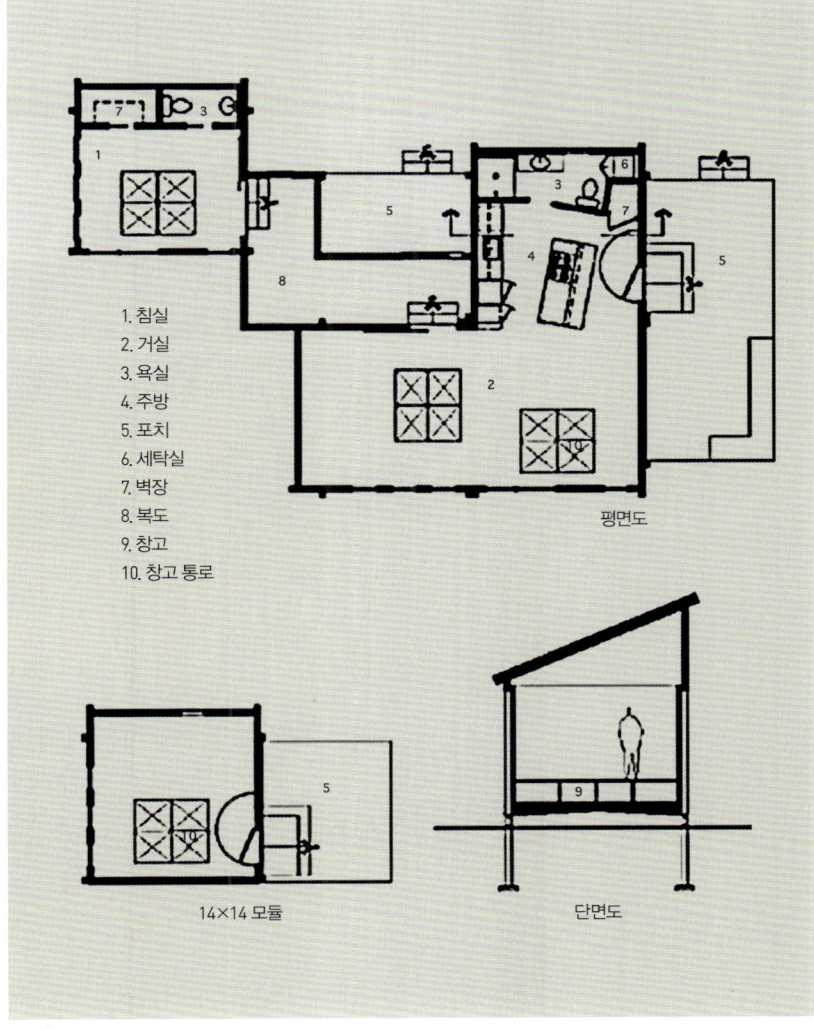

1. 침실
2. 거실
3. 욕실
4. 주방
5. 포치
6. 세탁실
7. 벽장
8. 복도
9. 창고
10. 창고 통로

평면도

14×14 모듈

단면도

CHAPTER 3. 건축가가 지은 초소형 주택

힝클 농장의 컨테이너 오두막

힝클 농장의 컨테이너 오두막

제프리 브로드허스트 Jeffery Broadhurst

사진: 애니스 호크랜더 Anice Hoachlander

건축가 제프리 브로드허스트는 웨스트버지니아의 산악 지역에 소유한 11만 ㎡(3만 4000평) 대지에 방 한 칸짜리 건물을 지었다. 워싱턴 DC 근교 그의 집에서 몇 시간 떨어진 곳에 있는데 사륜구동 차량으로만 접근할 수 있다. 해발 792m 높이에 있는 이 집에서 제프리는 조용히 혼자 시간을 보내기도 하고 10여 명의 친구들과 친목을 도모하기도 한다.

대부분의 건축자재는 주택용품 전문점에서 구했고, 총 공사기간은 2년이 넘었는데 주말에는 친구들과 이웃들이 공사를 도왔다. 오두막은 현지에서 가공한 소나무 틈막이재로 외장을 마감하고, 주석과 납의 합금인 턴메탈 지붕재를 돌출잇기 공법으로 시공했다. 강압 방부 처리된 소나무 기둥 4개로 지지대를 세우고, 현지 사람들이 옥수수 창고를 보호하는 데 이용하는 설치류 방벽을 둘렀다.

출입구에는 사다리를 설치했다. 이 집의 자랑거리는 강화유리로 된 접이식 창고 문이다. 이 유리문을 건물 안쪽으로 천장 끝까지 올려붙이면 한쪽 벽면 전체가 개방되어 초원과 산마루가 훤하게 내려다보인다. 제프리는 이 유리문 덕분에 "실내 취침과 야외 취침의 경계가 모호해진다"고 얘기한다. 이 집에는 전기가 들어오지 않는다. 오일램프로 불을 밝히고, 난방과 요리는 원형 화목난로를 이용한다. 물은 건물 바닥에 매달린 물탱크(바닥에 나 있는 작은 문으로 접근 가능)의 물을 수동 빌지펌프를 이용해 천장에 달린 작은 물탱크로 끌어올려 사용하는데, 수도꼭지를 틀면 중력에 따라 물이 흘러나온다. 물은 화목난로에 달린 통에 담아 뜨겁게 데워 사용할 수도 있다. 제프리가 알루미늄 우유통으로 만든 온수 히터에 지붕에서 떨어진 빗물을 받아 가스 불로 데워 데크 아래서 샤워를 할 수도 있다.

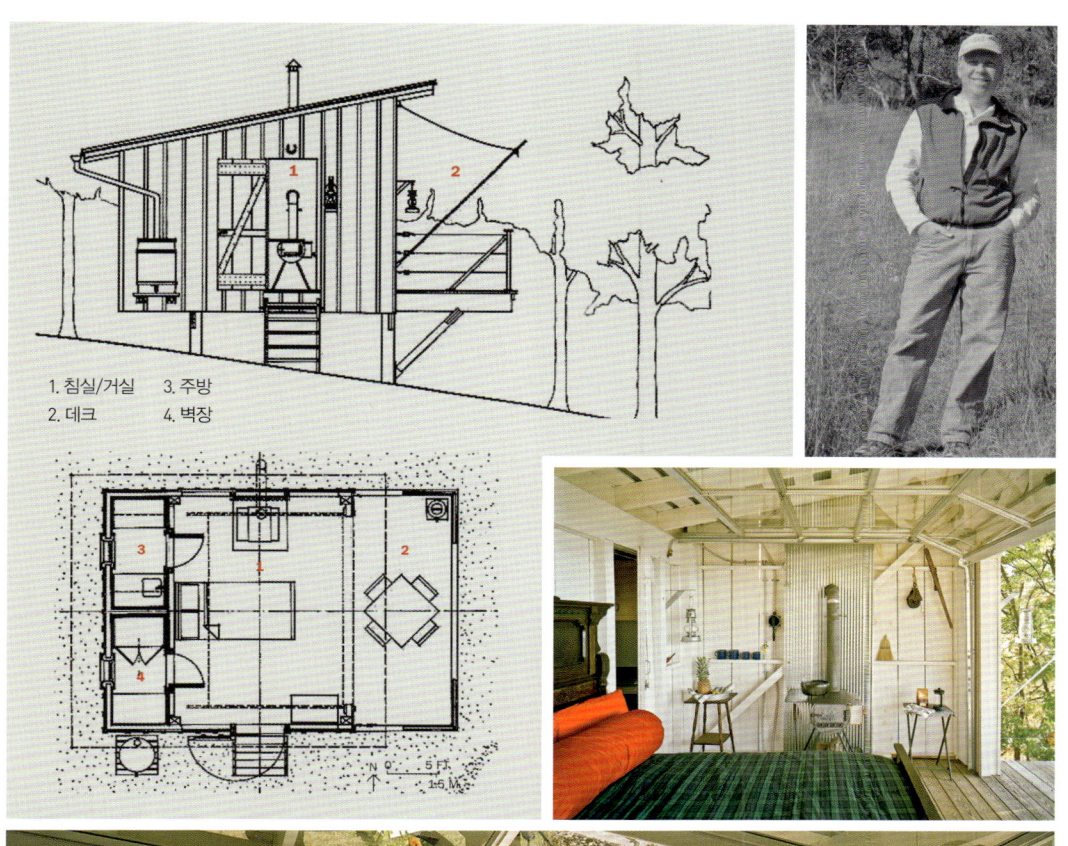

1. 침실/거실 3. 주방
2. 데크   4. 벽장

이 집의 자랑거리는 강화유리로 된 접이식 창고 문이다. 이 유리문을 건물 안쪽으로 천장 끝까지 올려붙이면 한쪽 벽면 전체가 개방되어 초원과 산마루가 훤하게 내려다보인다.

CHAPTER 3. 건축가가 지은 초소형 주택 129

나만의 작은 방

사진: 패트릭 앤더슨Patrick Anderson, 실리콘 바우하우스Silicon Bauhaus

이 집은 브로드허스트가 지은 컨테이너 오두막(앞의 128~129쪽을 참조하라)이 크게 인기를 얻은 뒤에 설계되었다. 바로 앞서 소개한 오두막처럼 이 집도 친환경 주택이다. 주말 휴양지로 이용해도 좋고, 자택 마당에 지어 사무실이나 요가 스튜디오로 써도 좋고, 소형 친환경 오두막으로 이용해도 좋다.

이 오두막의 기본 형태는 미국의 전통적인 옥수수 곳간을 닮았다. 하지만 전통적인 목재 골조 대신 공장에서 조립한 아연 도금강판 골조를 사용했다. 디자인 역시 비계공법의 단순한 구조를 적용했으며, 공장에서 조립한 목재 들보와 강판 골조를 연결했다.

주택 바닥과 지붕은 구조단열 패널로 덮고, 벽면은 열처리된 포플러 원목을 도장하지 않은 목재와 재활용 가능한 투명한 폴리카보네이트 시트를 사용했다. 미리 조립한 패널을 주택 골조와 결합하고 이음새를 막는다.

이 오두막은 기본형과 풀옵션형 두 가지가 있다. 기본형은 지붕이 있는 16㎡(4.9평)의 실내 공간과 12㎡(3.5평)의 데크로 구성되고 정자처럼 쓰기에 알맞다. 기본형은 외부에 개방되어 있고(옵션 사항인 스크린 패널과 문을 달지 않으면) 며칠 안에 조립할 수 있다. 풀옵션형은 23㎡(7평)의 실내 공간과 12㎡(3.5평)의 데크로 구성되어 있다. 지붕과 바닥을 구조단열 패널로 덮어 마감하기까지

건물은 재활용이 가능하고, 해체해서 다른 장소로 이동시킬 수도 있다.

2~3주가 걸린다. 두 가지 타입 모두 원한다면 아래층에 욕실이나 저장 공간으로 쓸 수 있는 공간을 만들 수 있다.

이 건물은 스테인리스강 소재의 작은 프로판 가스 난로만으로도 충분히 따듯하다. 원한다면 전기 시스템이나 온수온돌 난방 시스템을 설치할 수도 있다. 또 LED 조명시설, 태양광 발전시설과 태양광 온수기 등 지속가능한 친환경 주택 설비도 설치할 수 있다.

이 집에 적용된 지속가능 친환경 건축 요소를 살펴보자.

- 아주 작고 효율적인 평면 설계
- 최소한의 부지 교란(해충과 야생동물의 침입을 방지하도록 설계되었다.)
- 효율적인 제작과 신속한 조립 과정
- 구조단열 패널, 단열 유리, 다층 구조 폴리카보네이트 패널 등의 고효율 단열재
- 효율적인 난방장치
- 철강, 알루미늄, 강화유리, 폴리카보네이트 같은 재활용 가능한 건축자재
- 외장재와 내장 마감재로 사용된 친환경 열처리 포플러 목재
- 에너지 효율적인 천장 선풍기

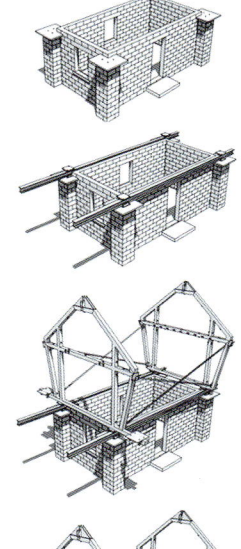
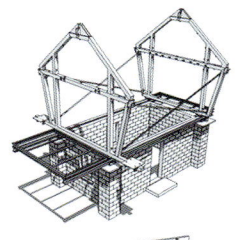
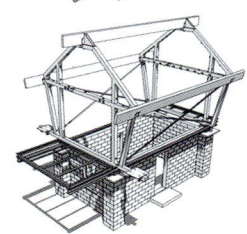
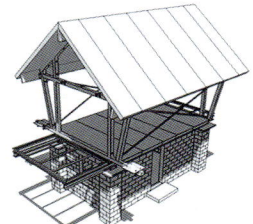

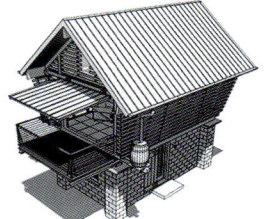

도쿄 캡슐 호텔

사진: 고 사사키

아츠시 나카니시는 최근 불어닥친 세계적 경제 불황의 여파로 갑자기 일자리를 잃었다. 도쿄의 비싼 월세를 감당할 수 없게 된 나카니시는 직장을 찾는 동안 신주쿠 캡슐 호텔의 '캡슐'에서 지내기로 했다. 호텔에는 510개의 플라스틱 캡슐 침실이 있다. 월세는 5만 9000엔, 한 달에 약 700달러다. 협소한 방치고는 무척 비싼 가격이다(바닥 면적이 3.3㎡(1평)가량). 그러나 월세가 워낙 비싼 도시라서 아파트에 세 들어 사는 것보다는 캡슐이 훨씬 저렴하다.

캡슐은 다닥다닥 붙어 있는데 2층으로 되어 있다. 2층 캡슐에는 사다리를 밟고 올라간다. 가장 큰 캡슐이 길이 1.8m 정도에 폭이 1.5m 정도로, 일단 안에 들어가면 일어설 수 없다. 문이 없는 대신 스크린을 아래로 내리면 입구를 가릴 수 있다. 옷걸이와 전등이 있고, 대부분 텔레비전과 전기 콘솔, 와이파이 장비가 있다. 옷과 칫솔, 면도기는 라커에 보관한다. 욕실은 공용이고 대부분의 호텔이 식당(혹은 자판기), 수영장, 기타 편의 시설을 갖추고 있다.

여기 보이는 사진들은 2010년 12월에 촬영했는데, 당시 나카니시는 호텔에 6개월째 머물고 있었다.

1990년대 초에 캡슐 호텔이 처음으로 영업을 시작했을 때는 밤늦게까지 일하다가 마지막 열차를 놓친 비즈니스맨들을 타깃으로 삼았다. 하지만 경기 침체가 이어지자 수십 일에서 여러 달씩 체류하는 손님들이 생겨나 지금은 신주쿠 캡슐 호텔 방 중에 100여 개가 넘는 방이 월세를 받고 있다.

신주쿠 캡슐 호텔 방 중에 100여 개가 넘는 방이 월세를 받고 있다.

가장 큰 캡슐이
길이 1.8m 정도에
폭이 1.5m 정도다.

태국 고아원의 나비 집

TYIN 텍네스튜에는 노르웨이의 비영리단체로 인도주의적 건축사업을 하고 있다. 이들은 2009년에 '수꺼티 하우스(나비 집)'를 설계해 미얀마와 국경을 맞댄 태국 노보 지역의 고아들을 위해 여섯 채를 지었다. 각 숙소는 미리 제작한 철근 콘크리트 구조물과 경질목재 골조, 그리고 현지의 전통주택처럼 대나무를 엮어 만든 벽체를 현장에서 조립하는 프리패브 방식으로 건축되었다. 작가인 유카 요네다는 이렇게 썼다(www.inhabitat.com). "나비 집은 '날개를 펼친 듯한' 모양 때문에 붙은 이름이다. 이 집은 아이들의 행복과 건강한 삶을 목적으로 설계되었다. 새로 지은 고아원 숙소는 별것 아닌 것처럼 보여도 자라나는 아이들에게는 의미가 매우 크다. 공부하고, 잠자고, 놀 수 있는 아이들만의 공간이기 때문이다. 우리 같은 사람들은 당연하게 생각하는 공간이지만 이 아이들에게는 비록 작아도 사치스러운 공간이다. 이 공간은 어린이들의 성장과 행복에 크나큰 차이를 가져올 것이다."

〈아키텍추럴 리뷰 Architectura Review〉지에서는 이렇게 평가했다. "현장 인부들은 숙소의 생김새를 보고 이 집을 수꺼티(나비 집)라 불렀다. 이 작고 땅딸막한 오두막은 현지의 전통주택 양식을 적용

해 현장 근처에서 채집한 대나무를 엮어 만든 발을 외장재로 사용했다. 이 대나무 엮기 기법은 현지 주민이 벽체를 만들 때 쓰는 방법과 동일하다.

오두막은 지표면에서 살짝 들려 있어 덥고 비가 많이 내리는 우기에 바닥에 습기가 차고 눅눅해져 썩는 것을 방지한다. '나비' 날개처럼 밖으로 뻗어 있는 물결모양의 얇은 금속 지붕은 통풍에 좋고 빗물을 모으는 기능이 있다. 이 기능은 건기에 특히 유용하다. 또 지붕 기둥은 아이들의 그네를 매달 수 있는 편리한 지지대가 되기도 한다."

www.shltr.net/butterfly-huts

● 깨진 물탱크 조각으로 만든 체스 탁자
●● 동아줄과 대나무로 만든 그네는 아이들에게 즐거운 시간을 제공한다.
●●● 밝은 색깔로 도장한 합판으로 창문을 가릴 수 있고, 이는 오두막에 다채로운 느낌을 준다.
●●●● 오두막 안쪽에 보이는 복잡한 구멍들은 환상적이게도 다양한 각도에서 외부를 내다볼 수 있게 해준다.

대나무 도서관

사진: 파시 알토 Pasi Alto

태국의 반타송얀에 있는 세이프헤이븐Safe Haven 고아원에 지은 대나무 도서관은 TYIN 건축사무소의 도움을 받아 노르웨이의 기술과학대학 건축학도 15명으로 구성된 워크숍 그룹이 진행한 공사다. 아치데일리닷컴Archdaily.com의 기사를 보자. "도서관 기초공사는 현지에서 수집한 커다란 돌무더기를 깔고 그 위에 콘크리트를 발랐다. 콘크리트를 바른 벽체는 낮 동안 건물을 시원하게 해주고, 정면의 대나무 벽체로 환기가 원활하게 이뤄진다. 건물 골조와 아이들이 편하게 뛰어놀 수 있는 바닥재는 경질 목재를 사용했다.

콘크리트 벽면 앞에는 책장을 설치했고, 다양한 활동을 쉽게 실시하기 위해 바닥에는 따로 특별한 설치를 하지 않았다. 한쪽에는 작은 컴퓨터실이 있고 다른 한쪽에는 이보다 조금 넓은 도서실이 있다. 그리고 이 두 공간 사이에는 실내이기도 하면서 실외이기도 한 완충적인 공간이 있는데 바로 이 건물의 입구다."

www.shltr.net/bamboo-library

강 건너 미얀마의 산들이 아름답게 내다보이는 자리에 고아원 숙소와 도서관이 자리한다.

● 도서관에서 카드놀이를 하는 아이들
●● 도서관에 있는 컴퓨터실은 기술을 익힐 수 있는 좋은 장소다. 세이프헤이븐 고아원은 인터넷을 통해 전 세계와 연결된다.
●●● 도서관은 중앙 통로를 사이에 두고 두 개의 구역으로 나뉜다. 대형 바위를 여러 개 묻어서 디딤돌을 마련했다.

위하우스 WeeHouse

위하우스(초소형 주택을 의미한다-옮긴이) 조립식 주택은 현대적 미학을 살린 디자인과 효율적인 공간 활용, 그리고 현대의 건축 기법을 지능적으로 결합한 건물이다. 위스콘신에 있는 기본형 위하우스와 텍사스에 세운 마파 위하우스처럼 작은 쉼터는 물론 현재 건설 중인 중형 위하우스 주택에 이르기까지 위하우스의 조립식 건물은 필요에 따라 다양하게 지을 수 있다. 위하우스의 특징은 능률적인 설계에 있다. 기본적인 모듈을 미리 제작해 현장에서 조립하는 방식을 쓰기 때문에 재미나고 감각적인 디자인을 구현할 수 있는 여지가 많다. 시스템 디자인과 프리패브 방식 덕분에 건축비용이 상당히 절감되고, 대중이 가장 많이 선호하는 모던한 디자인 설계가 가능하다.

웹사이트: www.weeHouses.com | 이메일: info@weehouses.com
Alchemy Architects 856 Raymond Ave., Suite G St. Paul, MN 5514 | (651) 647-6650 | 크기: 40㎡(12평) | 가격: 79,000~89,000달러

야외 창고(나중에 세탁기나 건조기와 온수 히터를 설치할 곳)는 물론 이 주택의 모듈은 내장공사와 외장공사를 모두 사전에 마친 다음 건설현장으로 운송되었다. 현장에서는 기반 시설을 연결하고 데크와 햇빛을 가리는 지붕만 설치했다.

CHAPTER 3. 건축가가 지은 초소형 주택

우리는 창고에서 집을 100% 완성해 현장으로 운송하는 것을 목표로 했다. 현장에서 짓는 방식이나 일부만 조립식으로 짓는 방식보다 이점이 많다.

마파Marfa 위하우스

정갈하고 깔끔한 인테리어를 보여주는 이 위하우스는 40㎡(12평)의 전원주택으로 웨스트 텍사스에 있는 예술인 거주구역에서 상당히 떨어진 장소에 위치한다. 이 집은 세 가지 위하우스 모듈 가운데 가장 먼저 설계된 주택이다. 야외 창고(나중에 세탁기나 건조기와 온수 히터를 설치할 곳)는 물론 이 주택의 모듈은 내장공사와 외장공사를 모두 사전에 마친 다음 건설현장으로 운송되었다. 현장에서는 기반 시설을 연결하고 데크와 햇빛을 가리는 지붕만 설치했다. 계단식 기초를 놓아 멋진 풍경을 둘러볼 수 있는 높이를 확보했다.

아라도Arado 위하우스(141–142쪽)

이 주택의 소유주는 콘서트 바이올린 연주자로서 당시 한 살배기 아들이 있었다. 2002년 그녀는 상품성이 아니라 우아함에 초점을 둔 쉼터를 만들어달라고 요구했다. 총 제작비용은 인테리어 가구를 모두 포함해 2003년 기준으로 6만 달러가 넘지 않았다. 2011년 기준으로 40㎡(12평) 면적의 위하우스 스튜디오(화장실과 개인 침실이 있는 공간) 가격은 8만 달러 정도다.

디자인 요소

● 전통적인 농장 건물 이미지에 영감을 받아 옥수수밭에 집터를 잡았다.

- 《초원의 집》을 쓴 로라 잉걸스 와일더의 유명한 집이 이곳에서 몇 킬로미터밖에 떨어지지 않은 거리에 있고, 이 집과 크기도 무척 비슷하다.
- 집주인이 선택한 집터는 옥수수밭의 구획을 분리하는 경계 지대에 놓여 있다. 남서쪽으로는 수목한계선 지대와 그늘진 협곡이 있고, 북동쪽으로는 고원이 있다. 이 같은 지형적 특징으로 인한 가상 수평선 덕분에 사생활을 보호하면서도 광활한 공간을 느낄 수 있게 해준다.

기술적 특징

- 집은 한겨울에 창고에서 조립했고, 현장에서 설치하는 데는 두 시간이 채 안 걸렸다. 우리는 창고에서 집을 100% 완성해 현장으로 운송하는 것을 목표로 했다. 현장에서 짓는 방식이나 일부만 조립식으로 짓는 방식보다 이점이 많다. 강철 골조는 견고할 뿐 아니라 현장에서 조립식 포치를 연결하는 데도 효과적이다.
- 철가루를 섞은 라텍스 페인트로 도장한 시멘트 패널로 외장을 마감해 자연스럽게 산화한 것 같은 표층을 형성한다.
- 집의 크기는 최대 도로 크기 제한에 따라 결정되었고(폭 4.2m×높이 3m), 가급적이면 재고 자재와 문을 활용했다.
- 창문은 크기 2.4m×2.4m의 앤더슨 미닫이 유리 창문을 설치해 천장과 측면으로 이뤄진 튜브 형태를 돋보이게 만들었다.
- 모든 표면은 제재소에서 연마하지 않고 가져온 더글라스 전나무 바닥재를 이용했다.
- 비용을 절감하기 위해 IKEA 캐비닛을 주문해 설치했다.
- 검게 칠한 참나무 선반과 날개벽in wall, 침대 틀, 두 개의 침대를 가르는 투명한 책장, 계단, 침대 밑 수납장은 모두 창고에서 조립했다.
- 아직 이 지역에 기반 시설이 들어오지는 않지만, 미래에 서비스를 받을 경우를 대비해 배선시설도 대강 설치했다.
- 오두막은 남은 자재를 이용해 조립했다. 필요하다면 앞으로 이층침대 아래 공간에 퇴비화장실을 설치할 수도 있다.

사회적 진보

여기 있는 주택은 한정된 예산 때문에 주택에 대한 여러 기본 전제를 재고한 결과다. 건축사무소는 다양한 사람들과 다양한 공사 목적을 충족시킬 수 있는 모델을 설계했다. 그리고 이 모델을 적용한 공사가 성공한 후에 건축사무소는 자극을

건설 연도: 2003년
크기: 31㎡(9.4평)
위치: 위스콘신 주 페핀

받아 이 모델을 토대로 저렴한 예산으로 지을 수 있는 소형 조립식 주택을 다양하게 디자인하고, 개발하고, 생산해 판매하고 있다. 지금 다루는 '위하우스'가 그것이다.

CHAPTER **4**

조립식 주택

- 리클레임드 스페이스 Reclaimed Space
- 스몰 하우스 이노베이션 Small House Innovation
- 조립식 방갈로
- 카바나 빌리지 Cabana Village
- 야드포즈 YardPods
- 몬태나 모바일 캐빈스 Montana Mobile Cabins
- 톰의 오두막
- 조립식 주택 관련 정보
- 온라인 건축: 사이버 공간을 이용해 집짓기

리클레임드 스페이스 Reclaimed Space

텍사스 주 오스틴

리클레임드 스페이스는 친환경 건축을 추구한다. 우리 회사는 자연환경과 자원, 사회에 미치는 악영향을 최소화하는 데 집중한다. 지속가능한 생활방식을 구현하는 것은 대체 에너지 설비를 제공하고, 재활용 자재를 활용하는 것부터 시작한다.

리클레임드 스페이스에서는 주로 네 가지 스타일로 외장재와 내장재를 사용한다. 각 주택은 자재를 사용하고 결합하는 방식에 따라 독특한 질감을 형성한다.

- 커다란 반우드 널빤지
- 반턱쪽매이음 판자, 보통 대왕소나무
- 오크, 소나무, 호두나무, 삼나무, 메스키트(콩과의 관목) 등의 경목을 단독으로 사용하거나 조합
- 다양한 금속 재료: 물결모양 금속, 구리, 주석, 아연도금, 패턴이 있는 금속, 도장한 금속, 산화한 금속
- 재생 자재로 손수 제작한 가구
- 고양이발 욕조가 있는 빈티지한 욕실이나 모던한 욕실 또는 실외 샤워장

이 모든 자재는 건물을 해체하는 공사장에서 신중하게 채집한 재료로 새로운 주택을 지을 때 선별적으로 사용해 풍부한 질감을 만든다. 오랜 세월 켜켜이 쌓인 흔적을 지닌 자재를 병치한 벽면은 그 자체로 하나의 예술 작품이다. 목재에는 오래전부터 자리한 톱자국이 그대로 보이고 햇빛과 바람에 빛바랜 자국과 다양한 색상이 눈에

띈다. 녹이 슬거나 도장한 자국이 보이는 금속 자재는 그윽한 멋이 난다. 우리는 집을 지을 때마다 그 자체로는 불완전한 자재들을 활용해 아름답고 따듯한 느낌을 주는 공간을 창출하고 개성을 부여하기 위해 특별히 조합에 신경 쓴다.

웹사이트: www.ReclaimedSpace.com
이메일: andrew@reclaaimedspace.com
Reclaimed Space
443 S. Bastrop Hwy Austin TX 78741
877-897-7223
크기: 46㎡(14평)
가격: ㎡당 12,500달러

리클레임드 스페이스는 지속가능한 삶을 제공한다.

우리는 집을 지을 때마다 그 자체로는 불완전한 자재들을 활용해 아름답고 따듯한 느낌을 주는 공간을 창출하고 개성을 부여하기 위해 특별히 조합에 신경 쓴다.

CHAPTER 4. 조립식 주택 147

스몰 하우스 이노베이션 Small House Innovation

챈들러 로저스 Chandler Rorers

나는 목구조 주택 빌더로 지금까지 근 20년을 일했다. 몇 해 전부터 대형 주택을 짓는 일에 싫증이 나 지금은 더욱 가까이 가족을 느낄 수 있는 소형 주택과 지속가능한 주택을 구현하는 데 초점을 맞추고 있다. 우리 회사인 '스몰 하우스 이노베이션'은 자재 활용과 품질 관리를 최적화하고, 건축 폐기물과 비용은 최소화하는 건축 방식을 개발했다. 우리는 동시에 두 가지 공사를 진행하지 않고, 체계적인 디자인과 섬세한 목공예 솜씨로 개성 넘치는 주택을 짓고 있다고 자부한다.

우리 회사는 캐나다 브리티시컬럼비아 산맥의 쿠트니 호수 북쪽에 있는 아르젠타에 있다. 쿠트니 호수는 홍송, 낙엽송, 소나무, 솔송나무, 삼나무처럼 우수한 목재가 많은 곳으로 유명하다. 우리 회사는 현지 제재소 몇 군데와 함께 작업하며 극상품 목재를 확보하는데, 대부분 재활용 목재들이다. 우리는 폐목재나 재생 목재를 선별해서 구입한 다음 필요에 맞게 분류해서 쓴다. 덕분에 우수한 목재를 저렴한 가격에 이용하면서도 자연 훼손을 최소로 줄일 수 있다.

주택에 온기를 불어넣는 요소 가운데 특히 중요한 것을 꼽으라면 목재와 목공예 기술이다. 우리 회사에는 솜씨가 뛰어난 장인과 각 분야 전문가 150명이 함께 일한다. 목재 문과 창문, 장식장, 그 외에도 금속 공사, 스테인드글라스, 타일, 목재상감, 조각품, 맞춤식 콘크리트 마감, 대체 에너지 설비, 상하수도 설비, 배관, 조명, 용접, 페인팅까지 해결한다. 따라서 우리는 현장에서 장인들이 수작업으로 지은 주택을 저렴한 가격에 제공할 수 있다.

우리 회사는 건축주의 요구에 따라 주택을 설

계하고 건축하기도 하지만, 어디에나 짓기 편한 조립식 모듈 또한 제공하고 있다. 우리 목표는 효율적으로 공간을 활용하는 개성 있고 흥미로운 주택을 지어 사람들이 적은 비용으로도 편안하게 살아가도록 돕는 일이다.

웹사이트: www.SmallHouseInnovation.com
이메일: chandler@smallhouseinnovation.com
Small House Innovation
#16 Dragonfly Ranch Argenta
(250) 366-4674

이 집은 5.3m×7.3m로 더블와이드 사이즈 조립식 주택이다. 지붕은 목재골조를 이용하고, 벽체는 샛기둥을 세워 시공했다. 토대는 길이 8m인 6×8 각재로 만들어졌고, 장선은 2×6 각재, 바닥 단열재는 R-20급으로 시공했다. 3.5인치 두께의 벽체 안에는 콩기름과 재활용 탄산음료 병으로 만든 분사 발포식 단열재sprayed closed-cell foam를 시공했으며, 단열치는 R-24이다. (72시간 동안 폐가스를 제거했다.) 지붕은 세 겹으로 된 R-12급 구조단열 패널로 시공했다. 이는 열 차단재 없이 R-36급 성능을 보이는 폴리이소시아누레이트로 만들어졌다. 원격시동 디젤 발전기와 배터리, 인버터, 태양광 패널을 이용해 전원을 공급한다. LED 조명시설, 12볼트 직류 플러그와 120볼트 교류 플러그를 갖췄다. 뜨거운 물은 화목난로(호주산 베이커스 오븐)를 이용해 얻을 수 있고, 백업으로 전기를 이용할 수도 있다. 내장은 도장한 직물(마포 또는 캔버스)을 덮은 합판, 회반죽, 소나무 패널, 타일로 마감처리했다. 마루는 경목재로 모두 처리했다. 적설하중 무게를 최대로 계산해 내구성 있는 설계를 했고, 건축법이 요구하는 모든 문서와 건축 과정을 담은 사진을 제공한다.

조립식 방갈로

메인 주 울위치

30년 넘게 신뢰할 만한 목구조 주택을 지어온 라울 헤닌은 현재 전통적인 목구조 건축 기술을 적용해 소형 주택을 설계하고 건축하고 있다. 하버드대학에서 물리학을 전공한 헤닌은 고객 요구에 맞게 건축자재와 공간을 최적으로 활용하는 주택을 설계한다. 그가 지은 방갈로를 본 고객들은 여느 조립식 방갈로에서는 찾아보기 어려운 단단함과 규모에 즐거움과 놀라움을 감추지 못한다.

방갈로 구조물은 헤닌의 회사 창고에서 정밀하게 제작해 건설현장으로 배송한다. 현장에서 진행되는 조립 과정은 신속하고 효율적이고, 또 즐겁다. 통상적으로 1~2주일 걸리는 공사가 아니라 하루 이틀 만에 방갈로가 세워지는 광경을 보며 고객들은 즐거워한다.

정교하고 단단한 목구조에 패널 벽체를 조립한다. 또 에너지 효율적인 구조단열 패널 공법과 일반적인 샛기둥의 이점도 활용한다. 무거운 제재목이 성당식 천장의 들보로 사용되지만 덩치 큰 기둥이 생활공간을 침범하는 일은 없다. 현장에서 조립한 패널은 완성된 순간부터 완벽하게 비바람을 차단한다. 패널 구조 건축물은 여러 장점이 있지만 건축현장에 거의 피해를 주지 않는다는 것이 가장 큰 장점이 아닐까 싶다.

웹사이트: www.BungalowInAbox.com
이메일: raoul@bungalowInABox.com
전화: (207) 443-5691
크기: 3.6m×3.6m ; 3.6m×4.8m ; 3.6m×7.3m
가격: 30,000~41,000달러

하루 이틀 만에
방갈로가 세워지는
광경을 보며
고객들은
즐거워한다.

카바나 빌리지 Cabana Village

델라웨어 주 윌밍턴

웹사이트: www.CabanaVillage.com
이메일: info@cabanavillage.com
Cabana Village, LLC
501 Silverside Road, Unit 105 Wilmington, DE 19809
800-959-3808
크기: 4.6~46㎡(1.4~14평)
가격: 2,000~35,000달러

카바나 빌리지에서 짓는 오두막은 실용적인 다목적 건물이다. 물건을 보관하는 창고나 정원 창고로 쓰이기도 하고 공구 창고, 화초 헛간, 스튜디오, 작업장, 곳간으로 쓰기에도 완벽하다.

고급 자재를 사용하는 다양한 크기의 조립식 건물로 내구성이 뛰어나다. 현장에서 설치하기가 쉽고 디자인도 매력적이기 때문에 어떤 목적으로 이용하느냐는 순전히 고객의 상상력에 달렸다. 카바나 빌리지에서는 아름답고 견고하며 향이 좋은 적삼목을 사용해 다양하게 마감처리한 건물을 공급한다.

야드포즈 YardPods

캘리포니아 주 산라파엘

운송 및 조립 마당에 설치하는 박스형 건물을 판매하는 야드포즈는 캘리포니아 북부 지역이라면 어디든 운송과 조립 서비스까지 제공한다. 이외의 지역에는 조립 서비스를 제공하지 못하지만,

- 고객이 직접 지역 업체를 선정해 조립하는 경우 미국 전역으로 제품을 운송한다.
- 고객이 직접 조립할 수 있는 DIY 패키지로 미국 전역으로 제품을 운송한다.
- 고객이 원하는 경우 철골 구조물 패키지를 전 세계로 운송한다.

맞춤형 서비스 문, 창문, 자재 등 구성물을 고객이 선택할 수 있다. 고객이 기거하는 본채와 어울리는 디자인으로 설계할 수도 있다.

강철 야드포즈는 목재보다는 경량 형강LGS을 이용해 건물의 뼈대를 만든다. 경량 형강은 아연도금 강철과 고기능 재활용 성분을 활용해 제작한다. 더 가볍고, 더 강하고, 뒤틀림이나 변형이 없는 경량 형강은 해충의 침입을 차단하며, 최소 100년 정도의 내구성을 지닌다. 또 수명이 다하면 100% 재활용할 수 있다.

정확성 캘리포니아 론어트 파크에 있는 최첨단 야드포즈 공장의 패널 조형기계가 컴퓨터의 통제에 따라 최대 허용오차보다 작게 제작한다.

친환경성 야드포즈에서는 가능한 한 친환경 자재를 사용하는 것이 방침이다. 건물 골조는 쓰레기 제로를 달성하고 있다고 말해도 좋다. 바닥재로는 대나무를 이용하고, 방열 및 방음 효과가 높은 단열재를 사용한다. 햇빛을 반사하는 지붕재는 열기를 차단하는 효과가 있고, 단열 성능이 좋은 문과 창문을 시공한다. 그리고 새로운 친환경 자재가 출시되는 대로 우리 제품에 적용한다.

웹사이트: www.YardPods.com | 이메일: nd@yardpods.com
YardPods
265 Summit Avenue San Rafael, CA 94901
415-299-1924
크기: 2.4m×1.8m ~ 3m×3.6m
가격: 2,100~11,000달러, 세금 별도
운송과 설치 가능(캘리포니아 북부 지역인 경우)

CHAPTER 4. 조립식 주택

몬태나 모바일 캐빈스 Montana Mobile Cabins
킵과 돈디 케임 Kip and Dawndi Keim

몬태나 모바일 캐빈스는 몬태나 주 화이트홀에 위치한 회사로서 가족이 소유하고 운영하는 곳이다. 우리가 제작한 오두막은 조립형 키트로 판매되지 않는다. 고객이 주문한 오두막을 공장에서 짓고, 완성된 오두막을 현장으로 운송한다.

고객이 직접 설계 과정에 참여하기 때문에 오두막은 모두 고유한 특색을 띤다. 오두막에는 고객 개인의 선호도가 반영되고, 수작업으로 통나무 껍질을 벗겨내면서 나무마다 고유한 색상이 드러나기 때문에 '하나뿐인' 오두막이 탄생한다.

수백 년 전 조상들은 손수 껍데기를 제거한 통나무로 소박한 천장과 전면 포치, 나뭇결이 그대로 드러난 마루가 있는 집을 지었다. 우리는 이와 거의 똑같은 방식으로 오두막을 제작한다.

우리가 판매하는 오두막의 크기는 어린이 놀이방 크기의 1.8m×2.7m에서 5.4m×7.3m까지 다양하고, 몬태나 주 어느 곳으로든 운송할 수 있다. 몬태나 주 이외의 지역으로 운송할 때에는 4.2m×7.3m 이하만 허용된다.

수작업으로 통나무집이나 오두막집을 만드는 건축회사는 전통적으로 소규모로 운영된다. 우리는 과거 정착민들이 통나무를 골랐던 것처럼 건축주를 위해 나무 하나하나를 선별한다. 우리는 드로나이프drawknife 등으로 직접 통나무 껍데기를 벗기고, 끌과 먹통 같은 수동식 도구로 통나무를 가공하고 쌓는다.

우리가 통나무를 고르고 절단하는 방법은 여느 통나무집 제조업체들이 이용하는 방법과는 차이가 크게 난다. 공장에서 가공하는 통나무는 일반적으로 그 모양과 크기가 일정하다. 우리 회사의 장인들은 벽면 전체 길이에 맞는 통나무를 선별하고, 설계에 맞게 절단하고 모양을 다듬는다. 원형 통나무를 이용할 때는 자연 상태의 모양을 그대로 유지한다.

의뢰가 들어오면 두 명의 숙련공이 한 조로 오두막을 맡아 전통적인 방식으로 작업한다. 우리와 함께 일하는 사람들은 모두 장인이며 완성된 오두막은 하나의 예술작품이다.

웹사이트: www.MontanaMobileCabins.com
이메일: info@montanamobile.com
Montana Mobile Cabins
P.O. Box 826, Whitehall, MT 59759
(406) 287-5030
크기: 3m×4.2m~4.2m×7.3m
가격: 27,000~56,000달러

의뢰가 들어오면 두 명의 숙련공이 한 조로 오두막을 맡아 전통적인 방식으로 작업한다.

톰의 오두막

이 책에는 상상력을 발휘한 창의적이고 개성 넘치는 주택으로 가득한데 대부분 짓는 데 시간이 오래 걸린다. 만약 가능한 한 신속하게 집을 지어야 한다면, 톰이 여기에 제시한 실용적인 주택을 고려해봐도 좋다. 11㎡(3.4평) 면적의 톰의 오두막은 여러 가지를 고려한 디자인으로 미학적으로도 아름다우며, 공간은 작지만 기능성도 뛰어나다.

톰은 초소형 조립식 주택 시장에서 상당한 시장을 점유하고 있는 터프셰드Tuff Shed의 '톨반Tall Barn' 키트로 공사를 시작했다. 가격은 집의 뼈대, 외장 벽체, 지붕 데크, 바닥, 바닥 뼈대에 운송비까지 포함해 대략 4000달러다. 벽체 샛기둥은 2×4 각재를 중심 간격 60cm로 배치했다. 외장 벽체는 나무 문양이 보이는 9mm 파티클보드를 썼다. 내부 벽체와 지붕은 R-11급 유리섬유 단열재로 처리했고, 벽 덮개는 두께 9mm CD 합판을 이용했다.

만족스러운 결과를 낸 데에는 크게 두 가지 이유가 있다.

1. 톰의 경우 2층 다락방에서 잠을 자기 때문에 아래층에는 침실 공간이 필요 없었다.
2. 화장실을 실외에 설치했다(썬마Sun-Mar 퇴비화장실이다).

전력 소모가 낮은 전기 라디에이터로 난방을 한다. 60cm 깊이로 땅을 파고 자갈 구덩이를 만

톰은 터프셰드의 '톨반' 키트로 공사를 시작했다. 키트 가격은 4000달러다.

들어 싱크대 배수관을 연결했다. 이 때문인지 주변에 풀이 무성하게 자란다.

톰의 오두막은 본채에서 멀지 않다. 톰은 관리인이어서 본채에서 직접 전기와 수돗물을 끌어다 쓸 수 있다.

www.tuffshed.com

● 톰은 해변에서 물건을 줍는 취미가 있다. 근처 해안을 장시간 돌아다니며(최대 다섯 시간가량), 아름다운 조개껍데기나 화석을 많이 수집했다. 반짝반짝한 전복껍데기는 톰이 닦아서 윤기를 낸 것이 아니라 파도에 의해 씻긴 것들이다.

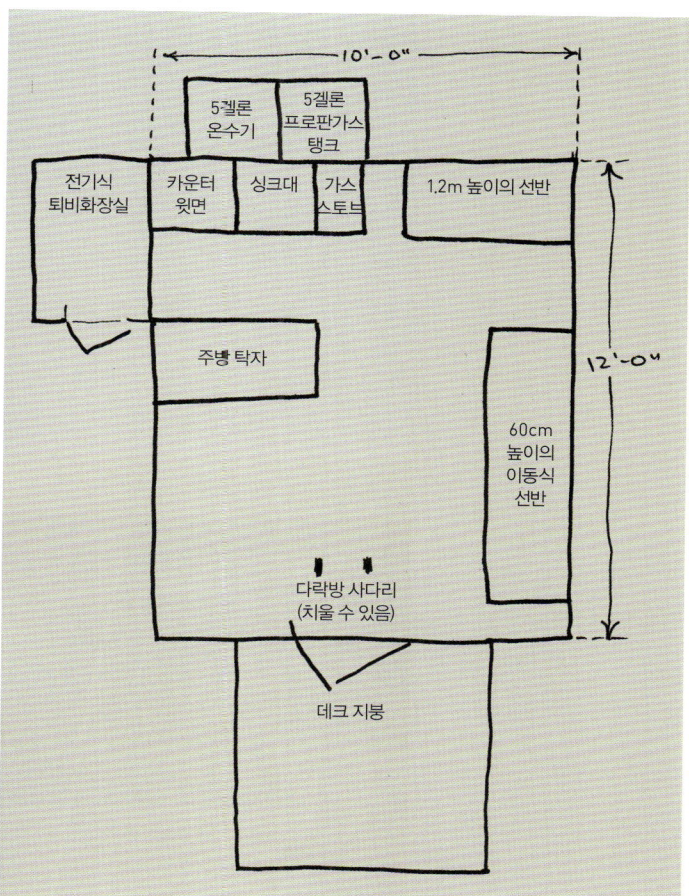

CHAPTER 4. 조립식 주택

조립식 주택 관련 정보

북미 지역에는 초소형 주택 조립형 키트를 판매하는 업체가 많다. 지금까지 소개한 업체 외에 우리가 우연히 알게 된 몇 곳을 더 소개하고자 한다. 하지만 지면상 극히 일부만 언급한다는 점을 밝힌다. 직접 눈으로 본 것이 아니라 실증적인 관찰을 토대로 하지는 않았지만 눈길을 사로잡는 건물임은 틀림없다. 조립식 주택에 대한 정보가 필요하다면 다음 두 가지를 검색하면 된다.

1. 구글에서 'prefab kit tiny home(초소형 조립식 주택)'이라고 입력해보자.
2. 리소시즈 포 라이프Resources for Life의 스몰 하우스 소사이어티Small House Society에는 조립식 주택 제조업체 목록과 간략한 업체 설명이 제공된다. 인터넷 주소는 www.shltr.net/prefabskits이다.

홈플레이스 스트럭처
펜실베이니아 주 랭카스터 카운티
웹사이트: www.HomePlaceStructures.com
이메일: rich@homeplacestrucutres.com
HoePlace Structures
301 Commerce Dr.Suite 400 New Holland, PA 17577
(866) 768-8465

파인 로그 캐빈(왼쪽 위) 크기는 2.4m×3.5m~6m×3.5m까지 있고, 기본 가격은 4,559~8,159달러이다.
파인 세틀러스 캐빈(오른쪽 위) 크기는 2.4m×2.4m~3m×6m까지 있고, 기본 가격은 3,249~7,179달러이다.
홈플레이스 스트럭처에서는 놀이방, 창고, 정원 별채, 정자, 놀이터, 퍼걸러(그늘시렁), 부속 건물 등 다양한 용도로 건물을 제작하고, 건축에 일가견이 있는 펜실베이니아 아미시 교도들이 짓는다. 이곳에서 제공하는 키트 상품에는 두 가지가 있다.

- 모듈러 키트: 모듈 단위로 배송한다.
- 프리커트 키트: 사전에 절단한 모든 목재를 조립 전 상태로 배송한다.

주택 조립 시 숙련된 목공의 도움을 받기를 권한다. 놀이방이 두 형태만 소개되었지만 다양하게 확장할 수 있다.

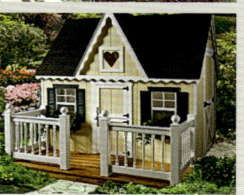

자메이카 카티지 숍
버몬트 주 자메이카
웹사이트: www.JamaicaCottageShop.com
이메일: design@jamaicacottageshop.com
Jamaica Cottage Shop
P.O. Box 106 Jamaica, VT 05343
(802) 297-3760
크기: 1.8m×2.4m~4.8m×6m
가격: 2,500~13,000달러

버몬트 주에 있는 자메이카 카티지 숍에서는 여러 형태의 경사지붕에 내구성 강한 골조 방식의 오두막을 다양한 디자인으로 제공한다.

우리는 모두 미국에서 수확한 나무를 과거의 정착민들처럼 질감을 느낄 수 있도록 거칠게 다듬은 목재로 집을 짓는다. 뼈대는 솔송나무를 쓰고 외장과 창문 마감은 인공 건조한 흰색 동부 소나무를 쓴다.

고객은 조립 키트, 조립 도면, 완전 조립, 이렇게 세 가지 중 하나를 선택해 원하는 건물을 지을 수 있다. 우리는 단계별로 세분화된 도면이나 조립 키트를 국내외에 판매하고, 미국 북동부 지역에 사는 고객에게는 대부분 조립 서비스까지 제공한다. 고객이 주택을 주문하면 수작업으로 구성물을 제작해 부품마다 색깔 코드를 넣고 번호를 달아 키트를 배송한다. 조립식 키트든 완전 조립 제품이든 수작업으로 세심하게 제작한 구성물로 어떤 풍경에서도 잘 어울리고 향토색 짙은 매력을 발산한다.

스피릿 엘러먼츠
워싱턴 주 리버티 레이크
이메일: cs@spiritelements.com
Spirit Elements, LLC.
1324 North Liberty Lake Road, Suite 189 Liberty Lake, Washington 99019
(208) 714-4635
크기: 3m×3m~6m×6m | 가격: 5,200~32,000달러

스피릿 엘러먼츠는 모듈 방식의 통-나무 오두막을 판매하는데 다양한 스타일과 크기, 자저를 선택할 수 있다. 이곳에서 제공하는 오두막이나 통L-무 오두막은 게스트 하우스, 홈오피스, 작업실, 창고 등으로 이용할 수 있다.

갈라Gala **조립식 오두막 키트**
3m×3m, 8,059달러

패널형으로 제공되는 갈라 오두막은 스튜디오나 손님용 숙소로 쓰면 좋다. 기본형 문과 아연도금 철제 지붕이 눈길을 끈다. 고객에게 운송되는 패널은 총 일곱 개다. 바닥 패널 한 개, 벽체 패널 네 개, 지붕 패널 두 개다. 목수 초보자라도 쉽게 조립할 수 있다.

포리스터Forester **조립식 오두막 키트**
4.2m×4.8m, 12,510달러

이 오두막은 공간이 넉넉한 스튜디오 건물로 인공 건조한 로지폴 소나무 2×6 각재, 데크 타일(Dekk-Tile), 철제 지붕을 이용해 지은 건물이다. 창문과 문, 지붕 패널들은 완성된 형태로 제공하고, 다른 구성품도 미리 절단한다. 사전에 절단한 구조재를 모서리 쪽에 파낸 홈에 맞춰 엇갈리게 쌓아 결구해서 벽체를 만든다.

토터스 셸 홈

캘리포니아 주 칼리스토가
웹사이트: www.TortoiseShellHome.com
이메일: info@tortoiseshellhome.com
Tortoise Shell Home
140 Petrified Forest Road Calistoga, CA 94515
(707) 206-7581
크기: 13~20㎡(3.8~6.2평)
가격: 24,000~29,500달러

인간의 흔적을 줄이면서 아늑하고 안전한 주택과 늘 함께 하고 싶은가? 토터스 셸 홈이 제공하는 소형 주택은 아늑하고(12㎡(3.6평)부터 시작함), 이동이 가능하고(트레일러 위에 설치함), 대형 주택처럼 견고하다.

1번 모델: 박스 터틀, 2.4m×5.1m

강철 골조에 완전 단열구조, 플라스틱 이중창문, 1.8m 길이의 미닫이문, $\frac{1}{4}$인치 두께의 목재 패널 벽체, 욕실에는 비닐 바닥재를 시공했다. 주방에는 조리대와 싱크대, 냉장고가 있다. 욕실은 1.2m의 샤워실과 화장실, 세면대가 있다. 선택 품목: 탱크가 달리지 않은 고효율 온수기. 기본가: 24,000달러

2번 모델: 스내퍼, 2.4m×8.5m

코딩 철골조 codding steel frame는 50% 정도 더 가볍고, 재생 자재를 30~100% 사용하며, 건축 폐기물이 거의 발생하지 않는다. 스내퍼 모델은 1번 모델에서 제공하는 모든 구성에 다락방과 간단한 중수처리 시설이 추가된다. 선택 품목: 퇴비화장실. 기본가: 29,500달러

3번 모델: 갈라파고스, 2.4m×5.1m

50% 더 가벼운 코딩 철골조, 다락방과 중수처리 시설을 구비했다.
선택 품목: 퇴비화장실. 기본가: 25,000달러

캐빈 피버

플로리다 주 마이애미, 캘리포니아 주 어빈
이메일: akelly@cabinfever.us.com
Cabin Fever West 6 McLaren Irvine, CA 92718
| (949) 265-7710 | **Cabin Fever East** 85 NW 71 Street, #1006 Miami, FL 33150
(305) 582-5293
크기: 11㎡(3.3평)부터~ | 가격: 13,500달러부터~

우리 캐빈 피버에서 제공하는 패키지에는 오두막을 짓는 데 필요한 모든 것이 들어 있다. 완성된 벽체 패널과 문, 창문, 지붕, 외장 부품, 창틀과 문짝 부품, 인테리어 부품을 제공한다. 구성물은 모두 사전에 조립된 것들이다. 패키지가 현장에 운송되면 빌더들이 각 부품을 결합해 건물을 설치한다.

우리는 특별하게 제작한 지그jig를 이용해 공장에서 부품 생산 과정을 통제한다. 덕분에 고품질을 유지하면서도 노동비용을 절감하고, 또 효율적으로 작업할 수 있다. 고급 자재를 대량으로 구매해 비용을 줄이고, 건축 시에는 실질적으로 쓰레기를 거의 남기지 않는다. 절감한 비용은 고객의 이익을 위해 사용한다.

터틀백 노마딕스

콜로라도 주 돌로레스
웹사이트: www.TurtlebackNomadics.com
이메일: turtlebacknomadics@gmail.com
Turtleback Nomadics
13449 Rd. 29 Dolores, CO 81323
(970) 564-1737
크기: 19~28㎡(5.6~8.4평) | 가격: 7,000~10,000달러

터틀백 노마딕스는 작고, 이동이 가능하며, 다양한 시대적 요구에 부응하면서 기본에 충실한 실용적인 주택을 제공한다. 일정한 폭과 두께로 재단된 제재목을 이용해 고객 필요에 맞게 유르트yurt(몽골어로는 '게르' 혹은 '파오라'라고 한다—옮긴이)를 짓는다. 16개 패널로 만든 유르트 지붕을 지지하는 벽체 패널은 위쪽과 아래쪽을 화물 스트랩으로 동여매 구조를 지탱한다. 디자인이 효율적이어서 조립하거나 분해하는 데 두세 시간이면 충분하다. 나무 벽과 나무 천장은 기존의 천막 형태보다 더 안전하고 난방이 더 잘된다. 통상적으로 유르트는 더욱 간결하고 유동적인 생활방식을 추구하는 사람들 또는 기존 주택에 손님 방이나 스튜디오를 추가하고 싶은 사람들에게 좋은 대안이다.

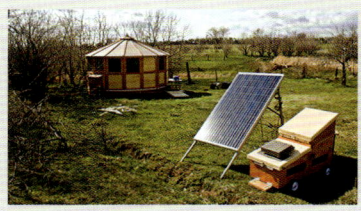  

스몰 홈 오리건

오리건 주 포틀랜드
이메일: wquade@comcast.net
Small Home Oregon
6110 NE 53rd Place Portland, OR 97218
(503) 201-6635
크기: 30㎡(9.1평)
가격: 30,000~40,000달러

스몰 홈 오리건에서는 다음 두 가지 사안을 염두에 두고 주택을 설계한다. 1~2인이 거주하기에 쾌적하고 효율적인 공간을 얼마나 작게 만들 수 있는가? 트럭에 올려서 이동할 수 있으려면 얼마나 작고 가볍게 만들어야 하는가? 이외에도 다음과 같은 건축 개념을 중시한다.

- 단순하고 보편적인 공법을 추구하고 확장성이 좋은 기본 디자인을 선호한다.
- 흡방습 자재를 쓰기에 난방을 하지 않고 장기간 집을 비워도 영향이 없고, 고객이 원한다면 전기 등의 기반 시설 없이 자급자족하는 시스템을 구축할 수 있다.

뉴잉글랜드 셰드 앤드 반

매사추세츠 주 킹스턴
웹사이트: www.neshed.com
이메일: info@neshed.com
New England Shed and Barn
102 Ring Road Kingston, MA 02364
(800) 450-9040
크기: 9~23㎡(2.6~7.1평)
가격: 4,150~9,189달러(기본형)

뉴잉글랜드 셰드 앤드 반은 '스트로브 잣나무의 고장'으로 유명한 매사추세츠 주 킹스턴에 있는 가족 회사다. 우리는 수작업으로 만든 질 좋은 목재 헛간을 맞춤식으로 제공한다. 그리고 목재를 직접 가공하기 때문에 저렴한 가격에 제품을 공급할 수 있다. 우리가 사용하는 모든 목재는 규격재다(다시 말해 2×4 각재는 실제로도 정확히 2×4인치다).

맞춤식으로 제작하기 때문에 고객의 요구대로 기본형에 변화를 줄 수 있다. 벽체 높이를 더 늘릴 수도 있고, 일반적으로 많이 쓰는 단문이 아니라 이중문을 설치할 수도 있다. 원하는 사항이 있을 경우 우리에게 미리 알려주면 된다.

타이니 그린 캐빈스

미네소타 주 화이트 베어 레이크
웹사이트: www.TinyGreenCabins.com
이메일: jim@tinygreencabins
Tiny Green Cabins
2370 4th Street White Bear Lake, MN 55110
(651) 788-6565
크기: 4~23㎡(1.3~7평) | 가격: 5,190~32,128달러

타이니 그린 캐빈스에서는 친환경 자재로 만든 오두막이나 4㎡(1.3평)에서 23㎡(7평) 크기의 초소형 주택을 제공한다. 재활용 자재는 물론 친환경 인증을 획득한 자재와 재생 자재로 시공한다. '브리드 이지Breathe Easy' 모델은 유해한 화학물질이 없는 오두막으로 안전한 거주공간을 원하는 사람들에게 알맞다. 폐청바지를 재생한 울트라 터치 카튼Ultra Touch Cotton 단열재 혹은 에어 크리티Air Krete 폼을 이용한다. 바닥도 단열처리를 한다.

캐넌 클래식 캐빈스
콜로라도 주 벨뷰
웹사이트: www.cclogcabins.com
이메일: cccabins1@me.com
Canyon Classic Cabins
P.O. Box 236 Bellvue, CO 80512
(970) 215-5782
크기: 29㎡+12㎡(8.9평+3.5평) 다락방
가격: 2,6000(키트)~79,000달러(턴키 방식)

캐넌 클래식이 제공하는 통나무집은 아늑하고 에너지 효율적이다. 통나무집은 낮에 햇빛을 받아 가열된 벽체가 저녁이 되면 서서히 열을 방출해 실내 온도를 유지한다. 또 소박한 멋이 있으면서도 자연의 아늑함을 느낄 수 있다. 벽체 마감에는 R-21급의 유리섬유로 된 솜 단열재(두께 15cm)를 시공한다.

기계식으로 가공한 목재로 짓는 주택은 구조적으로 이음자재가 필요하지만, 캐넌 클래식 캐빈스에서 제공하는 오두막은 수작업으로 가공한 원형 통나무나 평면 절단한 통나무로 짓기 때문에 벽체가 균형감이 있다. 통나무집 골조는 모두 두께 15cm인 외벽으로 완성했다. 우리가 제공하는 통나무 주택은 록키 산에서 나온 로지폴 소나무를 선별해 만든다. 우리는 사전 조립 시스템으로 품질 관리를 하고 있다. 오차가 매우 적은 말안장 맞춤으로 사전에 결구해보기 때문에 각 통나무는 현장에서도 제 위치에 정확히 놓인다.

낸터킷 셰드
매사추세츠 주 스완지
이메일: sales@nantucketsheds.com
Nantucket Sheds
10 Old Providence Road Swansea, MA 02777
(800) 959-3808, (888) 601-7433
크기: 4~22㎡(1.3~6.7평)
가격: 1,860~6,494달러

낸터킷 셰드는 클래식, 솔트박스, 로프트, 이렇게 세 가지 스타일의 맞춤식 정원 창고를 제공한다. 각각의 창고는 다양한 크기로 지을 수 있고, 선택 품목을 추가할 수 있다. 고급 자재와 전문가의 손길이 결합한 창고는 내구성이 뛰어나고, 고객의 주택 가치를 한층 높여줄 것이다.

온라인 건축:
사이버 공간을 이용해 집짓기

몇 해 전 《빌더》에 이용할 사진을 브리티시컬럼비아에서 촬영한 이후 남쪽으로 향하던 나는 위드비 섬Whidbey Island에 들러 존 라비John Raabe를 만났다. 그는 소형 주택을 주제로 한 웹사이트를 활발하게 운영하고 있다.

존은 알기 쉽게 그린 소형 주택 설계도와 각 주택에 들어갈 목재 목록을 웹사이트에서 함께 판매한다. 그는 빌더를 위한 포럼도 운영하고 있었다.

컨추리플랜스닷컴CountryPlans.com은 표준형 설계도를 고객의 필요에 따라 자유롭게 복사하거나 수정해서 사용할 것을 권장하는 독특한 사이트다. 플랜스 서포트 포럼(170쪽을 참조하라)과 갤러리에는 참고할 만한 수많은 건축 사례가 올라와 있다. 대다수가 자기 손으로 처음 집을 지어본 빌더들이 올린 게시물이다.

존이 하는 일들은 모두 실용적이면서 아름다운 집을 직접 자기 손으로 짓는다는 내 생각과 일맥상통한다.

www.countryplans.com

여기 소개된 것은 8.4평가량의 초소형 주택(4.3m×7.3m) 평면도와 관련 자료들이다. 또 소형 주택 구조재를 만드는 데 필요한 자재 목록도 있다. (유용한 건축 관련 정보가 빼곡하다!)

- ● 4.3m×7.3m 박공지붕 리틀 하우스 설계도 자료
- ●● 소형 주택을 확장했을 경우의 평면도
- ●●● 4.3m×7.3m 박공지붕 리틀 하우스 설계도 자료

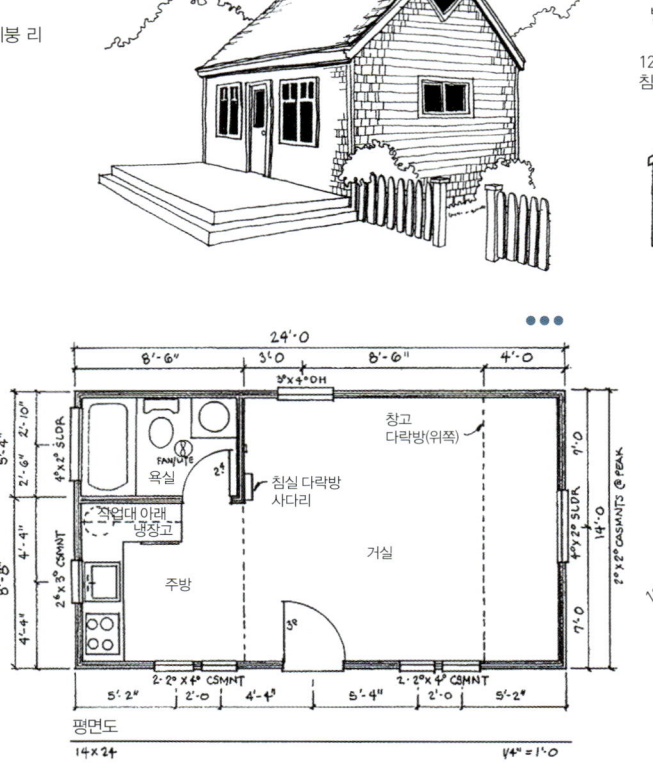

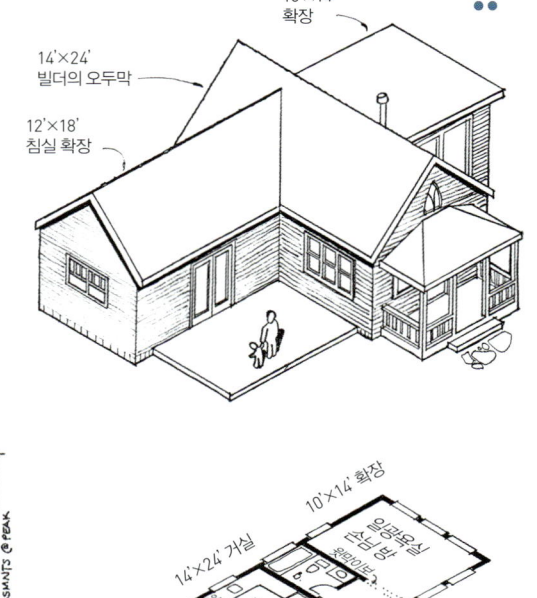

리틀 하우스 자재 목록

기초와 바닥재		10' X 14'	12' X 18'	14' X 24'
	콘크리트 데크 주춧돌	6	6	12
	콘크리트 파티오 페이버	12	12	24
	보(방부목재)	4x6 x 14' (2)	4x10 x 18' (2)	4x8 x 24' (2)
	장선	2x6 x 10' (12)	2x6 x 12' (15)	2x6 x 14" (19)
	보막이 장선	2x6 x 14' (2)	2x6 x 12' (3)	2x6 x 12' (4)
	바닥재	5	7	11
	방부목재 기둥	1-2 (varies)	1-2 (varies)	2-4 (varies)
	방부목재 가새	2-4 (varies)	2-4 (varies)	4-8 (varies)
벽체				
	샛기둥	40	55 (includes Int.)	68 (includes Int.)
	토대 스탁	180 LF	219 LF	275 LF
	윗막이보 스탁	16 LF (varies)	18 LF (varies)	24 LF (varies)
	벽덮개	14	17	22
플랫 지붕				
	서까래	2x6 x 14' (8)	2x8 x 16' (10)	2x10 x 18' (13)
	벤트 차단용 서까래 스탁	2x6 (28 LF)	2x8 (36 LF)	2x10 (48 LF)
	지붕덮개	7	9	14
	차단 스탁	28 LF	40 LF	64 LF
	처마돌림	56 LF	76 LF	112 LF
	지붕재와 밑깔개	200 SF	315 SF	440 SF
박공지붕과 다락방		Assumes 8' loft	Loft per plans	Loft per plans
	다락방 장선	2x6 x 10' (5)	2x8 x 12' (4)	2x8 x 14' (9)
	바닥재	3	3	5
	조름보	2x4 x 10' (1)	2x4 x 12' (2)	2x4 x 14' (2)
	서까래	2x6 x 8' (16)	2x6 or 2x8 x10' (20)	2x6 or 2x8 x12' (26)
	용마루와 용마루 벤트	14 LF	18 LF	24 LF
	박공벽 골격목재	38 LF	52 LF	80 LF
	박공벽덮개	2	2	3
	차단 스탁	52 LF	72 LF	92 LF
	처마돌림	52 LF	72 LF	92 LF
	지붕덮개	8	11	16
	지붕재와 밑깔개	225 SF	328 SF	515 SF
기타 품목				
	외장재와 긴밀막(총 벽체 면적-SF)	432 + 55 gable ends	540 + 72 gable ends	684 + 98 gable ends
	내부 벽체(총 벽체 면적-SF)	363 + 45 gable ends	650 + 50 gable ends	800 + 72 gable ends
	내부 천장(다락방 포함-SF)	196	357	557

LF는 길이를 나타내는 피트 단위 linear foot의 약자이고, SF는 면적을 나타내는 평방피트 단위 square feet의 약자이다.

CHAPTER 4. 조립식 주택

컨추리플랜스닷컴 포럼

온라인에서 무료로 운영되는 집짓기 포럼 사이트로 1999년 처음 만들어져 회원은 6200명을 넘었고, 건축 관련 게시물은 13만 5000건이 넘는다. 자기 집을 직접 짓는 빌더들이 사진과 함께 집 짓는 이야기를 풀어놓는 경우가 많고, 공사가 진행되는 대로 새로운 소식을 알려준다. 그러면 가족과 친구를 비롯한 여러 회원이 게시물을 보고 아이디어를 제시하거나 질문을 하면 답변을 단다.

이 웹사이트에서 제공하는 도면으로 집을 짓는 사람들만 얘기를 해야 하는 것은 아니다. 집 짓는 이야기라면 모두 허용된다. 일례로 아래 보이는 소형 주택 네 채는 '14평 이하의 집을 원하는 사람들을 위한 사진'이라는 제목의 글에서 발췌한 것이다. 이 글을 찾으려면 브라우저에 shltr.net/country-plans라고 입력하면 된다.

● 포치가 있는 크기 3.6m×7.3m인 박공지붕 오두막
●● 리틀 하우스를 크기 4.8m×4.8m로 변형한 모습
●●● 크기 4.8m×7.3m인 미시간 오두막의 다락방
●●●● 포치와 위성텔레비전을 갖춘 5평가량의 오두막
●●●●● 마룻대를 시공하는 방법을 설명한 게시물

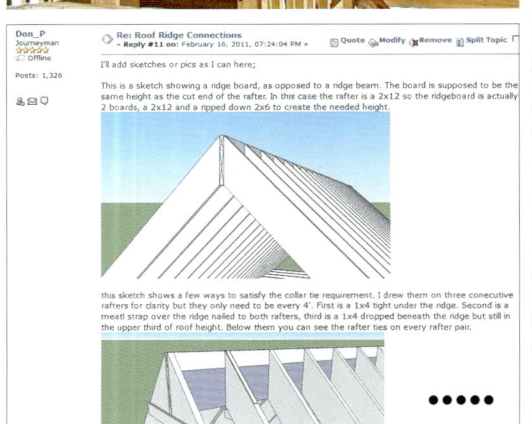

CHAPTER **5**

천연재료로 지은 초소형 주택

- 남자의 동굴
- 볏단 공법
- 웨일스의 호빗 하우스
- 지기의 코브 주택
- 미소 짓는 집
- 브리티시컬럼비아의 머드걸스
- 팔레트와 코브로 만든 뒷마당 창고
- 남부 오리건 주의 볏짚-코브 주택
- 코브웍스 Cobwoks
- 코브와 나무로 지은 원형 주택
- 도곤 마을에 지은 돔
- 하늘이 보이는 유르트
- 하이다 그와이 섬의 사우나
- 바하 해안을 찾는 서퍼를 위한 움막
- 아르데이아 Ardhei
- 태양광 정원 창고
- 해변에 지은 유목 판잣집
- 간이 휴게소가 있는 흔들다리

남자의 동굴

선레이 켈리 SunRay Kelley

12월에 동생이 올리브를 수확하는 모습을 사진에 담고, 하빈 핫 스프링 온천에도 가고, 멘도시노 카운티에 사는 친구 루이Louie도 만날 겸 나는 북쪽으로 길을 나섰다. 이 지역에는 선레이(《빌더》에 등장하는 빌더 가운데 한 사람)도 살고 있다. 근황을 물었더니 자세한 설명은 하지 않고 '남자의 동굴'을 짓고 있다고만 얘기했다. 안개 자욱한 어느 날 아침, 나는 그가 최근에 지은 집도 구경할 겸 캘리포니아 북부 지역의 한 시골 길을 따라 선레이와 그의 여자친구 보니를 만나러 갔다. 예전에 지은 집 못지않게 그의 아이디어가 톡톡 튀는 유쾌한 집이었다.

이번에는 12면으로 구성된 지름이 4.4m인 유르트였다. 벽과 지붕 키트는 워싱턴에 있는 선레이의 제재소에서 가공한 삼나무 목재로 제작했다. 선레이는 이 키트를 트럭으로 운송해 와서 팀버락Timberlock의 별모양 홈이 파진 나사로 조립했고, 바닥재는 쓰고 남은 목재를 이용해 만들었다. 내부는 흙반죽을 바르고 부조를 새겨 장식했다.

입구에 만든 포치는 선레이가 숲에 들어가 구한 목재로 만들었다. 맨자니터manzanita(진달래과 나무의 일종으로 단단하다—옮긴이)로 기둥을 세우고, 월계수로 보를 만들고, 소나무로 서까래를 만들고, 오크 나무 목재로 포치의 난간을 만들었다. 선레이가 맨자니터의 갈라진 줄기 틈

에 서까래를 결구하는 방식을 보면 감탄이 절로 나온다. 그가 오랜 세월에 걸쳐 터득한 자신만의 기술이다.

선레이는 "숲에 들어가 나무를 주워 함께 결합하는 작업을 좋아합니다"라고 말하면서 이런 작업을 "목수가 필요 없는 맞춤 기술"이라고 표현했다. 그는 맨자니터가 지나치게 무성한 부분만 솎아내기 때문에 없어져도 난 자리가 티가 나지 않는다고 말했다. 비용이 들지 않는 천연재료다.

그의 여자친구 보니는 이렇게 말했다. "대부분의 사내는 목재 집하장에 가서 올곧은 목재만 찾는데 선레이는 심하게 휘어진 것만 찾아요."

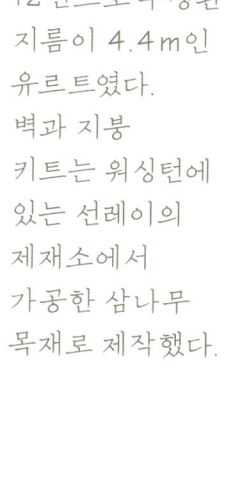

이번에는 12면으로 구성된 지름이 4.4m인 유르트였다. 벽과 지붕 키트는 워싱턴에 있는 선레이의 제재소에서 가공한 삼나무 목재로 제작했다.

그러자 선레이는 이렇게 반박했다. "아니지, 제일 야생적인 놈을 찾는 거지."

남자만의 동굴이라니 이건 무슨 말일까? 선레이는 이렇게 설명했다. "내 친구 하니는 여자 네 명과 살아요. 아내와 딸 셋이죠. 그래서 혼자 지내고 싶을 때 필요한 남자만의 동굴을 원했어요."

[들리는 말에 의하면 하니와 한집에 사는 식구 중 한 명(혹은 그 이상)도 비슷한 공간을 요구하고 있다고 한다.]

선레이의 유르트 키트는 어느 곳에서든 주문할 수 있다(포치는 선택 품목이다).

www.sunraykelley.com

숲에 들어가
나무를 주워서
함께 결합하는
작업을
좋아합니다.

볏단 공법
빌과 아테나 스틴 Bill&Athena Steen

1994년, 빌 스틴과 아테나 스틴 부부는 획기적인 건축 제안을 담아 《스트로 베일 하우스》The Straw Bale House라는 책을 출간했다. 스틴 부부는 이 책에서 합리적인 주택 건축 방식으로 볏단 공법straw bale building을 소개하면서 아름다운 사진과 함께 이들의 경험에서 우러나온 조언을 담았다.

나는 남부 애리조나 최남단에 위치한 마을에 살던 스틴 가족을 여러 차례 방문했다. 스틴 부부가 지은 주택은 그 색감이나 질감도 빼어나지만 무엇보다 올바른 주택이라는 느낌을 받았다.

나는 스틴 부부에게 첫 책을 내고 지난 20여 년간 어떤 변화와 진전이 있었는지 물었다. 스틴 부부의 목소리로 이들의 진화한 건축 공법을 들어보고, 그 공정 전후를 보여주는 사진을 함께 살펴보자.

＊

1990년, 우리는 처음으로 함께 볏짚 주택을 지었다. 크기는 대략 20㎡(6평)으로 작은 경사지붕을 한 집이었다. 이후로 우리는 소형 볏짚 주택을 짓는 일을 하고 있다. 그동안 우리는 창의적이고, 아름다우며, 단순미를 살리는 볏짚 주택을 다양하게 시도해볼 수 있었다.

요즘 우리는 집을 지을 때 볏짚보다 점토를 더 많이 이용한다. 바닥재, 회반죽, 도료, 붙박이식 가구나 몰딩, 장식용 부조 등 모두 점토를 이용한다.

우리가 집 짓는 과정을 보여주는 사진을 함께

애리조나 주 엘진에 있는 존 볼린Jon Bolin과 셸리 에버솔Shelly Eversole 부부의 볏짚 주택. 흙으로 미장한 오두막의 내부 면적은 약 11㎡(3.4평)이며 물결모양 철제 지붕과 포치가 있다.

CHAPTER 5. 천연재료로 지은 초소형 주택

실었으니 참고하기 바란다. 우리는 구조적으로 여용력(여용지점이나 여용부재에 의해 발생하는 힘-옮긴이)을 높이고 싶어 무골조 공법과 골조 공법을 섞어 쓰는 방법을 택했다. (두 가지 공법 중 하나만 쓰는 것은 다소 구식이라고 판단했기 때문이다.)

여러 구조물이 벽에 가해지는 하중을 분담한다. 첫째, 우리는 토대의 가장자리에 맞춰 볏단을 쌓아올림으로써 공간을 절약하고 볏단 수를 줄였다. 쌓아올린 볏단은 지름 0.95cm 전산 볼트를 이용해 압축했다(4단 높이의 볏단을 5cm가량 압축함). 압축한 뒤에는 사실상 볏단을 움직이는 것이 거의 불가능하다. 볏단을 압축하면 그것은 구조적으로 단단한 지지물이 되고, 문과 창문틀이 박스 빔(지붕 연결판)과 맞닿게 된다.

볏단 벽과 박스 빔(지붕 연결판) 사이의 간격이 다소 불규칙하고 수직 하중으로 인해 벽체가 불규칙한 수축 현상(세틀링)을 보이기 때문에 이를 보완하고자 우리는 약 60cm 간격으로 볏단 양쪽에서 대나무를 박아 볏단과 함께 단단히 묶는다. 이 대나무들은 지붕 연결판과 결합되어 작은 지지대 역할을 한다.

마지막으로 점토와 볏짚의 인장력을 충분히 활용해 기초 윗면부터 지붕 연결판까지 미장을 한다. 우리가 쓰는 미장 반죽에는 다량의 볏짚이 포함되어 있어 유연하며, 균열이 발생할 염려가 없다. 지금까지 '한 번도' 균열이 난 적이 없다. 미장할 때 외가지가 필요한 경우 우리는 밧줄이나 철망을 사용한다.

(조립한) 구조물을 배치한 후에 남은 과정은 흙으로 미장하는 작업이다. 몇 가지 기본 원칙은 다음과 같다.

- 진흙 반죽이 기초에 닿지 않도록 한다.
- 기단 벽을 조금 높게 설정한다.
- 지붕의 내물림을 충분히 확보해야 한다.
- 우리는 가능하면 언제나 포치를 설치한다. 그러면 벽체가 젖어 수해를 입을 일이 거의 없다. 포치를 설치하지 않는 주택의 벽체는 비를 대비해 세세하게 신경을 써야 하고 창마다 턱을 만들어야 한다.

볏짚 주택의 경우 대부분 시스템이 단순하다. 단, 제대로 된 볏짚 주택을 지으려면 세부적인 데까지 꼼꼼하게 신경을 써야 한다.

앤드류Andrew와 셀리아 프로스트Celia Frost 부부가 볏단 벽 앞에서 아들 로완Rowan을 안고 찍은 사진

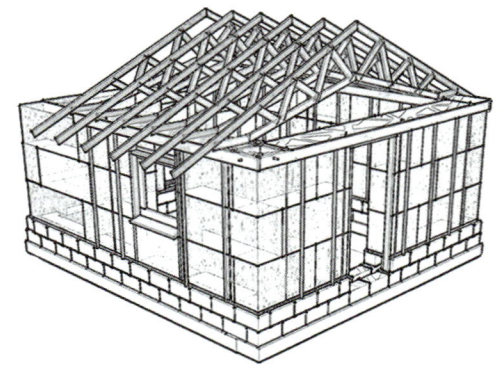

콘크리트 기초 위에 토대로 쓸 각재를 평행하게 설치하고, 빈 공간에 스티로폼 단열재를 채워 넣는다. 토대는 볏단이 콘크리트 기초와 직접 닿지 않게 하고, 창틀이나 문틀을 고정하는 역할을 하게 된다.

문틀과 창틀의 위치를 정하고, 나중에 지붕 연결판을 연결할 정도로 길게 틀을 만든다. 이렇게 하면 창문과 문을 더욱 쉽게 설치하고, 이 틀이 지지대 구실을 하는 부가적 효과도 얻는다.

창틀과 문틀을 설치한다.

네 귀퉁이와 문틀, 창틀부터 볏단을 쌓기 시작한다.

기본 구조는 같지만 이 경우는 돌 기초가 아니라 나무 기초 위에 창틀과 문틀을 설치하는 모습이다.

모서리부터 볏단을 쌓는 방식을 선호하는데, 첫째 공간을 절약하고, 둘째 볏단이 적게 들기 때문이다.

모서리에 놓이는 볏단을 밧줄로 묶어 지지력을 강화한다.

볏단을 배치해 묶고 나면 볏단 벽을 고정한다.

모서리의 볏단들을 고정하기 전에 볏단 벽의 수직·수평을 점검한다.

볏단을 모두 쌓고 나면 박스 빔을 올릴 차례다. 화재 예방 차원에서 주변의 지푸라기는 늘 긁어모아 치워두는 것이 좋다.

박스 빔을 올리고, 모서리에서 전산 볼트로 결합한다.

지붕을 올리기 전에 지붕 연결판에 단열재를 넣는다. 여기서는 데님을 이용했다.

스티로폼을 단열재로 이용한 경우다.

지붕 연결판을 완성한다.

지름 0.9cm 전산 볼트를 기초에 설치된 제이 볼트(j-bolts)부터 지붕 연결판까지 연결한다. 하나는 볏단 안쪽에 또 하나는 볏단 바깥쪽에 설치한다.

전산 볼트는 벽체를 압축하는 데 이용한다. 4단으로 쌓은 볏단의 경우 평균적으로 5cm 정도의 압축률을 보인다.

전산 볼트를 조여 벽체를 압축한다.

문틀과 창틀의 윗면을 지붕 연결판과 연결한다.

지붕 연결판 위에 합판을 붙인다.

창문틀에 외가지 역할을 할 밧줄을 감아놓는다.

진흙을 발라 미장할 공간은 모두 밧줄을 감아놓는다.

지붕 연결판 아래쪽 목재에도 밧줄을 감아놓는다.

미장을 시작하기 전에 볏단 사이 빈 공간을 짚 버무리로 채운다.

미장 준비를 마친 벽체

창문턱은 철제 비흘림판으로 덮었다. 접착 부위가 마를 때까지 클램프로 고정한다.

밧줄을 감아놓은 창문틀 미장 부위와 비흘림판을 설치한 모습

미장에 사용할 진흙을 체에 거른다.

손으로 진흙을 섞는다. 사람이 많을수록 작업이 수월하다. 장갑을 끼는 사람도 있지만 맨손으로 작업하기를 좋아하는 이들도 많다.

점토 성분이 많은 진흙 반죽만으로 1차 미장을 하고, 마르기 전에 2차 미장을 한다.

나무로 된 흙손은 반죽을 두텁게 바르는 2차 미장 작업을 진행하기에 편리하고 효과적이며 저렴한 도구다.

진흙 반죽을 바르는 중이다.

반죽에 사용하는 진흙 통

2차 미장 반죽 비율은 진흙의 성분에 따라 다르지만 우리는 짚 함유량이 점토보다 조금 많은 편이다. 미장 두께는 보통 3cm 정도이고 벽면 전체를 동시에 작업한다.

2차 미장 작업이 진행 중이다.

한 번만 발라도 볏단 벽의 불규칙한 크면을 고르게 정리할 정도로 반죽이 완벽하다.

워크숍 4일째, 트러스 설치에 들어갔다. 2차 미장 작업 중이다.

2차 미장을 끝내고 트러스를 설치했다.

공사 4일째 저녁

진흙으로 미장한 상태에서는 구조를 변경하기가 비교적 쉽다. 우리는 도중에 문의 위치를 조금 조정했다.

그다음 날 오후에 지붕널을 덮고, 철제 지붕을 올릴 준비를 마쳤다.

이틀 뒤, 눈이 내렸다!

포치와 철제 지붕을 설치한다.

지붕과 포치가 설치되면 벽체를 보호할 수 있다. 포치 아래 데님 단열재를 채워 넣었다.

리나의 초소형 어도비 주택

뉴멕시코 주 산타페에서 살던 리나(아테나의 어머니)는 근처에 가족이 있는 자신의 고향 산타클라라 푸에블로에 돌아왔다. 이 집은 리나의 디자인 솜씨가 잘 드러난다. 겉으로 보면 단순한 직사각형 형태이지만 내부로 들어오면 곡선의 미를 살린 벽면과 섬세한 내부 장식들이 어우러져 미묘한 조화를 이룬다.

이 소형 어도비adobe(건초 등의 혼합재가 들어갈 수 있지만 기본적으로 모래와 진흙을 물과 섞어 일정한 모양을 만든 후 햇볕에 말린 벽돌-옮긴이) 집은 전반적으로 실용적이고 기능적이면서도 주택 자체가 하나의 예술작품이다. 건축 재료는 현지에서 구한 것으로, 수 세기 동안 푸에블로 주민들이 집과 키바kiva(푸에블로 지역 인디언이 지은 건물-옮긴이)를 지을 때 이용한 재료와 똑같다. 목재는 물론 벽체를 만드는 데 쓰인 어도비 벽돌 역시 현지에서 구했다. 가는 체에 거른 진흙에 짚과 모래를 섞은 연갈색 반죽으로 미장을 했다. 이 집은 과거를 섬세하게 재현하면서도 동시에 현대적이다. 주택은 무척 쾌적하고, 패시브 방식의 태양광 시설을 갖추고 있어 별도의 냉난방 시설이 필요 없다.

리나는 집을 지으며 손자들에게 자기 재능을 뿜낼 기회를 주고 싶어 했다. 장손자인 베니토(19세)와 둘째인 오소(17세)는 팀 삼촌(아테나의 언니인 록산느의 남편)과 함께 공사에 참여했다. 그 외 여러 가족도 일손을 보탰다. 리나에게 이 공사는 '가족'의 의미를 되새기는 계기였다.

좀 더 자세한 이야기를 듣고 싶다면 다음 블로그를 방문하기 바란다.

www.shltr.net/rina-search
www.shltr.net/rinas-mag

– 빌과 아테나 스틴

돈 후안의 초소형 볏짚 주택

우리는 오랜 세월 워크숍을 운영하면서 헛간에서부터 작업실과 숙소 등 다양한 용도로 이용할 수 있는 소형 볏짚 주택을 짓고 있다. 이들 건물은 대부분 워크숍 연수생들과 함께 매년 진행하는 공사의 결과물이다. 연수생들은 다양한 기법과 자재를 활용해 집을 짓는다. 조금씩 석회를 쓰기도 했지만 거의 모두 회반죽을 이용했다. 이들 건물 어느 우리의 특성이 고스란히 드러나 있다. 작고 단순하며, 소형 목재를 썼고, 복잡하지 않고, 저렴하고, 모두 수작업이다. 볏짚 주택은 튼튼하고, 짓는 과정도 재미있고, 기후를 특별히 가리지 않고 쾌적한 환경을 제공할 수 있다.

이 건물들은 단기간 동안 머무는 방문객을 위해 지었다. 작은 숙소 두 채와 공용 목욕탕이 있다. 이곳에 주로 거주하는 사람은 멕시코인 친구인 돈 후안 모랄레스와 연수생들이다.

● 동일 건물의 내부. 천장을 덮은 돗자리는 '카리조(갈대)'로 만들었고, '페타테(멍석)'라 불린다.
●● 아치 모양을 한 점토 벽돌 책상.
●●● 돈 후안이 머물고 있는 작은 집 내부 모습.
●●●● 위와 동일 건물, 다른 쪽 방향을 바라본 모습.
●●●●● 두 개의 처소에 지내는 사람들이 이용할 수 있는 공용 목욕탕.

웨일스의 호빗 하우스

CHAPTER 5. 천연재료로 지은 초소형 주택

웨일스의 호빗 하우스 Hobbit House

사이먼 데일 Simon Dale

이 집은 장인어른과 친구, 때로 행인들의 도움을 받아가며 가족을 위해 지은 호빗 하우스다. 공사를 시작하고 4개월 후에 우리는 이 아늑한 공간으로 거처를 옮겼다. 대략 견적을 내보니 1000~1500인시$_\text{man hour}$의 노동과 3000파운드 정도가 들어갔다.

환경을 최대한 고려해 지은 덕분에 우리는 그만큼 자연과 가깝게 지낼 기회를 잡았다. 자기가 살 집을 직접 설계한다는 것은 우리 몸이 좋아하는 자연을 누릴 수 있는 주택을 창조한다는 뜻이다. 이는 건설업체가 최악의 경우 회사 이익을 극대화하려고 돈 벌기 편한 방식으로 대량생산한 성냥갑 같은 주택과는 근본적으로 다르다. 천연 소재로 집을 지으면 대부분의 현대 건물에 그득한 독성 물질을 제거하고 건설업체의 돈벌이에 이용당할 일이 없다. 이 집의 설계와 공법에서 주목할 만한 특성을 살펴보자.

- 언덕을 파고 내려가 지었기 때문에 난쟁이가 사는 집처럼 보인다.
- 땅을 팔 때 나온 돌과 진흙을 벽과 기초를 세우는 데 이용했다.
- 주변 숲에서 솎아낸 오크 나무를 이용해 골조를 만들었다.
- 만다라형 지붕 서까래는 미학적 구조도 아름답고 설치가 쉽다.
- 바닥과 벽, 지붕에 단열재로 시공한 볏단은 단열 효과가 높고 시공이 쉽다.

- 플라스틱 시트와 진흙·뗏장으로 마감한 지붕은 생태계 파괴를 줄이고 설치가 쉽다.
- 회반죽으로 벽을 마감하면 (시멘트를 이용했을 경우와 비교해) 공기가 잘 통하고 에너지 소비가 적다.
- 바닥과 기타 부품에 재생 목재를 이용했다.
- 이외에 필요한 자재는 폐기물 더미에서 찾을 수 있다 (창문, 버너, 배관, 배선……).
- 나무를 연료로 쓰는 난방기를 설치했다. 나무는 풍부한 재생에너지다.
- 난방기 연통이 큰 돌과 회반죽 사이를 지나기 때문에 열기가 오래 보존된다.
- 지하로부터 올라오는 서늘한 공기에 의해 자연 냉장고가 유지된다.
- 지붕에 창을 내 자연광이 들어오도록 처리했다.
- 태양광 패널을 설치해 조명, 오디오, 컴퓨터에 전기를 공급한다.
- 중력을 이용한 설계로 근처 샘에서 물을 공급한다.
- 퇴비화장실을 설치했다.
- 지붕에 떨어지는 빗물을 집수해 정원을 가꾸는 데 사용한다.

주요 도구를 보면 동력톱, 해머, 1인치 끌만으로 거의 공사를 진행했다. 하지만 사실 나는 빌더도 아니고 목수도 아니다. 2년 전에 이와 비슷한 집을 지어보려고 한 차례 시도한 적은 있지만 그때부터 지금까지 몇 가지 노닥거린 게 전부다. 이런 건물은 누구나 지을 수 있다고 말하고 싶다. 내가 가진 자산이라고는 튼튼한 신체와 자신감, 인내심 그리고 가끔 나를 도와주는 친구 한두 명이 전부였다.

이 주택은 퍼머컬처permaculture(지속가능한 건축을 추구하는 생태학적 디자인의 한 분파로서 핵심 원칙은 지구를 돌보고, 사람을 돌보고, 잉여자원을 공유하자는 것이다-옮긴이) 설계를 추구한다. 즉 지속가능

하지만 사실 나는 빌더도 아니고 목수도 아니다.	한 삶을 가능케 하는 적정 기술을 사용하면서 자연과 조화를 이루며 단순하게 사는 삶의 방편으로 지어진 주택이다. 이처럼 천연소재를 이용하는 저비용 주택은 지속가능성 측면에서도 가치가 있지만 저렴한 주택을 공급할 수 있다는 장점이 있다. 이 경우 사람들은 자연스럽게 더욱 소박하고 지속가능한 삶을 추구할 가능성이 커진다. 일례로 이 집은 우리 가족이 거주할 목적으로 지었지만 우리는 집 주변의 숲을 관리하고 정원을 가꾸는 일을 하고 있다. 예전처럼 월세나 주택융자금을 지불해야 했다면 불가능했을 일이다. www.simondale.net/house 주요 견적: 3.6m×4.4m, 31㎡+11㎡(9.5평+3.3평) 데크

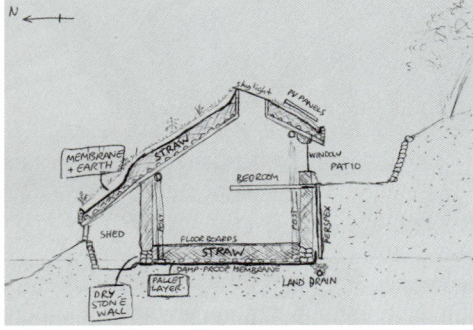

지기의 코브 주택

태어나고 자라서 대학까지 다닌 뉴저지를 떠나 이곳 미주리 주 북동부에 위치한 댄싱래빗 생태마을로 거처를 옮긴 것은 내가 스물다섯 되던 해다. 별안간 도시를 떠나고 싶었다. 평범한 생활방식에서 벗어나 공동체 속에서 자급자족하는 삶을 살고 싶었다.

댄싱래빗을 선택한 것은 평소에 생태적 가치를 소중히 생각했고 또 지속가능한 삶에 더욱 충실하고 싶어서였다. 대학을 졸업한 직후 댄싱래빗을 방문한 적이 있는데, 그때 나는 이곳으로 이사하기로 마음먹었다. 공식적으로는 2007년 4월에 이사를 했고, 2007년에서 2008년 겨울 동안 코브 주택 Cob Cottage 을 설계하고 봄에 공사에 들어갔다. 이 집을 짓기 전까지 나는 평생 어떤 건물도 지어본 적이 없었다. 2006년에 댄싱래빗 친구들이 코브 방식으로 주방을 만들 때 옆에서 약간 거들었던 경험이 전부였다. 당시 나는 맨발로 진흙 반죽을 다지고 손으로 빚어 모양을 내는 작업에 푹 빠져서 나중에 내 집도 진흙으로 지어야겠다는 생각을 품었다. 흙이라는 재료는 우리 안에 있는 원시성과 창의력을 일깨운다.

나는 겨울 동안 집 짓는 법을 연구하면서 가능한 한 현지에 있는 천연소재를 이용해 단기간에 무척 저렴하게 지을 수 있는 단순한 소형 주택을 설계했다. (일례로 이 집에 있는 유형의 물건 중에 새로 산 것은 하나도 없고, 총 공사비용은 3000달러를 넘지 않았다). 나는 도시에서 버린 자재를 재활용해 기초를 놓고, 살아 있는 지붕 living roof 을 만들고, 로켓 난로를 설치해 난방을 해결하기로 했다. 나는 2008년 봄부터 가을까지 평면도를 충실하게 구현하는 데 전념했다. 매 순간이 즐거웠다. 비가 내리지 않는 한 매일 나와서 집을 지었다. 혼자는 아니었고 보통 친구 한두 명이 나를 거들었다. 진흙을 발로 밟아 코브 반죽 덩어리를

219개나 만들었는데, 땀을 흘리는 작업이 그렇게 즐거울 수가 없었다. 코브 반죽으로 침대를 만들고, 로켓 난로를 설치하고, 바닥 미장을 하고, 실내는 회반죽으로 마감하고, 지붕을 올리고 최종적으로 공사를 마무리 지었다. 여자친구 에이프릴과 함께 집에 들어온 것은 2009년 7월 11일이었다. 수많은 친구의 도움을 받아 기초부터 하나하나 내 손으로 완성한 집에 마침내 살게 된 기분은 참 특별하고 행복하다.

로이드 씨, 감사합니다. 궁금한 점이 있으면 언제든 물어보세요.

— 지기 Ziggy

진흙의 해 The Year of Mud

CHAPTER 5. 천연재료로 지은 초소형 주택

지기의 코브 주택

미소 짓는 집

린다 스마일리 에반스 Linda Smiley Evans

사진: 스콧 스파이커와 앤 사보타 Scott Spiker & Ann Sabbota

모든 이의 이야기에는 꿈꾸는 집이 등장한다. 내 이야기는 어린 시절 그린 작고 예쁜 시골집으로 시작한다. 쉰아홉 번째 생일을 맞은 날, 나는 드디어 내가 꿈꾸던 집이 실현되었음을 깨달았다.

'미소 짓는 집'은 오리건 코스트Oregon Coast에 있는 코브코티지 사에서 시범적으로 지은 우리 집이다. 남편인 이안토 에반스와 내가 함께 세운 목표는 사람들에게 주택융자를 받지 않고도 집을 짓는 방법을 보여주는 것이었다. 건축 경험이 없는 부부라도 1주일 정도 교육을 받고 매뉴얼대로 따라 하면 1만 달러 미만의 자금으로 1년 안에 집을 지을 수 있다. 우리 집은 유해물질을 배출하지 않는 태양광 패시브 주택이다. 기본 구조를 모두 갖추면서 주변 주택이나 환경과 조화를 이루도록 설계되었다.

벽체는 코브 공법과 볏단 공법을 혼용해 지었다. 거의 모든 건축자재를 현지에서 구했다. 우리가 발을 딛고 사는 땅에 있는 천연소재를 쓰거나 상업 폐기물에서 구한 자재를 재활용했다. 기초 공사는 재활용한 보도블록을 썼으니 어쩌면 무척 '도시적인 소재'라고 하겠다. 목재는 대부분 원

목을 그대로 사용하거나 재활용 목재를 썼다. 현지에서 구한 모래, 진흙, 볏짚, 석회, 카세인, 유기안료 같은 천연소재를 혼합해 바닥재, 회반죽, 페인트로 사용했다. 실내외 벽체는 모두 전통적인 기법의 석회 반죽으로 마감했고 여기에 석회 도료를 칠했다. 주방 창문 외부는 프레스코 벽화 기법으로 그림을 그리고 멕시코 스타일 주방에 어울리게 해바라기와 카라 꽃을 부조로 새겨 장식하고 광택처리를 했다. 거실 바닥은 내가 아이디어를 내서 수경성 석회에 점토와 짚을 섞어 새로운 느낌으로 만들어봤다. 부드럽고 온화한 느낌을 주면서도 내구성이 뛰어나다.

지붕은 양쪽으로 나눠 각기 다른 실험적인 재료로 단열처리를 한 다음 지붕 전체에 EPDM(특수 고무 신소재의 일종-옮긴이) 방수포를 시공했다. 먼저 갈대로 엮어 만든 천장 쪽의 지붕은 흰색 침대보를 깔고 그 위에 15cm 두께의 판지를 깔아 단열처리를 했다. 그리고 회칠한 벤더 보드로 마감한 천장 쪽의 지붕은 포장용 스티로폼을 재활용해 채워 넣었다. 그런 다음 EPDM 방수포를 깔고, 그 위에 15cm 두께로 건초를 깔고, 또 15cm 두께로 나뭇잎 덮개를 깐 뒤 야생 양치식물과 구근이 있는 돌나물속 식물을 심었다.

이 집에 있으면 누군가에게 포근하게 안기는 느낌이 든다. 마치 팔로 감싸 안은 듯 모서리 없이 손으로 빚어 둥근 벽은 꼭 맞는 장갑을 손에 낀 듯이 혹은 알을 품은 어미 닭의 둥지처럼 아늑하다.

목표는 사람들에게 주택융자를 받지 않고도 집을 짓는 방법을 보여주는 것이었다. 건축 경험이 없는 부부라도 1주일 정도 교육을 받고 매뉴얼대로 따라 하면 1만 달러 미만의 자금으로 1년 안에 집을 지을 수 있다.

브리티시컬럼비아의 머드걸스:

생태주택을 짓는 여성 빌더들

머드걸스Mudgirls는 생태주택을 짓는 캐나다 서해안 지역 여성 빌더들이 운영하는 자선단체다. 이 단체는 서민용 주택 공급부족 문제를 해결하고 또 건축 기술 강좌를 통해 여성들에게 자기 집을 스스로 지을 수 있다는 자신감과 능력을 길러주고자 2004년 걸프아일랜드의 작은 섬, 라스케티Lasqueti에서 처음 모임을 시작했다. 라스케티 섬에는 전기도 수도도 들어오지 않는다. 처음에는 서로 품앗이를 하는 작은 모임이었지만 주변 섬과 도시의 여성들이 지속가능성을 추구하는 운동의 일환으로 또 하나의 직업교육으로 모임에 참여하면서 차츰 규모가 커졌다.

*

우리는 에너지 사용을 최소화하는 로우테크low-tech 공법으로 집을 짓는다. 수동 공구를 들고 강도 높은 노동을 하면서 에너지를 자급자족하는 주택과 공동체를 주로 짓는다.

우리는 현지에서 구할 수 있는 자재를 이용해 집을 짓기 때문에 현지의 빛, 바람, 물의 조건에 따라 주택을 설계한다. 코브 방식으로 집을 짓는 것을 좋아하지만, 볏단 공법이나 짚버무리 건축, (나뭇가지 단을 고정시켜 양쪽에 흙을 다짐하는) 심벽 방식, 유목, (통나무와 흙반죽을 번갈아 쌓는) 목심 방식의 흙집도 짓는다. 자연에서 채취하기 어려운 자재, 가령 창문이나 문을 만들 때는 낭비가 심한 현대사회에서 배출되는 수많은 폐기물을 재활용한다.

머드걸스는 집 짓는 기술과 일자리로 여성들에게 자신감을 부여하려고 노력하는 여성단체다.

자연에서 채취하기 어려운 자재는 낭비가 심한 현대사회에서 배출되는 수많은 폐기물을 재활용한다.

건물을 새로 짓기도 하지만 기존 주택을 친환경적으로 개조하는 일도 한다. 흙을 이용한 반죽과 도료를 이용해 자연스럽고 건강한 벽으로 마감하고, 화목난로 주변 벽은 코브 반죽으로 장식을 새겨 마감한다. 이렇게 하면 보기에도 아름답고 흙 고유의 축열 효과 덕분에 에너지 효율성이 향상된다.

우리 단체는 프로젝트를 맡아 공사를 진행하고 또 워크숍을 열어 건축 기법을 배우고자 하는 사람들을 교육한다. 주로 다른 사람들을 위해 집을 짓지만 회원이나 가족을 위해 서로 도와가며 집을 짓기도 한다. 우리는 9㎡(2.8평)에서 46㎡(14평) 사이의 소형 주택을 짓는다. (다락방이 딸린) 9㎡(2.8평)짜리 오두막도 여러 채 지었다. 붙박이 가구를 넣는 등 공간을 효율적으로 설계하면 크기가 작아도 쾌적한 주거공간을 제공할 수 있다.

우리가 하는 일은 건축이기 때문에 무엇보다 함께 일하는 법을 배우는 것이 중요하다. 어쩌면 집짓기 자체보다 함께 일하는 법을 배우는 것이 더 어려울지도 모른다. 화석연료와 기계가 넘쳐나는 시대는 '자기만 생각하는' 개인주의를 양산했다. 우리는 혼자서는 할 수 없는 일을 하기 위해 함께 사는 법을 다시 열심히 배워야 한다. 집짓기만을 얘기하는 게 아니다. 우리 자신뿐 아니라 서로를 위해, 또 우리가 사는 지구를 위해 온 마음으로 우리의 삶과 문화와 경제를 재창조해야 한다.

― 젠 고비 Jen Gobby

www.mudgirs.ca

우리는
에너지 사용을
최소화하는
로우테크 공법으로
집을 짓는다.
수동 공구를 들고
강도 높은 노동을
하면서 에너지를
자급자족하는
주택과 공동체를
주로 짓는다.

CHAPTER 5. 천연재료로 지은 초소형 주택　199

젠의 오두막

머드걸스의 첫 번째 공식 워크숍이 2005년 6월 말에 열렸다. 브리티시컬럼비아에 거주하는 다양한 연령대의 여성 15명이 라스케티 섬에 마련한 젠의 집터에 모여 2주일간 숲에서 지름 3.6m의 오두막을 지었다. 이들은 먼저 마른 돌로 기초를 놓은 뒤 삼나무 기둥을 세우고 그 위에 대형 보를 올렸다. 전체 벽의 절반 높이까지 코브 반죽을 쌓고 창문을 모두 설치했다. 여성 빌더들은 재활용한 창틀과 다채로운 색깔의 수많은 병, 모자이크 타일, 코브 반죽을 이용한 조각 등으로 개성 넘치는 오두막을 만들었다.

낮에는 창문과 형형색색의 병을 통과한 햇빛이 집 안 곳곳을 비추고, 밤에는 촛불로 실내를 밝힌다(201쪽 사진을 참조하라).

낮에는 창문과 형형색색의 병을 통과한 햇빛이 집 안 곳곳을 비추고, 밤에는 촛불로 실내를 밝힌다.

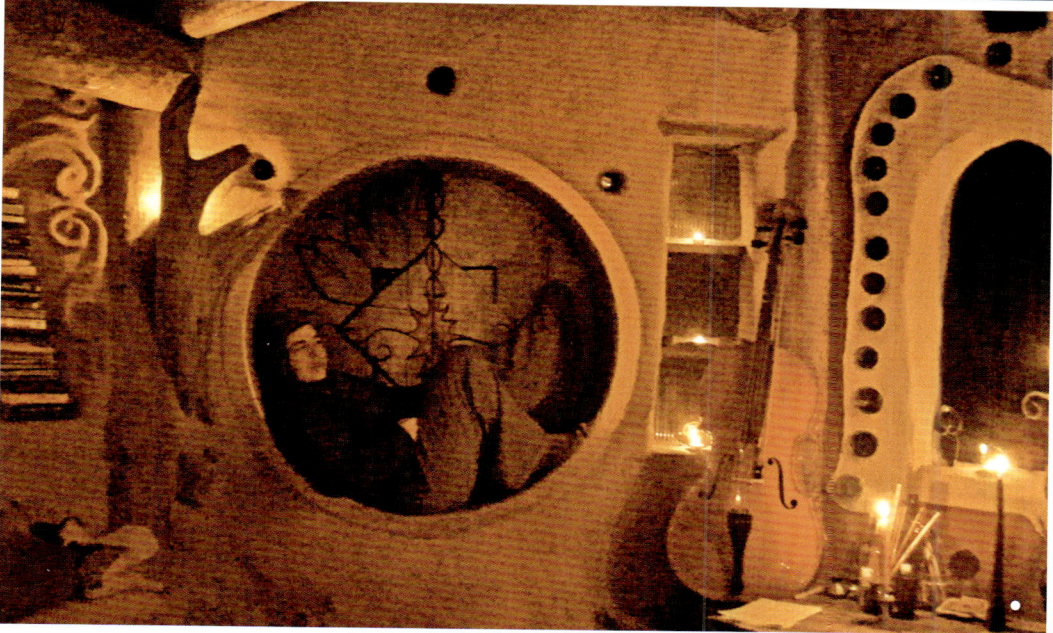

● 젠이 원형 문틀에 기대어 쉬고 있다.
●● 실내 장식: 재활용한 병, 자동차 앞창으로 만든 창문, 천연 소재인 회반죽 도료

CHAPTER 5. 천연재료로 지은 초소형 주택 201

팔레트와 코브로 만든 뒷마당 창고

조엘 글랜츠버그 Joel Glanzberg

아내가 곧 출산할 예정이고, 또 우리 가게에 워낙 물건이 많아서 아무래도 창고가 더 필요할 것 같았다. 채소나 작물을 보관하는 지하 저장실이 있는데, 그 위를 덮고 있는 콘크리트 슬래브 위에 작은 창고를 지어 중고로 구입한 썬프로스트Sunfrost 냉장고를 놔둘 공간과 식료품 저장실로 쓰기로 했다.

우리는 되도록 폐자재를 활용해 보기에도 좋고(거실 창문에 서면 오른쪽에 보인다) 내구성이 좋은 건물을 짓기로 목표를 세웠다. 마당에 굴러다니는 자투리 나무를 이용하는 것도 좋은 방법이었다.

나는 텍사스 주 아마릴로에서 퍼머컬처 강좌를 진행하는데, 그곳에서 '피트크루Pitcrew'가 팔레트로 지은 주방에 깊은 인상을 받았다. 나는 뉴멕시코 북부 지역의 전통주택인 하칼jacal을 짓는 방식에 현대적인 기법을 가미하기로 했다. 하칼은 나무로 기둥을 세우고 진흙으로 벽을 쌓아 만든 오두막이다. 나는 나무 팔레트를 이용해 벽체를 만들고, 짚을 섞은 진흙으로 벽면을 미장했다. 포틀랜드 시멘트 팔레트 네 개, 합판 포장용 4×8피트 팔레트 한 개, 캐비닛 상점에서 얻은 팔레트 다섯 개, 철물점에서 가져온 다양한 팔레트로 벽체를 만들었다.

먼저, 지하 저장실 콘크리트 슬래브 위에 탭콘Tapcon 나사로 2×4 레드우드 각재를 연결했다. 그리고 팔레트로 벽을 세워 2×4 자투리 각재를 대고

콘크리트 슬래브 위에 고정한 각재에 나사로 연결했다. 팔레트를 서로 연결할 때도 자투리 2×4 각재를 쓴다. 남쪽 벽이 이웃집 담장과 맞대고 있어서 벽체를 완전히 완성하기 전에 먼저 T111 외장 합판을 붙이고 작업에 들어갔다.

정면 벽에는 현관과 창문의 틀을 만들기 위해 원목도 일부 사용했다. 2×8 각재 마룻대와 캐비닛 상점에서 가져온 팔레트 네 개를 결합해 지붕 골조를 만들었다. 여기서 팔레트를 구성하는 파티클보드는 천장 역할을 하게 된다. 2×4 각재로 서까래를 올린 다음 철제 지붕을 올릴 수 있도록 1×4 각재를 일정 간격으로 시공해 못으로 고정했다.

남쪽 벽과 천장에는 포장용 완충제를 넣어 단열처리를 하고 내벽은 3mm 두께의 소나무 합판을 덮었다. 마당에서 파낸 흙을 짚과 섞어 만든 코브 반죽으로 팔레트 내부를 채우고, 팔레트 벽체 외부를 미장하는 데도 코브 반죽을 이용했다. 팔레트의 빈 공간에 코브 반죽을 채우면서 평평하게 벽체를 만드는데, 이때 팔레트 각재는 진흙이 잘 붙어 있도록 하는 외가지 역할을 한다.

벽면 전체를 진흙으로 미장했다. 마지막 미장은 짚을 섞지 않은 진흙 반죽을 이용했다. 이는 칼 크류 Carle Crew가 알려준 방식을 따른 것이다(그녀의 책 《클레이 컬처 Clay Culture》를 참조하라). 팔레트 베이스와 2등급 더글러스 전나무 각재로 바닥을 깔고 사다리를 만들었다. 그리고 트랩도어를 설치해 지하 저장실로 드나들기 편하게 만들었다. 배선비용을 포함해 총 건축비용은 대략 500달러가 들었다. 대부분 철제 지붕재에 들어간 비용이다. 창고가 아니라 별채로 사용해도 좋다고 말하는 사람들이 많다. 정면과 한쪽 측면으로 처마를 길게 내물려 창고가 아니라 집 같은 느낌도 난다.

> 배선비용을 포함해 총 건축비용은 대략 500달러가 들었다. 대부분 철제 지붕재에 들어간 비용이다.

남부 오리건 주의 볏짚-코브 주택

사라 파커와 타일러 월터 Sarah Parker & Tyler Walter

로이드 씨, 안녕하세요.
타일러와 나는 오래전부터 당신의 팬이었습니다. 타일러는 지난 두어 해 동안 학교를 쉬고 생태건축 빌더 수습과정을 밟으며 남부 오리건 주에서 36㎡(11평)의 소형 볏짚 오두막을 짓는 일을 도왔어요. 우리는 지난여름에 드디어 공사를 완료하고 8월에 이사를 했어요. 타일러는 당신의 책들과 블로그를 굉장히 좋아해요. 그의 부탁으로 우리가 지은 오두막 사진들을 당신께 보냅니다. 감사합니다.

— 사라 파커(와 타일러 월터)

우리는 뉴질랜드에서 한 해를 보낸 뒤 이곳 오리건 주로 이사했다. 나머지 가재도구도 미국 서쪽으로 옮기는 중이다(우리 둘 모두 원래 펜실베이니아 출신이다). 집 안이 휑하게 보이겠지만 이게 우리가 살아가는 방식이다.

우리 집에 대해 조금 더 정보를 제공하자면 이렇다. 우리 친구인 마드론 프랭크포트 Madrone

Frankfort가 오두막을 설계하고, 공사도 지휘했다. 공사 초기 단계에 '코브 투게더Cob Together'의 테일러 스타Taylor Starr와 제임스 하임James Haim이 이곳에서 워크숍을 진행했다. 이곳은 아직 전기가 들어오지 않아 전기 없이 공사를 했다. 흙에 여러 재료를 섞어 반죽을 하고 코브를 만들 때마다 매번 손수레에 담아 손으로 혼합했다. 전선을 꽂지 않는 동력 공구를 이용하거나 커다란 목재를 톱질해야 할 때는 전기가 들어오는 농장까지 나무를 끌고 가서 작업했다. 서쪽과 북쪽 벽은 볏단 벽 공법으로 지었고, 동쪽 벽은 대부분 코브 방식으로 지었으며, 남쪽 벽은 짚버무리로 지었다.

집의 장대와 들보에 쓸 나무는 뒷산에서 수확했고, 마름질한 제재목은 모두 80km 내의 근방에서 구했다. 미장에 사용한 점토 페인트는 자연 점토로 만들었다(흰색을 제외하고는 모두 인근에서 가져온 흙을 사용했다). 창문은 현지에 거주하는 목공예 장인이 설계하고, 제작하고, 설치했다. 아직 해야 할 일들이 많다. 농장의 태양광 패널에서 전기를 끌어와야 하고, 온수기를 설치해야 하며, 조경 작업도 해야 한다(중수처리 시설 포함). 침실과 욕실을 추가하는 공사는 이제 막 시작되었다. 이 작은 주택을 우리 손으로 짓고 이사하게 되어 무척 행복하고 자랑스럽다.

집의 장대와 들보에 쓸 나무는 뒷산에서 수확했고, 마름질한 제재목은 모두 80km 내의 근방에서 구했다.

CHAPTER 5. 천연재료로 지은 초소형 주택

서쪽과 북쪽 벽은 볏단 벽 공법으로 지었고, 동쪽 벽은 대부분 코브 방식으로 지었으며, 남쪽 벽은 짚버무리로 지었다.

코브웍스 Cobworks
패트릭 헨베리 Patrick Hennebery

코브웍스는 1999년에 트레이시 캘버트Tracy Calvert, 엘크 콜Elke Cole, 패트릭 헨베리가 함께 설립한 회사다. 패트릭은 1983년부터 브리티시컬럼비아의 메인 섬에서 집을 지어 살고 있다. 그는 독학으로 실력을 쌓은 목수이자 빌더로서 1997년 코브 카티지 컴퍼니Cob Cottage Company의 이안토 에반스Ianto Evans와 함께 처음으로 자신의 코브 워크숍을 열었다. 이후로 그는 수많은 코브 화덕과 정자, 작업장 등을 비롯해 25채 이상의 코브 주택을 지었다. 지난 6년간은 멕시코 바하칼리포르니아에 거주하는 주민들을 대상으로 워크숍을 진행하면서 집을 짓고 있다.

"저에게 이 작은 섬(12km 반경 내에 거주민 900명)은 생태건축 기술을 개발할 수 있는 최고의 환경입니다. 해안에서는 기둥과 들보에 쓸 유목을 찾을 수 있고, 규격에 제한을 두지 않고 요구대로 재목을 절단해주는 소규모 제재소가 있으며, 바닥과 기초공사에 쓸 수 있는 사암이 있어요. 또 모래와 짚, 진흙도 풍부합니다. 섬에 있는 재활용품 수거장에서도 얼마든지 필요한 자재를 구할 수 있어요. 누군가 이곳 섬에서 땅을 개간한다는 소리가 들리면 언제나 전화를 걸어서 그들이 사용하지 않는 휘고 비틀린 나무들을 가져가도 되는지 물어요. 그러면 사람들은 언제 와서 가져갈 거냐고 묻곤 해요."

"우리가 실시하는 워크숍에서는 참가자들이 재활용 자재와 현지에서 구한 천연소재만으로 자

멕시코 바하칼리포르니아의 로스베릴레스에서 한 가족의 의뢰를 받아 주택 두 채와 레스토랑을 짓고 있는 코브웍스 직원들

기 집을 지을 수 있는 기술을 가르치고, 자신감을 심어주고, 또 코브 빌더들과 인맥을 쌓도록 합니다. 제가 궁극적으로 추구하는 목표는 모든 자재를 이 섬에서 조달할 수 있는 '10마일 하우스 10 Mile House'를 짓는 것입니다."

찰스의 코브 주택

찰스Charles는 현지에서 구한 자재만으로 집을 짓고 싶어 했다. 그는 모래, 진흙, 돌, 통나무와 제재목을 준비했다. 트레이시와 엘크, 패트릭이 2주 동안 워크숍을 진행했고, 이 기간에 코브 주택의 벽체를 완성했다. 오두막 면적은 46㎡(14평)

으로, 침실로 쓸 큰 다락방을 코브 벽체 위에 올리고 포치 역할을 할 수 있도록 지붕 내물림을 크게 했다. 굴삭기로 커다란 들보를 옮겨 기둥 위에 얹었다. 지붕의 경사가 가파르기 때문에 서까래용 통나무의 크기를 줄일 수 있었다. 지붕은 경질폼으로 단열처리를 한 뒤 삼나무 지붕널을 시공했다. 전기배선 공사를 하고, 주방 싱크대와 중수 처리 장치를 갖추었다. 공사를 완공하기까지 총 4개월이 걸렸고 비용은 총 1만 8000달러가량 들었다. 인접한 곳에 이보다 작은 규모로 목욕탕을 지었다. 바닥에 온돌난방 설비를 하고, 퇴비화 변기와 욕실을 갖췄고, 다락에는 침실 겸 수납공간을 두었다. 목욕탕 공사는 오두막집을 완성하고 그 이듬해에 엘크가 진행한 1주일 워크숍 기간에 진행되었다.

※

www.cobworks.com

패트릭의 웹사이트에는 사람들이 코브를 가지고 집을 짓는 멋진 사진들이 가득하다. 프랭크 마이어의 노래 〈한껏 지저분해진 당신 모습이 아름다워요 You're So Purty When You're So Dirty〉는 코브 건축가들에게 애국가나 다름없다.

※

크리스티나의 코브 오두막

210쪽에 보이는 작고 아름다운 코브 오두막은 메인 섬에 있는 크리스티나의 정원에 세워진 건물이다. 크리스티나는 작업용 주방과 침실로 쓸 수 있는 작은 다락방을 원했다. 이 공사는 워크숍으로 진행하지 않고, 트레이시 캘버트가 용역을 고용해 진행하기로 했다. 현장에서는 세 장소에서 코브 공사가 진행되었다. 정자로 쓸 벽체와 입구, 벤치가 먼저 만들어졌고, 다음으로 오두막이 지어졌고, 마지막으로 코브 화덕 및 의자와 아치형 입구가 만들어졌다. 정자와 화덕 공사는 킷 말로니 Kit Maloney와 트레이시 캘버트가 진행했고, 패트릭이 마무리했다.

큰 바위가 함몰되어 생긴 9㎡(2.8평) 남짓한 자연적인 집터가 있어서 그 위에 돌로 기초를 쌓았다. 2층으로 연결되는 계단을 실외에 설치해 내부 공간의 활용도를 높이고 각 층은 별도의 출입구를 이용할 수 있도록 했다.

1층에는 주방이 있는데, 코브가 지닌 장점을 최대한 활용하는 벽체를 설계했다. 벽감을 만들어 섬에서 나는 사암으로 만든 선반을 설치하고, 원형으로 크고 작은 창을 내 푸른색 거품 유리를 넣었다. 벽체 외부는 동물의 배설물을 섞은 점토 반죽으로 자연적인 흙색 미장을 했고, 내부는 크림색 석회 반죽으로 미장을 했다. 주방 바닥재는 흙으로 미장하고, 아마인유와 밀랍으로 마감했다. 오두막은 그늘진 곳에 있어서 여름에는 시원하고, 갓 채집한 채소와 꽃을 다듬고 씻어서 시장에 내놓을 준비를 하기에도 안성맞춤이다.

목재로 지은 2층 다락방에는 침실이 있다. 이곳은 생태주택 건축을 배우며 일하는 인턴이나 크리스티나에게 정원 가꾸는 법을 배우러 온 견습생들의 숙소로도 안성맞춤이다. 다락방을 구성하는 원형 서까래와 기둥과 들보는 모두 주변

2층 벽과 지붕은 양털로 단열처리를 하고, 지붕에는 손으로 쪼갠 삼나무 너와를 올렸다.

숲에서 구한 목재로 만들었다. 2층 벽과 지붕은 양털로 단열처리를 하고, 지붕에는 손으로 쪼갠 삼나무 너와를 올렸다.

오두막의 창문, 선반, 문은 모두 메인 섬의 빌더가 현지에서 가공한 목재로 수작업한 결과물이다. 데크의 난간은 패트릭이 손수 제작한 것인데, 현지 재활용품 수거장에서 수집한 독특한 철물을 용접해 만든 것이다. 실외에는 샤워 시설과 퇴비화장실이 근처에 있고, 또 흙으로 만든 화덕과 코브 방식으로 만든 벤치 주위에 지붕을 올려 식사하는 공간으로 쓴다.

힐데의 코브 주택

이 집은 캐나다에서 처음으로 허가를 받은 코브 주택이다. 이전 해에 건축허가를 받아 내가 사용할 코브 스튜디오를 지은 적은 있지만 주택은 처음이었다. 코브 방식 주택을 지어 허가를 받을 수 있는지 건축과 검사관에게 물었더니 15년 동안 섬에서 건물을 짓고 있는 나를 잘 아는 그는 이 '새로운 형태의 진흙 공법'으로 좋은 집을 지을 거라며 신뢰를 보내주었다. 힐데Hilde와 함께 주택 모양을 구상하고, 그가 진흙으로 자신이 거주할 주택의 모형을 제작하고 손으로 그린 평면도를 제시했다.

> 이 집은 캐나다에서 처음으로 허가를 받은 코브 주택이다.

1999년 여름에 중요한 공사는 대부분 끝마쳤다. 나는 코브 카티지 컴퍼니의 이안토 에반스와 엘크 콜이 진행한 3주짜리 워크숍 과정에서 이 집의 기초공사를 마쳤다. 무골조 방식에 코브 벽체만으로 지붕 하중을 받치도록 제작했고 지붕은 재활용 셀룰로오스로 단열처리를 했다. 자재로 쓴 모래와 진흙, 짚, 돌은 모두 섬에서 구했고, 목재도 모두 현지에서 가공한 제재를 썼다. 전열기도 예비로 준비했지만 실내 난방을 위해 럼포드Rumford 벽난로를 설치했다.

가을까지 공사를 하고 겨울 동안 안전하게 폐쇄해두었다가 이듬해 봄에 트레이시 캘버트, 엘크 이 두 사람과 함께 실내 공사를 마무리지었다. 내벽에는 모래·진흙·안료를 섞은 반죽을 이용했고, 외벽에는 소 거름을 혼합한 반죽을 썼다. 2층 구조에 면적은 57㎡(16평)으로 오폐수 배관과 전기 배선공사까지 끝냈다. 코브 방식으로 집을 짓고 지붕을 올리는 데 대략 5만 6000 캐나다 달러가 들었다.

가든 코브

엘크와 패트릭은 8주간의 견습생 과정을 진행하면서 이 가든 코브를 지었다. 이때 참여했던 8명의 참가자 가운데 5명은 현재 코브 공법을 가르치면서 코브 주택을 짓고 있다. 가든 코브는 코브웍스 사무소로 허가를 받았다. 엘크는 3년 동안 이곳을 빌려 쓰는 대가로 흙으로 바닥과 주방을 만들고 회반죽으로 미장을 했다. 면적은 46㎡(14평)으로 건축비용은 1만 8000달러 정도 들었다.

> 면적은 46㎡(14평)으로 건축비용은 1만 8000달러 정도 들었다.

코브와 나무로 지은 원형 주택

토니 렌치 Tony Wrench

1996년에 제인 페이스Jane Faith와 나는 지속가능한 삶을 위한 생태마을이 들어설 웨일스 서부 지역에 대지를 분양받았다. 지은 지 오래되고 설계가 잘못되어 눅눅한 오두막을 벗어나 처음부터 내 집을 새로 지을 기회를 잡은 것이다! 나는 켈트족의 원형 집을 재현해놓은 집에 찾아가서 시간을 보내고, 켄 컨Ken Kern이 쓴 《주인이 직접 지은 집The Owner-Built Home》과 로이드 칸이 쓴 《셸터》를 다시 읽었다. 특히 만단족의 흙집, 포모족의 댄스 하우스, 미오크족의 조립 주거 부분을 탐독했다.

우리는 더글라스 전나무 조림지가 있는 3970㎡(1200평)의 대지를 구입하고 겨울 동안 건축에 쓸 목재를 확보했다. 나는 만단족의 흙집을 현대적으로 해석한 집을 설계했다. 만다라형 지붕, 태양광 시설, 온탕 시설과 이중 세면대를 갖춘 욕실, 그리고 코브와 목재로 벽체를 쌓는 데 들어간 비용은 3000파운드였다. 공사 세부 내역에 대해서는 내 책 《친환경 원형 주택 짓기Building a Low Impact Roundhouse》를 참고하기 바란다. 이 공사를 진행하면서 우리는 현지 도시계획 담당 부서와 장장 8년간 씨름을 했다. 자세한 내용은 내 웹사이트(www.thatroundhouse.info)에 적어놓았다. 나는 요즘 비슷한 형태의 주택이나 쉼터를 지어달라고 요청받고 있다. 그래서 2008년 5주에 걸쳐 한 팀이 모여 집을 짓는 모습을 담은 사진들을 여기 소개한다.

www.thatroundhouse.info

CHAPTER 5. 천연재료로 지은 초소형 주택　215

만다라형 지붕,
태양광 시설,
온탕 시설과 이중
세면대를 갖춘
욕실, 그리고
코브와 목재로
벽체를 쌓는 데
들어간 비용은
3000파운드였다.

CHAPTER 5. 천연재료로 지은 초소형 주택 217

브리티시컬럼비아 섬의 코브 주택

레이와 수지 브루스 Ray and Suzie Bruce

우리 부부는 재활용 자재와 천연 소재로 지은 다양한 유기적 건축물과 신성 기하학에 매료되어 집짓기에 관심을 가지게 되었답니다. 여기 보이는 건물에도 당시 제가 그렸던 스케치와 신성 기하학 문양이 반영되었지요.

또한 건축가 가우디Gaudi와 영국에 있는 여러 코브 주택, 그리고 민속 문화에도 영향을 받았습니다.

건축에 새로운 패러다임을 보여준 로이드 씨의 《셸터》 시리즈도 우리 부부에게 많은 영감을 주었습니다. 이 지면을 빌려 감사의 마음을 전합니다.

― 레이 브루스

우리 땅에 신성 기하학의 아름다움을 살린 자택 겸 스튜디오를 짓고 싶었습니다.

이곳 아름다운 라스케티 섬에는 지역 주민들로 구성된 '머드걸스' 팀이 지은 환상적인 유기적 건축물이 여러 채 있습니다. 여성 빌더들은 쿠키 스탠드와 코브 화덕은 물론 주택까지 손수 만듭니다(197~199쪽을 참조하라).

진흙과 모래 같은 천연소재를 이용하는 방식도 우리가 구상한 주택에 완벽하게 어울렸습니다. 우리 부부는 젠 고비가 이끄는 머드걸스 팀과 여러 차례 미팅을 가지면서 주택 디자인과 공사 방향에 대해 의견을 나눴습니다. 53㎡(16평)가량의 2층 건물을 짓기로 했지요.

여러 장의 스케치와 최종 도면을 준비하고, 현지에서 구할 진흙과 모래, 짚, 재활용 자재들 목록을 작성했습니다. 공사 일정까지 수립하고 나자 모든 준비가 끝났습니다. 집터는 자연채광을 최대한 이용할 수 있도록 남향을 선택했습니다.

2006년부터 2009년 후반까지 우리 부부는 머

> 우리 땅에
> 신성 기하학의
> 아름다움을
> 살린 자택 겸
> 스튜디오를 짓고
> 싶었습니다.

드걸스 팀과 여러 다양한 코브 워크숍에 참여한 자원봉사자들의 도움을 받아 건물을 지었습니다. 머드걸스 단체는 물심양면으로 우리를 도와주었습니다. 밴쿠버 아일랜드에 있는 데멕스Demex 중고용품점에서 구한 창문을 비롯해 우리가 사용한 자재들은 대부분 현지에서 구한 것들입니다. 돌이켜보면 단순한 공사가 아니라 거대한 공동체가 함께 모여 협동과 배움의 정신 아래 하나로 뭉쳤던 행사가 아닌가 싶습니다.

이 집에서 생활하면 우리의 존재감과 자연과 공동체에 대한 소속감을 강하게 느낍니다. 우리가 창조한 이 공간은 또한 우리를 치유하는 성스러운 공간입니다.

공사에 참여했던 모든 분들께 감사드립니다.

– 캐나다 브리티시컬럼비아 라스케티 섬에서
레이와 수지 올림

업데이트 소식

안녕하세요, 로이드 씨.

2012년 3월 11~12일, 최근 우리 섬에 시속 150km의 강풍이 불어닥쳤습니다. 12일 오전 8시 50분경에 총길이 56미터에 무게 4톤가량의 더글라스 전나무가 우리 코브 주택을 덮쳤답니다. 이 사고로 2층이 완전히 구너졌어요. 그런데 아래층은 멀쩡한 편이에요. 미세한 균열이 조금 있을 뿐입니다. 쓰러진 나무를 제거하러 온 전문가는 피해 규모가 작아서 깜짝 놀랐습니다. 이 집이 기존의 건축 방식으로 지어졌다면 집 전체가 파괴되었을 거라고 말하더군요. 코브 주택은 정말 튼튼해요!

머드걸스 만트라
머드걸스의 정신에 바친다.
코브 주택의 이야기는 숫자와 기하학으로 시작한다.
머드걸스를 만나고 이 이야기는 현실이 되었다.
젠 고비가 모든 일과 사람들을 조율했다.
두 해에 걸친 공사가 이제 완공되었다.
얼마나 많은 아름다운 마음과 손이 우리를 도왔던가.
머드걸스의 정신은 우리 모두에게 새겨져 있다.
우리들이 창조한 집은 그 사랑의 증거물이다.

진흙과 모래 같은 천연 소재를 이용하는 방식도 우리가 구상한 주택에 완벽하게 어울렸습니다.

우리가 사용한
자재들은 대부분
현지에서 구한
것들입니다.

12일 오전 8시 50분경에 총길이 56미터에 무게 4톤가량의 더글라스 전나무가 우리 코브 주택을 덮쳤답니다.

CHAPTER 5. 천연재료로 지은 초소형 주택   221

하늘이 보이는 유르트

스콧 에반스 Scott Eevans

로이드 칸의 《셸터》를 보고 자극을 받은 나는 재활용 자재를 이용해 내 집을 짓기로 결심하고, 농경지였던 땅에 어울리는 삶을 살 수 있는 주택을 짓는 방법을 모색했다. 그러다 빌 코퍼스웨이트Bill Coperthwaite를 보면서 목재로 유르트Yurt를 지어야겠다는 아이디어가 떠올랐다. 나는 단순한 건물을 설계했고, 내 아들이 이 집에서 살 수 있을 정도로 자랄 때까지는 휴가철에 월세를 내줄 계획을 세웠다. 집터는 버려진 채석장 근처에 있는데 다트무어 공원과 데번 주의 시골 풍경이 전면에 펼쳐진다.

내가 생각한 디자인은 빌에게 영향을 많이 받았지만, 로이드 칸의 책에 소개된 뛰어난 빌더들의 주택도 참고했기 때문에 다소 변종에 가까운 결과물이 탄생했다. 또 여기에는 이런저런 이유도 한몫한다. 이를테면 재활용 자재와 폐기물 더미에서 구한 자재들을 많이 썼고, 도면을 그대로 구현하기에는 실력이 부족했으며, 주변에 도움을 구하기가 쉽지 않았고, 자금도 부족했다. 또 개인적으로 고집을 피운 부분도 있다.

내가 지은 유르트는 지름이 6m이고, 스칸디

나비아 건축에 영향을 받은 옷장과 벽장이 딸린 붙박이 침실, 욕실 하나, 붙박이 소파와 수납공간을 확보한 거실과 작은 주방 하나가 있다. 유르트 구조에 쓰인 목재는 모두 분해된 팔레트 목재와 오래된 널빤지를 청소하고 사포질한 것들이다. 세부적인 부품에 사용된 목재는 주로 유목이나 내가 구입한 산림지에서 발견한 가지를 사포로 다듬어 이용했다. 삼나무 너와로 이은 지붕에는 하늘이 보이게 원형으로 천창을 설치했다. 지금은 가장 매력적인 요소로 꼽히지만 공사 중에는 두 차례나 내 위로 떨어졌다. 건물 중에 내가 가장 공들인 부분이지만 너무 애를 먹어서 이렇게 성공할 줄은 몰랐다.

내가 10대 시절이던 1980년대에 영국에서는 건축통제법을 실시하고 있던 터라 주변에 집 짓는 사람들을 보면 죄다 부자들뿐이었다. 그리고 이들이 전문 건축가를 고용해 짓는 집은 하나같이 똑같은 벽돌 주택이었다.

나는 판에 박은 삶에 끼어들고 싶지 않아서 산림지에 작은 땅을 구입해 13년간 이동식 주택에서 살고 있다. 살면서 내린 결정 가운데 가장 현명한 판단이었다. 데번에 있는 별난 책방에서 로이드의 《셸터》를 발견한 것은 진짜 행운이었다. 당시 빈털터리였지만 이 책을 구입하고 나는 결심만 확고하다면 누구나 자기 집을 지을 수 있다는 사실을 깨달았다. 여기에는 엄청난 의미가 있다!

이 지면을 빌려 로이드 씨에게 감사의 말을 전한다.

● 육각형 모양의 소형 건물은 퇴비화장실인데 톱밥으로 거름을 만든다.

●● "아내가 유감스러워하는 부분인데, 세면대로 쓴 용기는 아내가 쓰던 샐러드 그릇이다. 나는 구리 관으로 모양을 내 여기에 어울리는 수전을 만들었다."

●●● "이 창문은 폐품에서 골라온 세탁기 문으로 만들었다(아내가 자기 세탁기 문을 내주지는 않았을 것이다)."

하이다 그와이 섬의 사우나

빌더, 콜린 돈 Colin Doane

2009년 1월에 어떤 이가 보낸 사진 한 장에 이 독특한 소형 주택이 담겨 있었다. 건물 주인을 추적해보니 브리티시컬럼비아의 하이다 그와이Haida Gwaii(퀸 샬로트 섬으로도 알려진)에 사는 메러디스 애덤스Meredith Adams였다. 나는 메러디스에게 건물을 지은 빌더가 누구인지 물었다.

고래 턱뼈를 이용한 정면 서까래와 큰 뼈로 만든 문고리가 인상적이다.

CHAPTER 5. 천연재료로 지은 초소형 주택

안녕하세요, 로이드 씨.

이 건물은 우리가 사는 섬(하이다 그와이 섬의 북쪽 해변)에 콜린이 지은 건물 중 하나입니다. 사진으로는 사우나의 매력이 잘 드러나지 않는군요. 저도 이런 사우나 건물은 태어나서 처음이었어요. 그런데 빅토리아에서 크리스마스를 보내던 중 관리인으로부터 전화를 받았어요. 화재가 나서 건물이 완전히 불에 타버렸답니다. 짓기는 어려워도 사라지는 것은 한순간이더군요.

어쨌든 멋진 사진을 보내주셔서 감사해요. 당신이 쓴 책들을 좋아해요. 요즘도 목조 건물에 대한 아이디어를 얻으려고 자주 책들을 들춰 보고 있답니다.

언제든 방문해주기를 바랄게요!

— 메러디스

추신: 두 주 전에도 큰 화재가 났어요. 제법 유명한 우리 제과점인 문 오버 나이쿤^{Moon Over Naikun}이 불에 타버렸어요. 바람이 세차게 불던 날, 부주의한 세입자들이 난로 문을 열어둔 채 자리를 비우는 바람에 일이 벌어졌네요. 그래서 지금 우리는 당신 책을 비롯해 커피 테이블 위에 한 스무 권쯤 책을 펼쳐놓고 새 건물을 지을 구상을 하고 있답니다. 좋은 소식도 있어요. 꽤 험준한 지형이긴 하지만 새로운 집터가 생겼고, 콜린이 이번 공사에 승부욕을 불태우고 있다는 거예요.

바하 해안을 찾는 서퍼를 위한 움막　마린 피싱거 Mareen Fischinger

아르데이아 Ardheia
줄리 램버슨 Julie Lambertson

글과 그림: 줄리 램버슨

프랑스 언론인 크리스틴 뒤랑Christine Durand은 대안건축 기법으로 프랑스 시골에 지은 여러 건물에 관한 자료를 내게 많이 보내왔다.

친구 파울라Paula가 얼마 전에 "프랑스는 유럽의 캘리포니아"라고 말한 적이 있는데, 사진을 보니 정말 그런 듯싶다. 아르데이아 빌더들이 지은 건물들을 보니 1960년대와 1970년대의 캘리포니아 집들을 숲 속에 그대로 옮겨놓은 듯하다. 자급자족하는 삶이 주는 만족감과 삶의 열정이 진하게 느껴진다!

이곳에 실린 사진은 모두 프랑스의 아르데이아 협회의 줄리 램버슨이 보내준 사진들이다.

안녕하세요, 로이드 씨.
크리스틴 뒤랑의 이메일을 받고 당신이 초소형 주택을 다룬 새 책을 준비 중이라는 소식을 들었어요. 우리 모두 얼마나 흥분했는지 당신은 상상도 못 하실 겁니다. 제가 협회를 대표해 '아르데이아'를 소개할까 합니다. 아르데이아는 더욱 합리적이고, 더욱 지속가능하고, 더욱 쉽게 접근할 수 있고, 더욱 아름다운 건축을 실천하는 협회입니다. 프랑스의 엄격한 건축 규제와 대안건축 기법 사이에서 균형을 맞추면서 새로운 변화를 일으키는 중입니다.

우리 회원들은 자신이 거주할 오두막집을 직접 지을 뿐 아니라, 여러 해 전부터 프랑스 곳곳에 사람을 파견해 다른 사람들이 건축 계획을 세우고 집을 짓는 일을 돕고 있어요. 오리건 주 연안에서 건너온 저를 포함해 새로운 꿈을 꾸는 예닐곱 명의 프랑스 태생 엔지니어와 목수, 예술가들이 함께 모였습니다. 대부분 칠레에서 서로 만난 사람들이에요.

당신의 책은 우리가 이 모험을 펼쳐나가는 동안 늘 우리와 함께하는 동반자예요. 아이디어가 필요할 때 아무 쪽이나 펼쳐도 최고의 참고자료가 됩니다. "이것 좀 봐, 우리에게 의미 있는 거주공간은 바로 이런 곳이야."

오랜 세월에 걸쳐 자신의 꿈을 실험하고 재도전하며, 마음에 품은 계획을 실천하고 창의성을 발

휘하는 사람들의 이야기를 볼 때마다 짜릿한 감동을 느낍니다.

최근에 초소형 주택이라는 주제로 새 책을 집필하신다니 우리도 그 어느 때보다 뜨거운 열정을 가지게 됩니다. 우리는 모두 어떤 어려움이 있어도 도전하면서 자기 손으로 직접 만든 집에서 매일의 삶을 꾸려나가기로 선택했답니다.

– 줄리 램버슨

아르데이아 회원들은 모두 고등 교육과정을 마쳤으며, 우리 중에는 공과대학원을 나온 사람들도 있다. 하지만 눈앞에 펼쳐진 화려한 사회생활이 우리 적성에 맞지 않을 거라는 예감을 떨칠 수 없었다. 학창 시절에는 한집에서 다들 잘 살았는데, 사회생활을 시작하면서 왜 굳이 따로 생활을 해야 한다는 건지 그 이유도 이해할 수 없었다. 2007년 6월 우리는 아르데이아 협회를 조직하고 집 짓는 방법을 배우기 시작했다.

프랑스 중부의 크휴스 지역에서 처음 작업을 시작하다가 그곳에서 조금 떨어진 곳에 땅을 내놓은 사람이 나타나 그 땅을 구입했다. 지금 이 땅은 우리가 거주하는 공간일 뿐 아니라 다른 사람들에게 새로운 건축 기법을 제안하기 전에 새로운 아이디어와 기술을 점검하는 야외 실험실로 쓰인다.

아르데이아 회원들이 자리한 목초지와 숲에는 사진에 보이는 이 유르트를 중심으로 꼼꼼하게 설계한 초소형 건물들이 여러 채 들어서 있다.

중심에 있는 유르트는 일반적인 모양이 아니고 달팽이 모양이다. 이런 모양으로도 유르트를 지을 수 있는지 시험해보고 싶었다.

또 우리는 몽고보다 습기가 많은 지역에서도 가볍고 아름다운 디자인의 유르트를 주택으로 이용할 수 있을지 알고 싶었고, 실험 결과는 성공적이었다.

3년 전에 지어진 달팽이 므양의 유르트는 크기가 40㎡(12평)로 지금까지 여행객들을 수용하고, 식사를 대접하고, 아이디어를 공유하고 대화를 나누며 만남의 장으로 쓰이고 있다.

유르트는 방문객들이 언 몸을 따뜻하게 녹일 수 있도록 배려하고 있다. 우리는 단열재를 최소한으로 이용했기 때문에 이를 보완하기 위해 난로를 돌로 쌓아 덮기로 했다. 돌은 열을 저장한 후 복사열 형태로 천천히 발산하며 실내를 따뜻하게 덥힌다. 일반 철제 난로 주변을 모래와 진흙을 섞은 반죽으로 쌓아 절연처리를 함으로써 난로의 열기가 오래가도록 하건서 차가운 공기를 순환시키는 공간을 마련한 것이다. 굴뚝은 코르크로 절연처리를 했으며 벽들로 덮은 연통은 바닥에서부터 공기를 데워 실내를 따뜻하게 만든다. 유르트가 달팽이 모양이라는 것은 벽의 높이가 점진적으로 낮아진다는 뜻이다. 따라서 배수로를 통해 빗물을 집수할 수 있다. 또 유르트의 둥그런 모양이나 공간미를 훼손하지 않도록 바깥에 현관을 만들지 않고 문 안쪽에 작은 공간을 마련해 신발 먼지를 털어낼 수 있도록 했다.

난로 앞에 만든 독서 공간은 바닥을 낮게 만들고, 침대는 보통 바닥보다 높게 설치해 공간을 입체적으로 보이는 효과를 냈다.

지하 저장실은 잼을 모아 코관하는 창고나 냉장고 역할을 하고, 우물에서 수도와 샤워기까지 물을 끌어다 줄 수동식 펌프를 보관하는 장소이기도 하다.

우리 유르트는 남쪽 벽면 전체에 설치한 창문이 특히 일품이다. 이곳을 통해 빛이 들어와 실내를 환하고 따뜻하게 유지하고, 북쪽에 낮게 내려온 천장은 열기를 붙들어두는 역할을 한다.

달팽이 모양 유르트는 목초지 중앙에 자리하고 있으며 필요할 때마다 이 주변으로 여러 '위성' 건물을 짓고 있다.

유르트 내부의 파노라마 이미지

오각형 오두막

한 젊은 부부를 위해 그들의 자택 근처에 오각형 모양의 오두막을 지었다. 오두막은 평면도상 20㎡(6평)로 당시 프랑스 건축법을 준수했지만, 사실 약간의 속임수가 있다. 벽이 바깥쪽으로 기울어지게 만들어 바닥 면적은 규정을 준수했지만 선반을 놓거나 앉을 수 있는 공간을 더 확보했기 때문이다. 오각형 평면에서 폭이 가장 넓은 두 지점을 기준으로 위쪽 공간을 활용해 비교적 공간이 넉넉한 침실용 다락방 두 개를 만들고 그 사이를 통로로 연결했다. 한쪽 모퉁이에 샤워장을 조그맣게 마련하고 외부에 퇴비화장실을 갖췄다.

두꺼비 오두막

언덕에 올라앉은 이 오두막은 인심 좋은 이웃 사람들과 조각가가 그들의 마음 가는 대로 지었는데 그 뒤에 '두꺼비 오두막Toad Cabin'이라는 별명이 붙었다. 본래 여섯 명을 수용할 요량으로 지은 17㎡(5평) 크기의 오두막인데 현재는 한 부부가 신생아를 키우며 살고 있다. 바람에 넘어진 나무를 가져다 구조를 만들고, 코브로 벽을 쌓고, 나무를 쪼개어 만든 널을 지붕에 얹었다. 살아 있는 나무를 베지 않고 오두막을 지었기 때문에 휘어진 오크 나무가 오두막을 그대로 관통해 지붕 밖으로 솟아 있어 초자연적인 기운을 뿜어낸다. 예전에 채석장으로 쓰였던 산 정상 부근에 세워져 있고 조그만 발코니가 있어서 거주자들은 무성한 가지 사이로 떠오르는 일출을 마음껏 즐길 수 있다.

우리는 모두 어떤 어려움이 있어도 도전하면서 자기 손으로 직접 만든 집에서 매일의 삶을 꾸려나가기로 선택했답니다.

숲 속에 지은 소형 오두막에 주거하는 사람이 누리는 자유

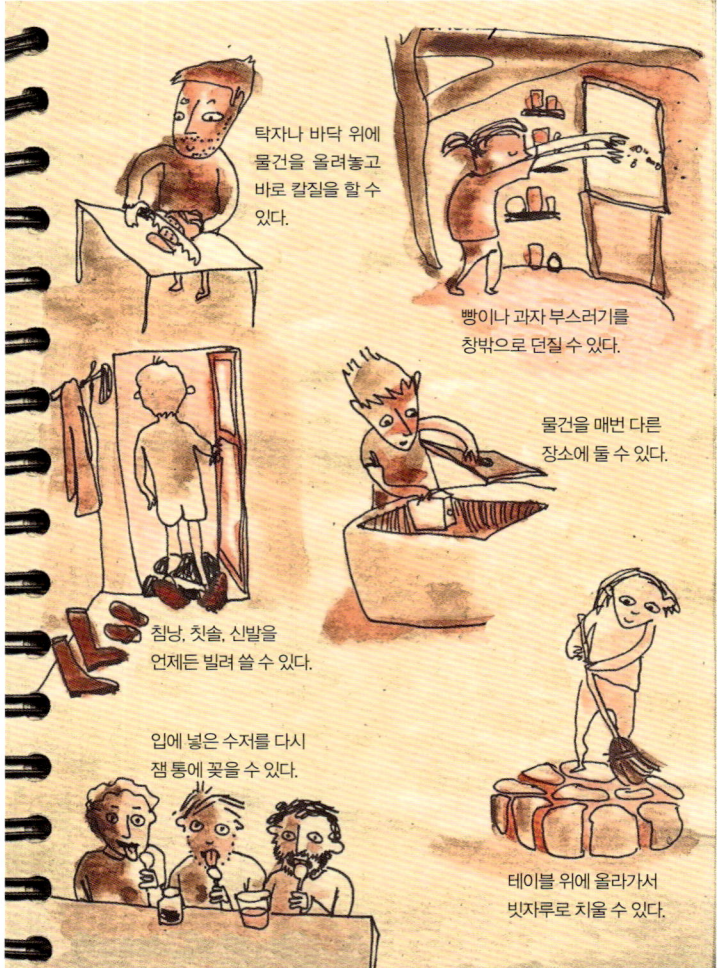

탁자나 바닥 위에 물건을 올려놓고 바로 칼질을 할 수 있다.

빵이나 과자 부스러기를 창밖으로 던질 수 있다.

물건을 매번 다른 장소에 둘 수 있다.

침낭, 칫솔, 신발을 언제든 빌려 쓸 수 있다.

입에 넣은 수저를 다시 잼 통에 꽂을 수 있다.

테이블 위에 올라가서 빗자루로 치울 수 있다.

아직도 해야 할
일이 많다!
인생은 짧다!

CHAPTER 5. 천연재료로 지은 초소형 주택

퇴비화장실

화장실을 굳이 밀폐된 공간으로 만들 필요가 없다고 생각해 나무토막들을 하나하나 못으로 고정해가면서 개방형 화장실을 지었다. 견고하게 벽체가 만들어지는 모습에 우리도 놀랐다. 지상에서 1.8m 높이에 발판이 설치되어 있어서 사다리를 타고 화장실에 올라간다. 화장실 발판 아래 공간은 두 칸으로 나뉘어 있다. 6개월마다 변기 위치를 이쪽 칸에서 저쪽 칸으로 변경한다. 아래 쌓인 배설물은 자연 발효되어 건강한 거름이 되고 때가 되면 어디로든 옮겨 사용할 수 있다.

● 화장실 내부 모습. 상자 안에는 읽을거리가 들어 있고. 톱밥을 담아놓는 '새 모이통'과 너도밤나무 그루터기로 만든 변기가 보인다.

함께 오두막 생활을 하는 사람들을 소개한다. 기욤 슈벨롱Guillaume Chouvellon, 시몽 그루메Simon Grumet, 아르노 반 코르텐보슈Arnaud Van Cortenbosch, 세실 몰라레Cécile Mollaret, 줄리 램버슨Julie Lambertson, 기욤 바레Guillaume Varet, 아르노 로스톨Arnaud Rostoll 그리고 아기 로아Loha이다. 리처드Richard와 앤 드 세두이Anne de Seouy와 장클로드 브륄레Jen-Claude Brulé를 비롯해 많은 친구와 도움을 준 이들에게 경의를 표한다.

무엇보다 아르데이아에 대해 알려준 크리스틴 뒤랑에게 고맙다는 말을 전한다.

태양광 샤워장

퇴비화장실을 기준으로 유르트의 또 다른 편에는 태양광 샤워장(아래 사진)이 있다. 처음부터 사진에 보이는 모습은 아니었고 여러 차례 개조 과정을 거쳤다. 현재는 슬레이트 지붕으로 덮인 아담한 코브 건물로 지붕 안에는 300리터의 온수와 냉수를 저장하는 공간이 있다.

남쪽 지붕에 설치한 태양광 패널은 유르트에 전기를 공급하고, 진공관은 햇빛이 비칠 때마다 샤워장의 물을 데운다. 겨울에는 광량이 부족하기 때문에 탱크가 달리지 않은 작은 가스 온수 보일러를 이용해 일과를 마친 후 따뜻한 물로 샤워를 한다.

침실 오두막

아르데이아 공동체에서 가장 최근에 지은 건물은 더블 침대를 수용할 수 있는 3㎡(0.9평) 크기의 오두막으로 순전히 재활용 자재만으로 지었다(아래 사진). 가장 쉽게 구한 자재는 오래된 단창이었는데, 여기서는 창문이 벽체 구실을 한다. 벨크로형으로 부착한 두꺼운 '커튼'은 가스 난방기에서 나오는 열기가 빠져나가지 않도록 차단해 추운 겨울에도 실내를 따뜻하게 유지한다.

천장은 유르트의 다락방과 같은 기법으로 만들었다. 초록 지붕은 오두막 주변 경관과 자연스럽게 어우러진다.

이 모든 글을 정리하고 멋진 그림을 그린 줄리와 나는 여러 차례 메일을 주고받았던 터라 나는 그녀가 친근하게 느껴졌다. 그래서 줄리가 오리건 주에 사는 부모를 방문한다고 말했을 때(2011년 7월) 한번 들르라고 초대했다. 그리고 사진에 보이듯이 줄리가 정말로 나를 찾아왔다. 줄리는 남자친구인 기욤과 함께 특이하게 개조한 2인용 자전거를 타고 왔다(앞바퀴와 뒷바퀴가 체인에 연결되어 두 바퀴가 모두 동력을 공급받는다. 그리고 분리가 가능해 비행기 수하물로도 부칠 수 있다). 두 사람은 LA에서 1600km쯤 떨어진 오리건을 향해 가던 길에 나를 찾은 것이다. 오리건으로 먼 길을 떠나기 전에 두 사람은 자전거를 보여주겠다며 시험 삼아 나를 태우고 몇 시간이나 우리 농장 주위를 돌아보기도 했다. 나는 캘리포니아에 있고 그들은 프랑스에 있지만 우리는 같은 꿈을 꾸는 동지다.

태양광 정원 창고
이트 도그와 알레시아 Eat Dog&Alethea

가로세로 2.4m×4.8m의 이 소형 정원 창고를 짓는 데 쓰인 자재는 모두 재활용 자재다(태양열 기기는 제외). 12×12 레드우드 각재로 기둥을 세우고 2×12 각재로 4.8m의 보를 만들었다. 지붕틀과 다른 구조재들은 철거한 정원 창고에서 가져왔고, 외장재는 농가의 헛간에서 가져온 것이다. 문은 닭장에서 쓰던 것을 이용했고, 바닥은 재활용 대리석을 이용했다.

130와트용 태양광 패널 여섯 개, 충전 컨트롤러 두 개, 인버터, 심방전 배터리 네 개가 있다. (배터리를 사는 데 2400달러를 썼다.) "태양광발전 설비를 이용해 현장에서 필요한 에너지를 생산하고, 농약에 오염되지 않은 유기농 재배 원칙을 고수한다."

이 창고는 길리플라워 식물원 Gillyflower Nursery에 있는데, 다육식물(수분이 없는 건조한 기후에서 오랫동안 견딜 수 있도록 잎이나 줄기에 다량의 수분을 저장하는 식물-옮긴이), 선인장, 캘리포니아 자생 식물, 가뭄에 내성이 강한 식물을 주로 키운다. 이트 도그가 '꿈의 정원…… 아름답게 정리된 미니 정원'이라 부르는 이 창고는 재활용 자재로 만들어졌다. 그리고 흔히 보는 돌과 자갈, 유리를 활용해 이 작은 분재 식물원을 꾸몄다. 판매하는 식물의 가격은 대부분 25~100달러선이다.

이곳에 거주하는 석공인 릭Rick이 이트 도그와 알레시아를 돕고 있다.

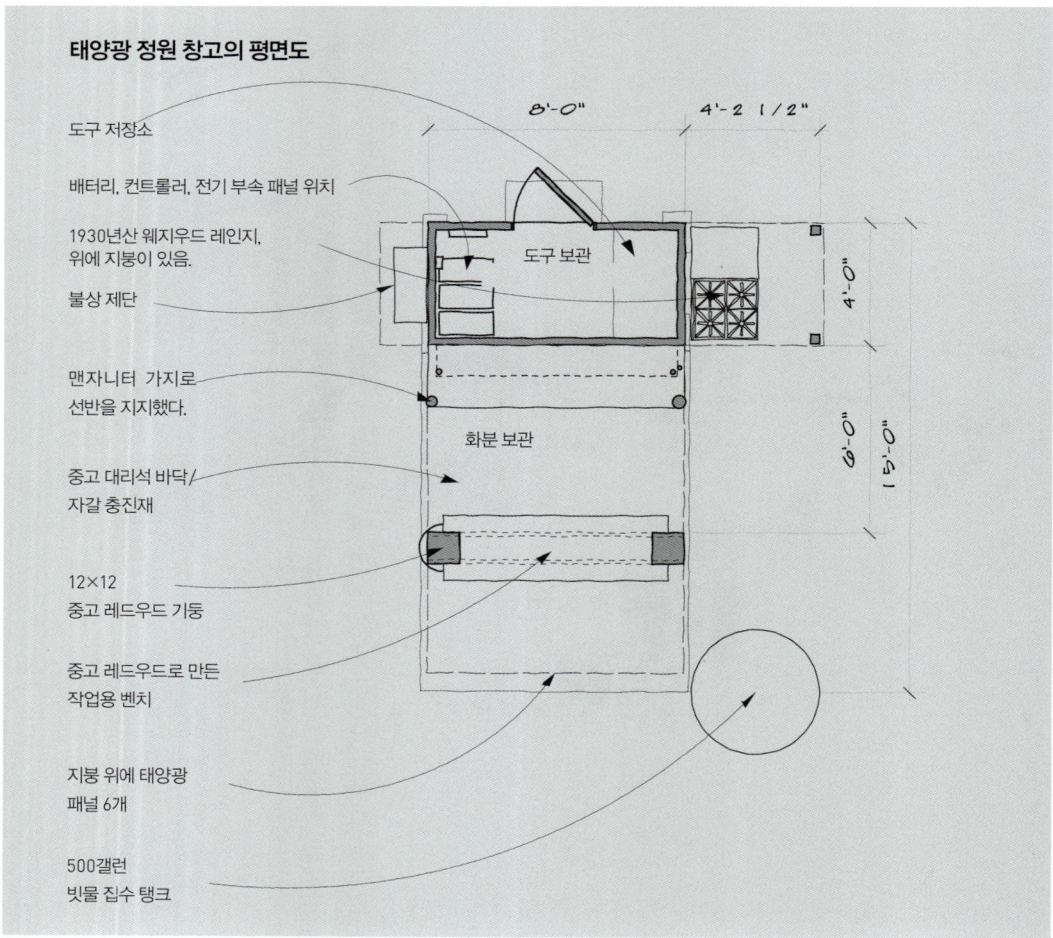

태양광 정원 창고의 평면도

- 도구 저장소
- 배터리, 컨트롤러, 전기 부속 패널 위치
- 1930년산 웨지우드 레인지, 위에 지붕이 있음.
- 불상 제단
- 맨자니터 가지로 선반을 지지했다.
- 중고 대리석 바닥/자갈 충진재
- 12×12 중고 레드우드 기둥
- 중고 레드우드로 만든 작업용 벤치
- 지붕 위에 태양광 패널 6개
- 500갤런 빗물 집수 탱크

해변에 지은 유목 판잣집
이트 도그

1960년대 후반에 캘리포니아 북부의 버려진 해변에는 유목으로 지은 판잣집 마을이 있었다.

무허가 공동체의 운명이 대개 그렇듯이 소문이 퍼지자 공무원(보안과, 해안경비대, 국립공원 관리)들이 들이닥쳤고 결국 1970년대 초에 모두 불에 타서 사라졌다.

그로부터 10년 뒤 (바로 앞에서 소개한) 이트 도그는 바로 이 해변으로 이어지는 골짜기에 작은 집을 하나 지었다. (나는 그 시절 이 해변을 여러 차례 걸었지만 눈에 잘 띄지 않아 그의 집을 보지 못했다.) 이트는 거기에서 두 해 정도 살다가 '문명화된 도시'에서 정원사로 일하게 되면서 그 집을 떠났다. 그 집에는 곧 다른 사람들이 들어왔고 소문이 퍼지자 역시 공무원들에 의해 소각되었다. "재는 재로 돌아갈지니……."

CHAPTER 5. 천연재료로 지은 초소형 주택

간이 휴게소가 있는 흔들다리

디터 클로제 Dieter Klose

사진: 라이언 맥파랜드 Ryan McFarland

디터 클로제가 지은 건물은 《빌더》에서도 소개한 적이 있다. 여기서 우리는 그를 설계자 겸 빌더이자 항해사, 스키 타는 사람, 세계 여행가 그리고 지금은 은퇴했지만 산악등반가라고 묘사했었다. 그가 최근 알래스카 피터스버그의 우림 지역에서 진행한 공사에 대해 알려주는 사진과 글을 보내왔다.

안녕하세요, 로이드 씨!

당신이 이 다리를 마음에 들어 할 것 같아 이 사진들을 보냅니다. 폭 12m의 연어 하천을 가로지르는 다리를 무료로 설계하고 공사를 감독하겠다고 현지 관계자에게 제안했더니, 재량대로 다리를 설계해도 좋다고 하더군요. 공원 감독관인 라이언 맥파랜드가 1만 달러의 보조금을 지원해주고, 콘크리트 기초공사를 도왔습니다. 지인 중에 이글 스카우트 대원이 있는데, 그가 팀을 조직해서 12m 길이의 통나무 두 개와 7.9m 길이의 통나무 두 개를 옮기는 작업을 맡았습니다. 스카우트 대원을 비롯한 여러 팀원은 통나무를 옮기고, 방수 페인트를 칠하고, 데크를 설치하고, 교판 양쪽 끝에 흙을 되메우는 작업까지 모두 단 1주일

에 끝냈어요! 다리 위에 놓을 간이 휴게소는 집에서 미리 제작했다가 현장에서 조립했어요. 앤과 저는 이끼를 채집해 잔디 지붕을 만들었습니다. 두 개의 교판은 한쪽 끝만 고정하는 외팔보 구조로 설계했습니다. 다리를 건널 때 약간씩 흔들림을 느끼기를 원했는데 계획대로 되었습니다. 제가 꿈꾸던 통나무 다리의 모습이지요. 사람마다 좋아하는 부분은 조금씩 다를 거예요. 나이 든 사람들은 휴게소에 앉아 쉬는 것을 좋아할 테고, 난간 없이 흔들다리를 걷는 것을 좋아하는 사람들도 있겠지요. 어쨌든 저는 요즘 여기저기서 감사 인사를 많이 받고 있습니다. 잘된 일이지요.

당신에게도 이 이야기가 좋은 자료가 되었으면 하는 바람입니다.

그럼, 안녕히 계세요.

— 디터 클로제

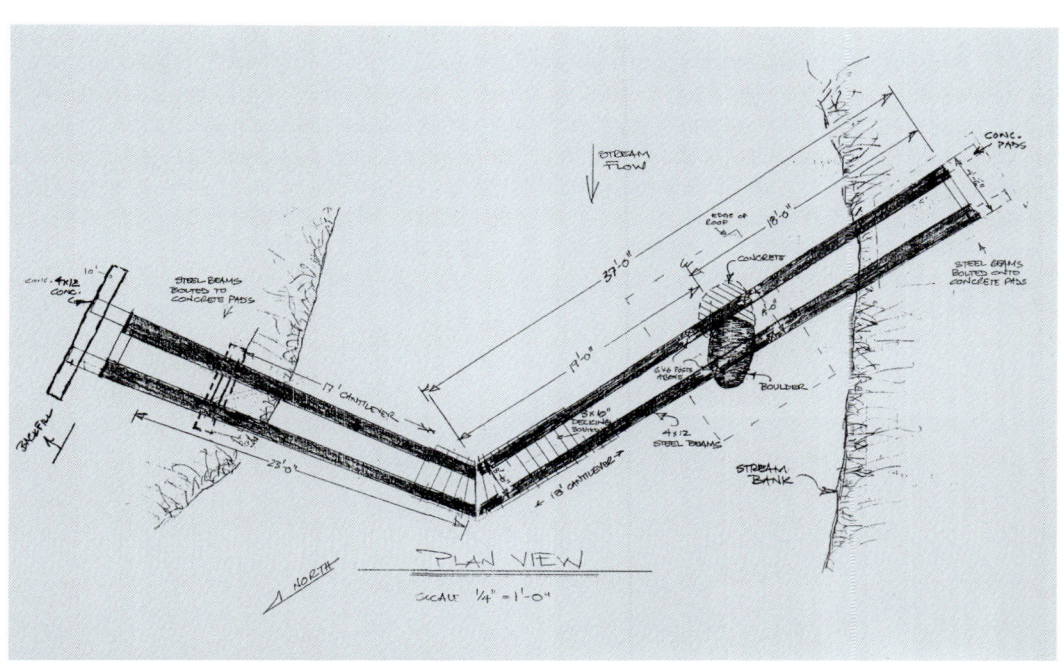

1단계: 디자인

엔지니어인 내 친구 앨런과 함께 이 프로젝트를 설계했고, 특히 받침으로 쓰일 황삼나무 원목의 지름을 정확히 반영해 구조를 설계했다. 앨런은 다리 위를 걷는 사람들과 눈이 많이 쌓였을 때의 하중을 계산하고, 교량의 진동을 고려해 상부 구조를 지탱할 수 있는 콘크리트와 뒤채움재의 양을 산출했다. 우리는 '콘크리트 슬래브 구조'와 통나무를 고정할 결구 시스템을 활용해 튼튼한 다리를 만들었다. 기초부에 쓰인 대형 바위에 콘크리트를 쌓은 것을 제외하고는 하천을 간섭하는 일은 발생하지 않았다.

2단계: 간이 휴게소 / 기초공사

간이 휴게소는 하천에 있는 큼지막한 호박돌 위에 위치한다. 이 바위는 한쪽 교판을 지지하는 지지대로 쓰이기도 한다. 나는 설치할 휴게소 모양에 따라 대형 바위 주위에 콘크리트를 쌓아 상류 쪽으로 60cm가량 지지대를 '확장'했다. 우리는 땅을 파내고 대형 바위 주위에 콘크리트를 부어 지지대를 설치했다. 이때 3mm×50mm×50mm의 앵글 철과 연결하기 위한 볼트를 심었다. 나중에 지지대 위에 통나무를 올려놓고 이 볼트와 앵글 철을 연결해 통나무를 고정한다. 호박돌에 깊이 15cm의 구멍 여덟 개를 뚫어 볼트를 심고, 철근망을 둘렀다. 구멍을 뚫는 데 힐티Hilty 해머드릴을 이용했다. 콘크리트 작업은 썰물 때를 이용한다.

3단계: 기초 슬래브 구조물

15cm 두께로 철근 콘크리트 슬래브 여덟 개를 만든다. 소형 굴착기로 운반할 수 있다. 이 슬래브 구조물은 받침대를 견고하게 받치고, 적당한 높이를 유지하고, 나중에 자갈을 되메우기할 수 있는 공간을 마련한다. 간이 휴게소가 설치될 교판 반대편 다리 아래에서는 수직으로 슬래브를 설치해 받침대로 쓴다. 용도에 맞는 볼트를 이용해 슬래브 구조물을 철 밴드로 결합한다. 슬래브 구조물을 설치한 뒤 철 밴드를 절단해 구멍을 뚫어 고정한다. 우리는 슬래브를 2주 동안 양생한 뒤에 슬래브 구조물을 옮겼다.

4단계: 기초 조립하기

소형 굴착기를 이용해 하천에 땅을 파고 콘크리트 슬래브 구조물을 조립한다. 작은 슬래브 구조물이라도 적절한 장비를 이용해야 작업이 수월하다. 수평은 처음에 잘 잡아놔야 나중에 작업이 편하다.

5단계: 통나무 운반

현지 제재소의 통나무 더미에서 신중하게 선별한 황삼나무를 공원 주차장까지 운반했다. 주말이 되자 양생한 콘크리트 기초 위에 통나무를 올려놓을 준비가 끝났다. 듬직한 이글 스카우트 대원인 바이넘 잭슨Bynum Jackson이 마련한 숯불구이로 식사를 하고, 열두어 명의 시민이 일할 준비를 마쳤다. 썰물 때 지게차를 이용해 통나무들을 하천으로 운반해 기초 위에 올려놓았다.

6단계: 통나무 홈 가공

동력톱과 끌을 이용해 홈을 파내고, 통나무를 기초 위에 올려 수평을 맞춘다. 앵글 철을 이용해 통나무를 고정함으로써 수직하중을 충분히 지탱할 수 있도록 했다. 데크 작업에 들어가기 전 통나무에 에나멜페인트를 칠해 통나무를 보호하고 나무의 '수명'을 연장했다.

7단계: 데크 만들기

3×10 각재를 1과 1/2인치 간격을 두고 배치해 사람들이 하천을 볼 수 있고, 솔방울이나 기타 잔해들이 쉽게 떨어지도록 했다. 간이 휴게소가 설치된 곳의 바닥은 데크를 빈틈없이 연결해 혹시나 이용객들의 소지품이 하천에 빠지지 않도록 했다. 두 개의 교판이 삼각형 모양을 이루는 지점에서 데크를 접합시켰다. 발전기와 동력 공구를 이용한 덕에 다리를 올리는 작업은 신속하게 진행되었다.

두 개의 교각은 한쪽 끝만 고정하는 외팔보 구조로 설계했습니다. 다리를 건널 때 약간씩 흔들림을 느끼기를 원했는데 계획대로 되었습니다.

8단계: 되메우기

많은 인력과 손수레를 동원해 자갈을 운반해 채워 넣었다. 기초를 만들기 위해 파냈던 모래와 돌들을 되메우기 작업에 재활용하고 주변 경관과도 조화를 이루도록 했다.

9단계: 간이 휴게소 설치하기

현지에서 채집한 이끼로 '잔디 지붕'을 만들고 휴게소에는 벤치를 설치했다. 지붕의 합판을 제외한 전체 구조는 적삼나무를 썼다. 휴게소 구조재는 대부분 목재 상점에서 미리 조립한 후에 가져와서 설치했다. 방수 고무막을 지붕널에 붙이고 철제 처마 거멀띠를 설치했다. 나무껍질과 이끼가 미끄러지는 것을 방지하기 위해 나일론 그물로 지붕 전체를 덮었다. 이끼를 올리기 전에 먼저 '이끼 먹이'로 나무껍질 층을 만들었다. 이 지역의 기후 조건은 잔디 지붕이 건강하게 자랄 수 있는 환경이다.

CHAPTER **6**

나무 위에 지은 초소형 주택

- 크리스탈 리버 트리하우스 Crystal River Treehouse
- 트리베인 Treebane
- 라파스 네스트 트리하우스 Lapas Nest Treehouse
- 호숫가의 트리하우스
- 딕 디드릭슨 Deek Diedrickson
- 테일러 캠프 Taylor Camp

크리스탈 리버 트리하우스
Crystal River Treehouse

사진: BrentMossPhoto.com

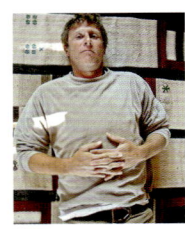

> 드로잉은 단순히 시작일 뿐이에요. 각 목재를 선정하고 주문까지 마쳐야 마무리가 되는 것이죠.

현대 건축에서는 건물을 설계할 때 모든 면에서 자연히 효율성에 초점을 맞춘다. 그래서 건축가가 영혼을 일깨우기 위한 목적으로 건물을 설계할 기회는 거의 없다. 하지만 콜로라도 카본데일에 있는 자연치유센터의 브랜든 코헨Branden Cohen과 데바 샨티Deva Shantay가 의뢰해 지은 이 트리하우스는 효율성을 따지지 않고 지은 집이다. 이 집은 재미와 장난, 환상을 충족할 수 있도록 설계되었다. 자녀에게 최고의 놀이터를 선사하고 싶은 한 아버지의 바보짓으로 탄생한 집이다. 아이뿐 아니라 어른들에게도 이곳은 유쾌한 공간이다. 이 집에 있으면 건축에서 조형미가 얼마나 중요한지 알 수 있다.

나무 위의 이 집은 미국건축가협회AIA 회원이며 그린 라인 아키텍츠의 대표인 스티븐 노비Stephen A. Novy(위 사진)와 데이비드 라스무센 디자인의 라스무센Rasmussen이 협력한 결과물이다. 라스무센은 디자인을 도왔으며, 그 역시 빌더다. 노비는 이렇게 말했다. "우리는 건축가와 빌더가 함께 디자인하는 것을 좋아해요. 이번 공사에서는 완벽하게 협력 작업이 이뤄졌습니다." 노비와 라스무센은 먼저 손으로 스케치를 한 다음, 지붕과 돌출창 사이에 연귀맞춤으로 시공하는 서까래처럼 까다로운 세부 요소들은 캐드 소프트웨어로 설계한다. 라스무센은 이렇게 말했다. "드로잉은 시작일 뿐이에요. 각 목재를 선정하고 주문까지 마쳐야 마무리가 되는 것이죠."

노비가 이렇게 덧붙였다.

"라스무센은 이 디자인에 생명을 불어넣었어요. 뛰어난 소목장인 데다 자연 마감재에 대한 지식이 풍부해서 이 모든 작업이 가능했어요. 현관과 내부 조명 기구까지 라스무센이 디자인하고 제작했지요."

아이들의 신나는 놀이터였던 이 집은 몇 년 되지 않아 해체되어 코헨이 새로 이사한 집으로 운반되었다. 하지만 안타깝게도 새로 이사한 집에는 크고 튼튼한 나무가 없었고, 결국 새로운 환경에 맞춰 다소 낮은 높이로 재조립되었다. 노비는 이 같은 조처에 괘념치 않는다고 말한다. "브랜든 가족이 이 집과 함께한다는 사실에 만족합니다. 건물을 설계하고 지을 때마다 그다음 목적도 염두에 두어야만 한다는 사실을 다시 한 번 깨닫게 되네요. 좋은 디자인은 어떤 환경 변화에도 적응할 수 있어야 합니다."

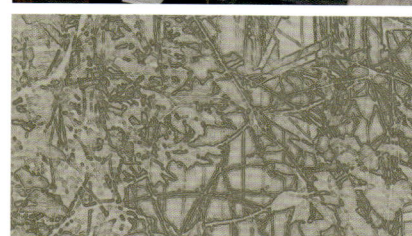

이 집은 재미와 장난, 환상을 충족할 수 있도록 설계되었다.

CHAPTER 6. 나무 위에 지은 초소형 주택

크리스탈 리버 트리하우스

트리베인 Treebane

요간 Yogan

2007년, 프랑스의 젊은 목수인 요간에게서 이메일을 받았다. 목수 일을 처음 시작할 때 요간은 폭스바겐 밴을 타고 다니며 혼자서 일했다. 그러다 차츰 옛날 목수들의 방식대로 '수령이 오래된 나무'를 이용하기 시작했다. 요간은 이제 대형 메르세데스 밴을 몰고 다니며 일한다. 차 안에는 작업에 필요한 이동식 도구는 물론 집에서 멀리 떨어진 곳에서도 일할 수 있게 침실과 주방이 마련되어 있다고 한다. 요간은 우리 책《행복한 집 구경》을 읽으면서, 자신이 살고 있는 트리하우스를 우리에게 보여주고 싶다고 생각했다.

※

저는 여자친구 앨릭스Alix, 그리고 고양이 미우Miu와 함께 나무 위에 집을 짓고 살아요. 저는 이 집을 트리베인이라고 부릅니다. 이곳은 프랑스 남서쪽 라스코 동굴 근처의 도르도뉴인데, 저는 여기서 6년째 살고 있답니다.

이 집은 오크 나무 일곱 그루에 둥지를 틀고 있습니다. 이곳을 택한 이유는 주변의 오크나무도 보고 또 계곡에서 말들이 뛰어다니는 모습을 보고 싶었기 때문이에요. 저는 군대생활을 그만두

고 고향에 돌아와 겨울이 시작되고 공사에 들어갔고, 나무 위에서 살고 싶었던 유년 시절 꿈을 이루었어요.

집을 짓는 데는 1년이 걸렸고 여러 친구가 거들었습니다. 바닥, 벽, 지붕은 재활용 목재를 썼어요. 지붕 단열재는 양털로, 벽체 단열재는 말린 해바라기와 짚, 석회를 혼합해서 썼지요.

실내에는 대형 화목난로를 설치했고, 온수는 난로 위쪽에 매달아놓은 커다란 냄비로 데워 씁니다.

우리는 다람쥐랑 사슴이랑 함께 살아요.
어릴 적 꿈이 실현된 것이죠!

http://yogan.over-blog.com

● 프랑스 남부 밀로 마을 위로 행글라이더 비행을 하고 있는 요간

우리는 다람쥐랑
사슴이랑 함께
살아요.
어릴 적 꿈이
실현된 것이죠!

CHAPTER 6. **나무 위에 지은 초소형 주택**

요간의 작품

라파스 네스트 트리하우스 Lapas Nest Treehouse

마이클 크랜포드 Michael Cranford

나는 2009년 2월에 서핑을 즐기러 코스타리카로 여행을 떠났다. 장소는 태평양 연안 코스타리카의 남단 끝에 위치한 오사 반도였다. 어느 날 아침 나는 바다에서 몸집이 크고 탄탄한 서퍼인 드류Drew를 만났다. 알고 보니 드류는 밧줄에 몸을 맡기고 나무 위에서 일하며 수목을 관리하는 아보리스트arborist이자 나무 타기 전문가였다. 그는 내게 푸에르토 지메네즈 시 외곽에 독특한 트리하우스가 있다는 소식을 전했다. 나는 그 집을 보러 갔고, 다음의 글은 내 블로그에 올렸던 그날의 여행기다. 두 번째로 소개되는 글은 그 집의 빌더인 마이클 크랜포드의 글로 집 짓는 과정을 소개한다.

〔이 트리하우스는 공중에서 93m²(28평)이나 차지하고 있지만, 땅에서 차지하는 공간은 1.3m²(0.4평) 정도에 불과하기 때문에 이 책에 소개될 자격이 충분하다.〕

밀림 속 18m 높이에 있는 트리하우스

지난주에 이 조그만 항구도시에 들렀던 이야기부터 해보자. 이곳은 내가 머물렀던 밀림 속 낙원으로 통하는 입구다. 먼지가 자욱하고 야생 냄새가 물씬 풍기는 중앙아메리카의 조그만 도시로 근사해 보이는 코스타리카 주민과 배낭여행객들이 북적이는 곳이었다. 나는 시내 중심가의 한 인기 있는 노천 식당(그렇게 부르기 민망하지만)에 들어가 맥주를 마셨다. 한 나이 든 부랑자가 식당 앞 계단에 앉아 손님들이 들어올 때마다 알아들을 수 없는 말을 웅얼거렸다. 잠시 후 멋들어지게 개조한 도요타 트럭이 길 건너편 도로턱에 주차했다. 빡빡머리에 강인한 인상을 풍기는 운전사는 육상선수처럼 몸놀림이 민첩했다. 운전사는 나이 든 부랑자를 보고 길을 건너와서는 몸을 굽히고 얘기를 나눴다. 그러더니 부랑자의 팔을 잡고 조심스럽게 일으켜 세웠다. 그는 무척 상냥스러웠다. 그리고 부랑자를 트럭에 태우고는 길을 떠났고 잠시 뒤에 돌아왔다. 부랑자를 집에 데려다준 것이 분명했다.

내가 오늘 다시 이 도시에 온 것은 남쪽으로 내려가 파나마로 가기 위해서다. 이 도시 북쪽으로 12km쯤 떨어진 곳에 환상적인 트리하우스가 있다는 소문을 들은 터였다. 그런데 바로 지난주에

임대: www.treehouse-incostarica.com
미국 전화번호: 508-714-0622
지속가능한 주택 디자인: 마이클 H. 크랜포드
www.osaarchitect.com
코스타리카 전화번호: 011-506-83778-3013

목격했던 그 트럭 운전사를 만난 것이다. 그는 트리하우스가 있는 곳을 알고 있었다. 오후에 시간이 비어 있어서(내일 배를 타고 출발할 예정이었다) 나는 그 집을 찾아가 보기로 했다. 운전사의 이름은 엘리아스 가르반조 Elias Garbanzo였다. 그 나이 든 부랑자는 돈도 없고, 제대로 먹지도 못하는 사람이었다고 한다. 우리는 해안이나 밀림과는 전혀 다른 시골 길을 향해 달렸다. 비옥한 농경지가 펼쳐졌다. 가르반조는 운전하면서 10여 가지 나무의 이름을 줄줄이 읊었다. 야자수들 아래로 보이는 코스타리카인의 아담한 집을 지나쳐 가면서 가르반조는 "뿌라 비다"라고 외쳤다. (코스타리카 사람들은 작별할 때도 "아디오스"라는 말 대신에 "뿌라 비다"라고 인사한다. '순수한 생명' 혹은 '생명이 충만한' 또는 '올바른 삶'이란 뜻이다.)

트리하우스에 도착하니 대단한 광경이 펼쳐졌다. 방법은 모르지만 어쨌든 나무에 집을 부착시키지 않고 거대한 나무를 가운데 두고 집이 한 채 자리하고 있었다. 5층 높이로 보였으니까 족히 18m는 될 것 같았다. 모두 현지에서 구한 지속가능한 목재로 지었다. 미술가이자 빌더인 마이클 크랜포드는 우연하게도 많이 낡은 《셸터》 책을 소유하고 있었고, 내가 누구인지도 알고 있었다. 그는 연락도 없이 들이닥친 손님들을 데리고 한 시간가량 친절하게 집을 구경시켜 주었다.

마이클의 이야기를 직접 들어보자.

❋

재미난 공사는 대개 바에서 마가리타를 마시면서 냅킨에 끼적거린 아이디어로부터 시작되곤 한다. 코스타리카의 이 트리하우스도 예외는 아니었다. 나무 위의 집을 유화로 그려보고 나니 그림을 그리는 것만으로도 이렇게 유쾌한데, 이렇게 집을 지어 산다면 얼마나 즐거울까 하는 탄성이 나왔다. 다음 날 블론디 Blondie와 나는 적당한 나무를 찾아 장소를 물색하러 다녔다. 나는 평면도를 스케치하고 모형을 만들었고, 블론디는 인터넷 도메인을 구입하고 이집트산 침대 시트를 주문하느라 분주했다. 그녀는 정말 좋은 사람이다!

● 믿음이 적은 자들아: 15m 높이에 있는 샤워실의 투명한 합성유리 바닥 아래로 지면이 훤히 내려다보인다. 나는 이 위에 있는 동안 손잡이를 꽉 붙들고 조심스럽게 서 있었다. 사진을 찍기 위해서라면 무슨 짓이든 할 수 있다.

나는 나무를 건드리지 않고 방이 네 개, 욕실이 두 개인 6층짜리 집을 나무 위에 짓는 방법을 강구하느라 바빴다. 어떻게 하면 자연과 어울리면서 나무 한 그루와 함께 살아갈 수 있을까를 고민했다. 1년 동안 스케치를 그리면서 볼트를 사용하지 않고, 어떤 식으로든 나무를 건드리지 않고 집을 올릴 방법을 2000시간 고민한 끝에 드디어 방법을 찾아냈다. 집 짓는 방법도 복잡하지만, 나무가 썩기도 하고 흰개미가 많은 열대우림 숲에서 생활하면서 겪게 될 상황도 고려하자면 작업이 만만치 않다. 바람의 변화와 공기역학, 연간 강수량 1만 mm에 대비한 배수시설, 날벌레 그리고 이따금 발생하는 강도 7도의 지진에 대비한 설계가 필요했다.

건물은 모두 지상에서 지은 뒤 4톤 용량의 윈치를 이용해 나무 위로 들어 올렸다. 나무타기 선수인 드류와 저스틴이 주로 이 일을 맡았다. 가끔 올라가 함께 일할 때면 나무늘보, 원숭이, 앵무새가 우리를 반겼다. 우리는 자동차 축과 폐타이어 위에 고정시킨 티크 기둥 다섯 개로 집을 지탱했다. 땅에서 차지하는 면적이 1~1.3m²(0.3~0.4평)에 불과하니 로이드 씨가 소개할 초소형 주택 중에서도 가장 작은 집이 되지 않을까 싶다. 이 집은 기발하고 독창적이고 화려하다. 총면적은 93m²(28평) 정도이고, 홀엽수 6종과 티크, 대나무, 재활용 자재들이 사용되었다. 트리하우스에 설치한 수영장, 물 공급 시스템, 오수처리 탱크는 새장, 지프 랙, BBQ 그릴을 이용해 만들었다. 2008년 크리스마스에 우리와 함께 시간을 보내기로 예약한 첫 번째 손님들을 맞이하기 위해 우리는 우기에도 쉬지 않고 공사를 했다. 블론디가 주문한 이집트산 시트를 깔고 쿠션까지 배치하고 나니 이 숲 속 집에서 살고 싶은 사람들이 줄을 섰다. 그도 그럴 것이 유선방송도 나오고, 인터넷도 되고, 욕실이 두 거에 바닥이 투명한 샤워실까지 있다. 무성한 열대우림에 둘러싸여 있는 우리 트리하우스는 6~8명까지 숙식할 수 있고, 바다가 보이는 전망을 자랑하고, 해변까지는 10분 거리다. 우리는 1주일 간격으로 세를 놓는다.

● 엘리아스 가르반조와 그의 트럭

우리가 땅에서 차지하는 면적은 1~1.3㎡(0.3~0.4평)에 불과하다.

● 입구 모습
●● 새 구경하기

건물은 모두 지상에서 지은 뒤 4톤 용량의 윈치를 이용해 나무 위로 들어 올렸다.

● 간이식사 코너
●● 원숭이 방
●●● 원숭이들이 몰려와 누가 왔는지 구경하고 있다.

CHAPTER 6. 나무 위에 지은 초소형 주택   263

호숫가의 트리하우스
데이비드 몬티 David Montie

데이비드 몬티는 목조건축을 하면서 디지털 미디어를 다루는 미술가다. 그는 캐나다 브리티시컬럼비아의 밴쿠버에 산다.

이 트리하우스를 지은 곳은 브리티시컬럼비아의 카님Canim 호수 근처에 있는 소유지다. 목재는 지금은 버려진 50년 된 제재소에서 확보했고, 근처 숲에서 트리하우스를 세우기에 적합한 나무 여러 그루를 발견했다. 그리고 컴퓨터 프로그램으로 집터에 어울리는 주택을 모델링했다.

이 과정에서 나는 트리하우스를 세울 나무에 어울리는 집의 디자인과 건축에 적합한 목재를 작업 전에 미리 확인할 수 있었다. 나는 집을 짓

오솔길에서 바라본 모습. 트리하우스가 주변 환경과 어떻게 융화되는지 보여준다. 집이 공중에 매달려 있어서 좋은 점 가운데 하나는 모기가 없다는 것이다!

고 근 1년 동안 이곳에 살았다.

자신감을 가지고 열심히 땀을 흘릴 준비가 된 사람이라면 누구나 트리하우스를 지을 수 있다고 생각한다. 나는 독자들이 여기서 유용한 정보나 자극이 되는 정보를 얻어 자신이 짓고 싶은 집을 나무 위에 지을 수 있기를 바란다.

www.treehousebydesign.com
www.davidmontie.com

우리는 침실 지붕으로 위성 안테나를 이용했는데 그 바람에 생각지도 못한 일이 일어났다. 우리 머리 바로 위에 있는 접시 모양의 안테나에서 호숫가의 물결 소리가 메아리치는 것이다. 마치 침대 곁에서 물결이 넘실대는 기분이 든다. 그리고 바람이 부는 날에는 집이 부드럽게 흔들리는데 이 물결 소리 때문에 마치 배 안에 있는 것 같은 착각이 든다. 간혹 짐승의 울음소리나 땅을 파헤치는 소리에 한밤중에 잠을 깨기도 한다.

나는 데이비드에게 나이가 어떻게 되는지 물었고, 그는 "1973년생입니다. 《셸터》가 발행된 해에 태어났지요" 라고 대답했다.

● 퇴창과 정면 데크에서 바라본 카님 호수 풍경. 나무 위에 지은 집이라 눈앞에 이렇게 커다란 나무가 보이고 이 나무 아래에는 호숫가가 있어서 물결 소리가 잘 들리는 편이다. 높은 나무 위에 집을 지으면 확실히 전망이 좋다.

●● 집 내부에서 바라본 퇴창의 모습. 퇴창 앞쪽으로 확장한 데크는 경치를 구경하며 휴식을 취하기에 안성맞춤이다. 우리는 예전의 허름한 식당과 숙박시설에서 버려지는 이런 형태의 창문을 제재소에서 구하려고 많은 시간과 공을 들였다. 이 창문은 자연광을 많이 받아들일 뿐 아니라 소박한 전원주택의 분위기를 살려준다.

●●● 뒤집어 설치한 안테나의 테두리가 어떻게 빗물을 집수하는지를 보여준다. 우리는 거의 완벽하게 수평을 맞춰 안테나를 설치했고, 여기서 집수한 물로 내부에 설치한 물탱크를 채운다.

● 아래서 찍은 이 사진을 보면 또 다른 시점에서 집의 높이를 가늠할 수 있다. 집을 둘러싼 나무 네 그루와 건물 아랫면 구조, 그리고 뒤쪽 언덕이 보인다.

●● 트리하우스의 뼈대를 만들고 다락방 창문을 끼우고 있다. 1층의 벽체는 높이 2.4m로 침실 측면으로 공간이 개방된 구조다. 다락 창문을 통과한 빛이 1층 바닥까지 밝힌다.

●●● 언덕에서 찍은 사진인데 트리하우스의 높이를 가늠할 수 있다. 건물 뒤쪽은 지상에서 6m가량, 앞쪽은 9m가량 떨어져 있다.

딕 디드릭슨 Deek Diedrickson

로이드 씨와 출판사 직원 여러분께.

저는 여러분이 발행한 책들을 즐겨 읽는 애독자입니다. 《셸터》, 《행복한 집구경》, 《빌더》를 사서 읽었어요. 여러분께 감사하다는 말을 전하고 싶어 이메일을 보냅니다.

저는 한 1년 넘게 소형 주택, 오두막, 나무 위의 요새를 다룬 책을 집필하고 일러스트 작업을 했어요. 이 책이 나올 수 있기까지 여러분이 만든 책들을 보면서 영감을 받았기 때문에 괜찮으시다면 감사의 의미로 한 권 보내드리고 싶어요. (좋은 책인지 나쁜 책인지는 제가 감히 말씀드릴 수 없지만) 기존에 나온 건축 책과 확실히 다른 것은 분명합니다. 여러분의 출판사와 스타일스Stiles(트리하우스를 다룬 두 권의 책을 쓴 저자), 그리고 레스터 워커Lester Walker(제가 열 살 때 집짓기 관련 책으로는 처음으로 읽었던 《타이니 하우스Tiny House》의 저자)에게 다시 한 번 경의를 표합니다.

– 매사추세츠 스토턴에서 데릭 (딕) 디드릭슨

(만화를 보면 나무에 앉아 《행복한 집구경》을 읽고 있는 제 모습도 있어요. 확인해보세요.)

http://relaxshax.wordpress.com

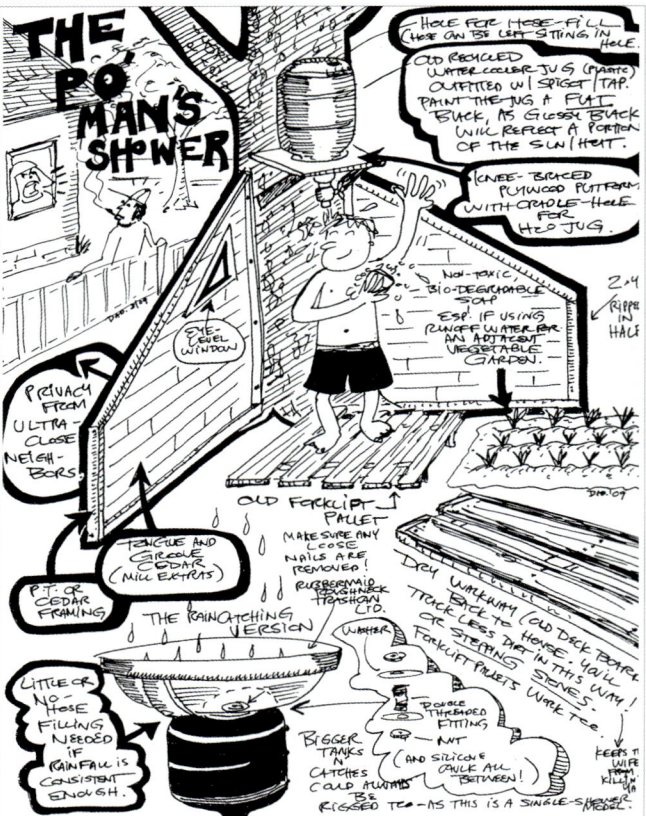

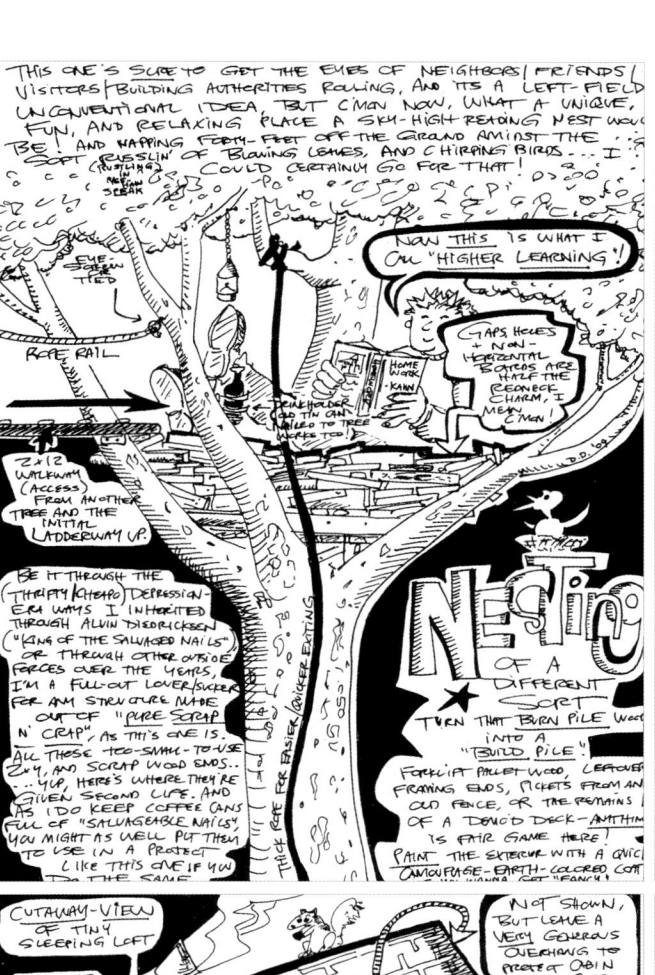

CHAPTER 6. 나무 위에 지은 초소형 주택

테일러 캠프 Taylor Camp
존 베르하임 John Wehrheim

《테일러 캠프》는 1960년대의 자유로운 정신을 담아낸 멋진 책이자 타임캡슐이다. 여기 실린 사진은 이 책을 집필한 작가이자 사진가 겸 영화제작자인 존 베르하임의 것으로 그는 테일러 캠프를 다룬 영상도 제작했다. 이 책은 1960년대 공동체 생활이 지닌 자유의 기쁨만이 아닌 부정적인 측면도 솔직하게 기술했다. 디지털 사진이 아닌 필름 사진으로 찍은 세피아 톤의 흑백 사진이 아름답게 펼쳐진다.

※

1969년, 13명의 미국 젊은이들이 하와이 카우아이 섬으로 도망을 왔다. 베트남전쟁 반대로 대학가에서 연일 시위가 벌어지고 경찰이 이를 과잉진압하던 시절이었다. 그리고 오래지 않아 이 남녀 성인과 아이들은 돈도 집도 없이 지내는 부랑죄로 경찰에 적발되어 노역형 90일을 선고받았다. 여배우 엘리자베스 테일러의 오빠이자 이곳

다이앤Diane의 집

섬의 주민이었던 하워드 테일러Howard Taylor가 보석금을 내고 이들을 구제해주었다. 그리고 해안가에 있는 자기 사유지에 캠프를 세우고 지낼 수 있도록 배려했다. 하워드는 이들을 규제하지도 감시하지도 않고 자율적으로 지내도록 허용했다. 머지않아 히피들과 서퍼들, 그리고 사회에 적응하지 못해 어려움을 겪은 베트남 참전 재향군인들이 섬의 북쪽 해안 도로 끝에 있는 트리하우스 마을을 찾았다. 이곳은 나체로 생활하는 것이나 대마초를 피우는 것에도 관대했다.

1977년, 정부는 이 마을을 없애고 대신 주립 공원을 짓기로 했다. 공무원들이 테일러 캠프를 남김없이 철거하고 남은 것은 오로지 '가장 아름다운 시절'에 대한 기억뿐이다.

《테일러 캠프》는 물질주의를 거부하고 자연 치유력을 믿었으며 규칙 없이도 질서를 유지하며 살았던 한 공동체를 소개하는 책이다. 테일러 캠프가 철거되고 30년이 지난 뒤 영화제작자들은 캠프에서 지냈던 사람들과 이웃동네 주민, 트리하우스를 철거했던 공무원들을 추적해 그들의 증언을 기록했다. 우리는 이를 통해 8년간 이 세상에 존재했던 테일러 캠프의 가치를 비로소 이해하게 되었다.

이메일: sales@wehrheim-productions.com
웹사이트: www.FindingUtopia.org

낙원 같은 해변을 마주 보고 열대우림의 맑은 개울가에 자리 잡았던 히피들의 난민 캠프.

● 어니Ernee와 그의 집
●● 현관에 앉은 다나Dana와 카르마Karma
●●● 존John과 마리Marie의 집. 다락방에는 버팔로 빌이 산다.

물질주의를
거부하고
자연 치유력을
믿었으며
규칙 없이도
질서를 유지하며
살았던 한 공동체.

● 리마훌리 해변의 아침
●● 앨런Allen과 앤디Andy
●●● 이층 침실에 누운 다이앤
●●●● 거실에 있는 리치Richie와 다이앤
●●●●● 리치와 다이앤이 사는 집의 뒷모습
●●●●●● 앤디Andy와 팻Pat
●●●●●●● 문 뒤에 서 있는 앨핀Alpin

로이드의 밴

로이드 하우스 Lloyd House

사진: 마이클 맥나마라 Michael McNamara

로이드 하우스는 《빌더》에서 첫 번째로 소개했던 빌더다. 그가 만든 작품을 보는 것은 크나큰 즐거움이다.

2009년 로이드는 소박한 삶을 살기로 결심했다. 그는 밴쿠버 섬의 태평양 연안 절벽에 마련한 집을 떠나 조지아 해협의 작은 섬(밴쿠버 섬의 동해안)으로 옮겨 밴을 개조해 새로운 거처로 삼았다.

이 밴은 1990년에 생산된 포드 이코노라인 Ford Econoline으로 엔진은 다시 제조한 것인데, '전혀 녹슬지 않았다.' 로이드는 창문 위쪽으로 차체의 지붕을 걷어내고, 차량 측면에 나사로 2×2 각재를 고정했다. 스티로폼으로 단열처리한 벽은 두께가 38mm이고, 외벽은 12.7mm인 합판으로, 내벽은 9.5mm인 마호가니 합판으로 마감했다. 그는 '가능한 한 평범한' 외관을 만들고 싶었다.

서까래마다 완만한 곡선을 주었고, 20cm 간격으로 중도리를 설치했다. 캔버스 지붕에는 두께 25mm인 폼 단열재 두 장을 넣어 단열처리했다. 캔버스에는 내화 코팅이 되어 있어 난로에서 불꽃이 튀어도 상하지 않는다.

천장 안은 마이어 mylar로 코팅한 두께 12mm의

> 나는 가능한 한 평범한 외관을 만들고 싶었어요.

폼으로 처리했다. 반짝이는 천장 표면이 처음에는 신경 쓰였지만, 바닥에 깔린 카펫이 비치니 보기가 좋았다.

차 안에 설치한 화목난로는 9kg의 프로판가스 탱크로 만들었다. 그는 둥그런 난로 입구에서 장작이 타는 모습을 즐겨 본다. 로이드는 "연기가 밖으로 나온 적도 없다"고 자랑했다.

크기가 7㎡(2.1평)밖에 안 되는 공간에 살면 어떤 기분일까? "정돈된 삶을 살 수 있습니다. 질서 있게 생활해야만 하죠"라고 로이드는 말한다. 또 그는 집 안에 머무르지 않는다고 말한다. "생활은 주로 야외에서 이뤄집니다."

"화장지도 한 번에 한 롤만 구입해요."

이따금 저녁에 손님을 대접하는데, 간혹 두 사람을 맞이하기도 한다.

로이드는 이 집을 '무단거주 트럭'이라고 불렀다. 바퀴 달린 집에 살면 "주인에게 부담을 거의 주지 않는다." (여기서 그는 땅 주인을 지칭한 것이다.) 원하면 언제든 다른 곳으로 이동할 수 있다. "너무 빨리 달리지만 않으면 어디로든 운전할 수 있어요."

그의 말에 따르면, 땅 주인은 "땅에 기초를 놓기 시작하면 긴장한다." 이동식 오두막은 '땅 주인과 관계를 지속하는 데에도 아주 좋은 도구'가 된다.

로이드는 이 같은 '생활방식'에 익숙하다. 로이드는 과거 20년간 여러 섬을 돌아다니며 부두에 보트를 정박해놓고 생활한 경험이 있다.

> 로이드는 이 집을 '무단거주 트럭'이라고 불렀다. 바퀴 달린 집에 살면 "주인에게 부담을 거의 주지 않는다."

크기가
7㎡(2.1평)밖에
안 되는 공간에
살면 어떤
기분일까?
"질서 있게
생활해야만 하죠."

혼비 섬의 카라반

미셸 윌슨 Michelle Wilson

내가 카라반Caravan을 짓게 된 것은 한 영국 잡지에서 집시들이 타고 다니는 오래된 '마차' 사진을 보고 홀딱 반했기 때문이다. 나는 이때 집시들이 타고 다니는 마차를 만들거나, 아니면 그 비슷한 것이라도 제작하는 일을 해야겠다고 결심했다.

여기에 좀 더 살을 붙이자면 집짓기의 재미를 느꼈던 20대 초반으로 돌아가야 한다. 당시 부모님은 도심을 벗어난 곳에 땅을 사고 작은 오두막을 짓기로 하셨다. 나는 이때 건축에 처음으로 눈을 뜨게 되었다. 그전까지는 집이라고 하면 당연히 전문가들의 손을 빌려야 하는 것으로 알고 있었고 내 손으로 집을 지을 수 있다는 생각은 한 번도 하지 못했다. 하지만 동네 주민이 직접 집을 짓는 모습을 보고 우리 가족도 해보자는 의욕을 느꼈다. 집 짓는 일에 경험이 있는 친구분이 우리를 도왔지만, 주로 책을 참조하고 물어가면서 문제를 해결했다. 디자인은 무척 단순했지만, 해변에서 주운 통나무로 만든 기둥이 주는 매력에 우리 손으로 직접 지었다는 자부심까지 더해져 특별한 집이 탄생했다.

몇 년 뒤에 아트스쿨을 졸업하고 나니 부모님은 내가 이 오두막을 주거지로 사용해도 좋다고 허락해주셨다. 나는 오두막에 주방과 욕실 그리고 도예 작업실을 추가했다. 도시에 있을 때 나는 철거 예정인 오래된 저택에서 창문, 나무 바닥 등

한 영국 잡지에서 집시들이 타고 다니는 오래된 '마차' 사진을 보고 홀딱 반했다.

을 제거하는 일을 했기 때문에 건축에 쓸 만한 자재들을 많이 확보한 상태였다. 원래 플라스틱 창문이 달렸던 곳에 철거현장에서 건진 목재 창문을 재활용했더니 훨씬 더 개성이 살아났다. 이때부터 나는 가능한 한 천연소재, 특히 재활용 자재를 이용하자는 원칙을 지키고 있다.

이후로도 재미를 붙여 닭장도 짓고 헛간도 몇 개 더 추가했다. 그리고 곰팡이 먹은 집을 구입해 남편과 대대적으로 수리도 했다(솔직히 이건 재미있었다고 말하기는 뭐하다. 만족스러운 작업이긴 했지만 말이다). 이렇게 공사를 할 때마다 빌더로서 자신감이 붙었고, 건축에 대한 흥미도 커졌다.

이런 과정을 거쳤기 때문일까? 나는 도예가로서 일하는 것이 행복했음에도 집시들이 타던 카라반 사진을 보면서 거스를 수 없는, 아니 반드시 따라야 하는 소명을 받은 듯 마음이 뜨거웠다. 나는 그 후로 1년 동안 작업해서 카라반을 하나 완성했다. 그리고 현재 작업 중인 카라반이 하나 있고, 설계 단계에 있는 카라반도 하나 있다. 지금 나는 최고로 행복하다.

※

《빌더》에 소개된 로이드 하우스도 브리티시컬럼비아의 혼비 섬에서 이런 곡선 지붕의 카라반을 여러 대 제작한 적이 있다. 그래서 미셸에게 로이드의 작품에서 아이디어를 얻었는지 물었더니, 그녀는 이렇게 답했다.

"내가 이 카라반을 제작하기 시작했을 때 《빌더》가 막 출간되었으니까 로이드 하우스의 카라반을 보고 아이디어를 얻은 것은 아닙니다. 하지만 작업하는 도중에 이 책을 여러 차례 읽으며 공부했으니까 카라반 내부 공간에는 틀림없이 그 영향이 있을 거예요. 책에 소개된 빌더들이 모두 영감을 주었지만, 로이드 씨는 특별해요. 최근에 로이드 씨를 직접 만났답니다. 정말 지혜롭고 친절한 분이세요. 운 좋게도 그분과 대화를 나누며 많은 것을 배웠습니다. 로이드 씨를 비롯해 다른 훌륭한 빌더들을 소개해주셔서 고맙습니다."

CHAPTER 7. 주거용 차량

플라잉 토터스 Flying Tortoise

키스 레비 Keith Levy

플라잉 토터스('나는 거북이'라는 뜻)는 뉴질랜드에 있는 호크 코치 빌더스에서 베드포드 사의 1977년산 케이디 버스를 개조한 차량이다. 원래 이 버스는 산림지역을 돌아다니며 개간지에 일꾼들을 실어 나르는 데 쓰였다. 차체가 높고 축거가 짧아 커브 반경이 좁은 곳에서도 운전하기가 쉽고, 오르지 못할 언덕이 없으며, 오프로드용 타이어를 쓰기 때문에 '어디든 갈 수 있는 차량'이다.

베드포드 330 디젤 엔진은 2007년에 내가 구입했을 당시 주행거리가 겨우 5만 7000km였기 때문에 영구히 쓸 수 있는 이동식 주택을 한 채 얻은 셈이었다. 나는 오래전부터 헨리 데이비드 소로의 철학과 선禪 사상, 한적하고 소박한 미를 추구하는 일본의 와비사비侘寂(고독과 외로움이란 뜻을 지닌 합성어로, 하나뿐이라 외롭고, 그 외로움이 진해져 고독이 되고, 그 고독이 너무 아름답다는 뜻-옮긴이) 정신을 실천해오고 있다. 따라서 내 플라잉 토터스는 언제 어떤 모습으로 변신할지 모를 운명이라고 하겠다. 내 손에 들어온 지 얼마 안 되어 이 차는 아담하지만 수납공간이 넉넉한 별나고 멋진 공간으로 재탄생했다. 일본풍 스타일과 단순미가 돋보이는 스칸디나비아 디자인을 결합했고, 내부 마감은 대부분 17mm 합판으로 처리했다.

압축 목재인 펠릿 연료를 쓰는 난로는 5.3m×2.35m(3.7평) 크기의 공간을 몇 분이면 따뜻하게 데울 수 있고, 요리하기에도 편하다. 안락한 등나무 의자와 나무 탁자는 휴식을 취하거나 식사하기에 안성맞춤이다. 작업공간은 노트북을 이용할 수 있게 설계했다.

가로세로 90cm, 높이 150cm의 PVC 샤워 커튼이 천장에 매달려 있어 실내에서 샤워할 수도 있다. 소형 빌지 펌프와 연결된 12볼트 샤워 꼭지를 틀면 물이 나온다. 적은 양의 물로도 샤워를

할 수 있다. 샤워 커튼 아래에는 물받이가 있어 샤워를 마치고 나서 물을 버린 다음 접어서 한쪽으로 치워두면 된다. 또 경첩이 달린 두 개의 얇은 알루미늄 시트를 문에 부착하고 샤워를 하는 방법도 있다.

알루미늄과 검은색 PVC로 만든 접이식 욕조를 난로 옆에 두고 이용해도 좋고 별을 보며 야외에서 이용해도 좋다. 난로 위에 설치한 알루미늄 온수통의 용량은 30리터이고, 꼭지만 틀면 된다. 그리고 낮 동안 햇빛에 노출된 폭 12cm, 길이 10m의 기다란 태양열 집열기로 30리터의 온수를 추가로 공급할 수 있다. 침대 아래에는 쉽게 끌어당겨 사용할 수 있는 휴대용 화장실이 배치되어 있다.

아늑하고 풍성한 느낌을 주는 플라잉 토터스의 내부는 고급 스튜디오 아파트를 연상케 한다. 벽면에는 아기자기한 뉴질랜드 공예품들이 전시되어 있다.

요리는 주철로 된 가스버너를 이용한다. 빵을 굽거나 고기를 구울 때는 타진tajine 냄비를 주로 쓰고 웍wok이나 주철로 된 오븐을 이용하기도 한다. 평평한 모양의 빵은 난로 위나 프라이팬에 올려서 굽기도 한다. 입구가 위쪽에 있는 엥겔Engel 냉장고는 절전형이라 하루 24시간 돌리는 데 시간당 최대 2.5암페어를 소비한다.

지붕에 장착한 BP 솔라 사의 125와트짜리 태양광 패널 두 대로 255암페어 AGM 배터리 두 대를 충전한다. 겨울에는 추가로 85와트 '추적 장치tracking panel'를 이용하곤 한다. 버스 주변에는 12볼트 차량용 소켓 18개가 설치되어 있어 노트북, DVD, 조명 등을 연결해 이용할 수 있다.

제라늄과 허브 식물을 키우는 버스 후면 데크는 수납공간이면서 버스의 개성을 살리는 역할을 한다. 버스 측면에는 접이식 의자가 달려 있어 이곳에서 요리를 하거나 잠을 잘 수도 있고, 작업대로 쓰거나 예술품이나 공예품을 전시할 수도 있다.

명성 높은 에어스트림 캠핑카처럼 알루미늄으로 외장을 마감한 플라잉 토터스는 어딜 가나 사람들의 시선을 끈다.

http://theflyingtortoise.blogspot.com

차체가 높고
축거가 짧아
커브 반경이
좁은 곳에서도
운전하기가
용이하고,
오르지 못할
언덕이 없다.

양치기 왜건

조지 크로포드 George Crawford

내가 지은 이 트레일러 주택은 건축 기법뿐 아니라 스타일에서도 전통과 현대를 결합했다. 영국과 프랑스에서 볼 수 있는 여행자용 왜건이나 '집시' 왜건뿐 아니라 미국 서부 지역의 양치기 왜건도 참고했다. 거주할 목적이 아니라 베이스캠프로 쓸 계획이었고, 크기와 무게는 최소화하고 싶었다. 나는 지금의 이 디자인과 물방울 디자인을 놓고 오랜 시간 고민했다. 각각 장단점이 있었지만 내게는 이 디자인이 더 잘 맞는 것 같다.

6~7년 전부터 왜건 구상에 들어가 설계를 시작했다. 최종 디자인은 완벽하지는 않았지만 내가 엄격하게 정한 변수들은 모두 충족했다. 전통 건축 기법을 써서 보기 좋은 건물을 짓는 것도 중요하지만 작고 가볍고 비용 면에서 저렴한 건물을 짓는 것도 중요했다. 요즘 사람들은 캠핑카 내부에서 시간을 많이 보낼 수 있도록 설비를 하지만 나는 이 왜건 안에서 생활하기보다는 초기 개척자들이나 집시들이 그랬듯이 '야외'에서 더 많은 시간을 보낼 작정이었다.

나는 몇 개월 동안 수천 킬로미터를 달려보면서 작은 선반들의 모양과 위치, 사용할 그릇, 왜

건에 필요한 장비들을 세심하게 결정했다. 이렇게 작은 공간에서는 1인치까지 계산에 넣어야 한다. 그런 점에서 디츠Dietz 랜턴을 고정할 선반을 별도로 만든 것은 큰 결정이었다. 이 오일 랜턴은 거실 공간을 밝히는 용도다. 외부에 수납 박스들을 추가해 불에 잘 타는 물건과 기름 냄비를 안전하게 보관하고, 셋업 장비들을 쉽게 꺼낼 수 있도록 했다.

나는 컨테이너 사방에 설치한 선반을 활용해 수납 박스를 올려놓기로 했다. 선반은 공구 및 팬 박스를 올려놓기에 좋고, 지붕에 태양광 패널을 설치하면 배터리를 놓을 수 있다. 문 바깥쪽에는 접이식 선반을 설치해 캠핑 시 선반을 내려 쇠사슬로 고정하고 그 위에 자잘한 요리 도구를 보관한 박스를 올려놓고 요리를 할 수 있다. 또한 차량과 결속하는 트레일러 연결부 쪽에 작은 박스를 설치해 네델란드산 오븐과 요리 장비를 보관한다.

CHAPTER 7. 주거용 차량

소박하라, 소박하라

찰스 핀 Charles Finn

사진: 린 도널드슨Lynn Donaldson, 로리 파Lori Parr, 찰스 핀

헨리 데이비드 소로는 "소박하라, 소박하라……"고 선언한 바 있다. 그의 발자취를 따라가던 나는 경제적·미학적·정신적 측면을 고려해 차츰 집을 줄여나가 2.1m×3.6m 크기의 집시 왜건에 살게 되면서 본격적으로 소로의 선언을 실현하게 되었다. 목공 일을 하는 친구는 전기와 수도를 설치하지 않고, 건초를 싣던 낡은 왜건을 활용해 매력 넘치는 소형 오두막을 만들어주었다. 화구가 세 개인 고풍스러운 프로판가스 버너와 소형 요툴Jotul 난로가 있었고, 노트북에 필요한 전기는 심방전 배터리를 사용했다. 친구 사유지에 주차한 집시 왜건 안에서 보냈던 몇 년은 내 생애 최고의 시간이었다.

브리티시컬럼비아를 떠난 후에 나는 몬태나 주의 포토맥에서 우연히 집을 봐주는 일을 하게 되었다. 미줄라 외곽으로 45분 거리에 있던 집이었다. 나를 하우스시터(집을 관리해주는 일을 하는 사람-옮긴이)로 고용한 주인은 오래된 헛간들을 철거하는 일을 하고 있었는데, 그의 상점에 있는 중고 목재를 얼마든지 써도 좋다고 허락했다. 그해 겨울 나는 처음으로 직접 '초소형 이동식 주택'을 만들었고, 봄에 주인집 땅의 한쪽 귀퉁이로 이사를 왔다. 물론 임대료는 내지 않았다. 내가 브리티시컬럼비아에서 살면서 배운 교훈이 있는데, 오두막을 앙증맞게 지으면 주인들이 어느 곳에 주차하든 기꺼이 허락한다는 것이다.

크기 2.4m×3.6m인 이 오두막은 중고 목재로 지을 집이라 주요 특성은 일찍 결정되었다. 본래 획일성과는 거리가 먼 사람이라 목재를 쓸 때도

> 나는 아버지가 "행복하게 살아라"라고 하신 말씀을 성공의 척도로 삼고 있다.

벽널의 폭이나 목재 종류를 여러 가지로 혼합해서 사용했다. 차량 뒤쪽 외부에 그대로 노출된 지붕 장선은 오래된 전신주의 침목을 절연체 구멍이 나 있는 그대로 이용했다. 나는 일본에서 3년 동안 지낸 적이 있는데 작은 문이 달린 찻집이 참 마음에 들었다. 옛날에는 사무라이들이 찻집 문을 열고 들어갈 때 무기를 벗어놓았다고 하니 상징적으로 또 실질적으로 '폭력은 밖에 두고' 들어간 셈이다. 이 문을 흉내 내어 나도 1.2m×0.6m의 작은 문을 제작했다. 오두막 생활의 하루는 창턱에 앉아 세상을 구경하는 내 고양이와 함께 널찍한 창가에 기대어 몽상을 하는 것으로 시작한다.

첫 번째 집을 짓고 그 이듬해 겨울 나는 두 번째 오두막을 지었고, 미줄라로 끌고 가서 파머스 마켓 Farmer's Market 에 전시했다. 이 오두막은 자전거를 타고 시장에 들렀던 첫 번째 손님에게 팔렸고, 그에게는 또 다른 오두막을 지어주기로 약속했다.

당시 나는 '마이크로홈(초소형 주택)'이라는 용어를 들어본 적도 없었고, 내가 초소형 주택을 짓는 '운동'에 참여하고 있다고 자각하지도 못했다. 다만 나는 그렇게 사는 방식이 이치에 맞는다고 생각했을 뿐이다. 작은 집에 있으면 무척 만족스럽고 즐거웠다. 나는 아버지가 "행복하게 살아라"라고 하신 말씀을 성공의 척도로 삼고 있다. 나는 작은 집에 사는 것이 행복했다. 나는 그 뒤로도 오두막을 계속 설계하고 짓고 있다. 중고 목재만을 사용해서 2.4m×3.6m 크기로 총 여덟 채를 지었다. 지금 나는 오리건 주 벤드에 살고 있으며 고객에게 요청이 들어오던 오두막을 짓는다. 또 문학 미술 잡지인 〈하이 데저트 저널High Desert Journal〉의 에디터이자 프리랜서 작가로 살고 있다. 최근에는 작업실로 쓸 오두막을 뒷마당에 지어 '파란 방'이라고 이름 붙였다.

나는 계속
오두막을 설계하고
짓고 있으며
지금까지 총 여덟
채를 지었다.

니콜렛의 1000유로 왜건

니콜렛 스튜어트 Nicolette Stewart

프랑크푸르트에 있는 이 파란색 소형 왜건에서 집시 같은 삶이 시작되었다. (이 사진을 본 한 친구는 "신발 속에 사는구나!"라고 했다.) 지붕은 개방형이고, 이층 침대와 기다란 수납장과 소형 화목난로가 있고, 벽에는 쥐가 살았다.

미국 동부해안 지역에서 쳇바퀴 도는 직장생활을 하다가 지친 니콜렛 스튜어트는 2005년 독일로 건너가 오페어(외국 가정에 입주해 적은 보수를 받고 아이 돌보기 등의 일을 하며 언어를 배우는 젊은이-옮긴이)로 일했다. 그 후로 여러 도시를 돌며 이런저런 일자리를 거친 그녀는 프랑크푸르트의 바겐플라츠Wagenplatz(이동주택 주차지)에 최초로 초소형 주거지를 마련했다. 4m×2.2m 크기의 파란색 카라반이었다. 새로운 거처는 모든 것이 그녀의 이상에 맞았다. 직접 관리하기에 적당하고, 환경친화적인 생활방식이고, 임대비가 엄청 싸고, 바겐플라츠 거주자들과 서로 의지하면서 유대관계를 형성할 수 있었다. 니콜렛은 얼마 뒤에 6m 길이의 카라반을 얻었다. 그녀는 카라반을 마인츠로 끌고 가서 폐자재와 빌린 도구들을 이용해 대대적으로 수리했다. 지금 28세인 니콜렛은 개조공사를 마치고, 프리랜서 작가로 일하고 있다. 이외에도 원예 일과 작곡도 하고, 청소 일도 한다.

전체 비용, 즉 집과 운송비용, 건축자재와 도구에 1000유로가 넘지 않았다.

● 헬스클럽에서 운동을 하는 사람들이 모두 회원권 대신 화목난로를 들이고 열심히 장작을 패서 난방을 하면 어떨까 하는 상상을 해본다. 조금이라도 우리 사는 세상이 더 좋아지지 않을까?

●● 대마삼베 단열재의 모습이다. 이것 세 팩으로 천장과 벌어진 벽체를 단열처리할 수 있었다. 비용은 130유로. 유리섬유 단열재 가격은 한 팩에 16유로에 불과하지만 유해물질을 포함하고 있다. 가격 차이가 이렇게 심하니 사람들이 자연소재 단열재를 구입하지 않는 것도 백번 이해가 간다. 하지만 유리섬유 단열재는 내 원칙에 맞지 않아 제외했다.

●●● 재활용 자재로 만든 문이다! 누가 버렸는지 모르는데, 어느 날 아침 이 철제 자동차 광고판이 내 눈앞에 나타났다. 묵시론적 미래상을 즐기는 사람들이라면 수저로 만든 현관 문고리가 탐이 나지 않을까 싶다!

내가 흘린 땀 외에 마차를 얻는 데 들어간 비용은 없다.

첫날 내가 한 일은 땅에 반쯤 묻힌 차축을 파내 집에 가져온 것이 전부였다. 이틀 뒤에 나와 친구들은 쓰레기처럼 버려진 이 왜건을 바겐플라츠로 실어 왔다. CD 선반 정도 만들어본 경험이 전부였지만 직접 보수 작업에 도전하기로 했다. 보수 기간은 1년이고 들어간 비용은 총 1000유로였다. 필요한 도구는 대부분 사람들에게 빌려 썼고 폐품더미에서 쓸 만한 자재를 활용해 소형 이동식 주택을 완성했다.

● 내가 거주할 왜건을 처음 만났던 장소. 전 주인이 남겨놓은 조잡한 조화가 눈에 띈다. 내부 상태는 훨씬 나았지만 아직 손봐야 할 곳이 많다. 너덜너덜한 합판을 교체하고, 벌집을 제거하고, 단열처리를 하고, 오븐을 설치해야 한다. 믿기 어렵겠지만 내가 흘린 땀 외에 왜건을 얻는 데 들어간 비용은 없다.

●● 돈 들이지 않고 집을 만든다고 하니 만나는 사람마다 고개를 저으며 이렇게 말했다. "니키, 돈 없이 마차를 통째로 뜯어고칠 수는 없어. 자재도 필요하고 도구도 필요하잖아?" 그들 말대로 나중에는 공구를 구입할 일이 있을지도 모르지만 지금은 필요한 도구를 모두 이웃 사람들에게 빌려 쓸 수 있다. 현재 마차 내부는 스테인을 칠한 상태처럼 보이지만 페인트칠을 한 상태다. 공사가 끝나봐야 알겠지만 아직까지는 공사 시작 전에 작성한 '구입 목록'을 모두 돈 없이 구했다. 돈이 없었기 때문에 오히려 이런 결과가 나오지 않았나 싶다. 기다리면 찾는 물건이 나타났다.

●●● 드디어 내 집이 완성되었다! 시의적절하게 발견한 중고 자재들을 이용해 내가 1년간 건축 기술을 익히며 지은 집이다. 작은 왜건에서 푸가 선율이라도 들리는 듯싶다. 가장 마음에 드는 점은 집과 운송비, 건축자재와 도구를 통틀어서 1000유로를 넘지 않았다는 것이다.

프로토스토가 Proto Stoga

대런 마카와 앤 홀리 Darren Macca & Ann Holley

프로토스토가의 하중은 408kg으로 앞서 소개한 프로토하우스와 단짝이다(111~113쪽을 참조하라). 프로토하우스보다 크기가 작고 무척 가벼워서 이동 시에 훨씬 덜 번잡하고 연료도 적게 든다. 공기역학을 고려한 유선 형태의 프로토스토가는 전통적인 역마차와 로마 시대 마차인 바르도, 목동의 헛간, 전통을 자랑하는 에어스트림 트레일러의 디자인을 모두 혼합한 주택이다. 프로토스토가의 디자인은 과거의 낭만을 연상케 하면서도 생태적으로나 경제적으로 또 사회적으로 자기 책임을 다하는 생활방식을 추구한다.

프로토스토가는 길이 3.3m, 폭 2.1m, 높이 2.6m로 총 7㎡(2.1평)이고, 프로토하우스와 마찬가지로 현장에서 직접 골조를 세우는 방식을 썼다. 지붕은 작업하기가 만만치 않았다. 템플릿을 오려 차량 후면의 곡선에 맞춰 하나하나 고정했다. 3D CAD 모형을 활용해 템플릿을 제작했기 때문에 자재 낭비를 최소화하고 작업시간도 줄일 수 있었다. 지붕은 장선 사이에 스티로폼 보드를 단단히 끼워 넣고 천으로 씌운 솜으로 단열처리를 했다.

프로토스토가 덕분에 프로토하우스의 생활방식에 융통성이 생겼다. 프로토스토가는 다양

한 쓰임새를 충족할 수 있도록 설계되었기 때문이다. 예를 들어 게스트하우스, 휴가용 오두막, 이동 학습센터, 이동식 미장원, 개집, 아이들 침실 등으로 이용할 수 있다.

프로토하우스에 프로토스토가를 추가하자 면적은 크게 늘지 않았지만 생활이 훨씬 유연해졌다. 프로토스토가는 우리만의 사적인 공간은 물론 가족이나 친구들이 잠시 묵고 가는 공간이 되기도 한다.

배관시설이 없기 때문에 사용 여부에 관계없이 관리하기가 매우 쉽다. 난방과 조명 도구로는 가스 랜턴을 이용한다. 위아래가 따로따로 열리는 네덜란드식 문과 맞은편에 돌출창이 있어 여름날 더운 저녁에도 환기가 잘되는 편이다. 전기가 필요하면 프로토하우스의 소켓에 플러그를 꽂아서 쓰거나, 아니면 다른 곳에서 전기를 끌어다 쓰면 된다.

유선 형태의 프로토스토가는 전통적인 역마차와 로마 시대 마차인 바르도, 목동의 헛간, 전통을 자랑하는 에어스트림 트레일러의 디자인을 모두 혼합한 주택이다.

프로토스토가는 우리만의 사적인 공간은 물론 가족이나 친구들이 잠시 묵고 가는 공간이 되기도 한다.

제이 넬슨 Jay Nelson

나는 1980년에 로스앤젤레스에서 태어났고 지금은 샌프란시스코의 선셋 디스트릭트Sunset District에 산다. 작업실은 미션 디스트릭트Mission District에 있다. 화가이지만 차량을 제작하고 개조하는 일을 하고 있으며 내가 제작한 차량은 여러 갤러리에 전시 중이다. 따라서 나는 미술작가로서 건축에 접근한다. 나는 맞춤 디자인을 선호하며, 우리가 매일 사용하는 물건을 개인 필요에 맞게 간단하게 개량하는 방법들을 늘 궁리 중이다.

샌프란시스코의 트리플 베이스 아트 갤러리Triple Base Art Gallery에서 일하고 있으며, 내 작품들은 대부분 이곳 사이트(www.BaseBaseBase.com)에서 볼 수 있다. 제이 넬슨의 웹사이트 주소는 www.JayNelsonArt.com이다.

우리는 이 차를 타고 두 차례나 대륙을 횡단해 노바 스코샤까지 다녀왔다.

혼다 시빅 캠핑카

나는 2006년에 혼다 시빅을 개조해 캠핑카를 만들었다. 친구 어머니에게서 200달러를 주고 구입한 차였다. 유선형 대형 트레일러를 연상케 하는 캠퍼를 시빅 차량 후면에 결합한 뒤에 방수처리를 하고 침실을 만들었다. 서핑 여행에 이용하려면 캠퍼가 필요했다. 유선형 구조를 채택한 것은 연비는 물론 오랜 시간 편히 잠을 잘 수 있도록 길이를 확보하고, 앉기에도 불편함이 없는 천장 높이를 확보하기 위해서다. 캠퍼에서는 아내와 애완견이 함께 잠을 잘 수 있다. 또 침대를 뒤로 젖히면 그 아래쪽에 공간이 생겨 주방과 거실 공간으로 활용할 수 있다. 캠퍼는 3mm 두께의 이탈리아산 중고 포플러 목재와 유리섬유로 만들었다.

● 보트

캘리포니아 주 포인트레예스 반도의 인버네스Inverness에 있는 'J.B. 블렁크 아티스트 레지던시(예술가들을 위해 숙식과 작업 공간을 제공하는 프로그램—옮긴이)'에서 이 보트를 만들었다. 길이 2.4m의 구명정 위에 탈부착이 가능한 상부 구조물을 만들었다. 이 보트 역시 서핑 여행을 위해 제작했다. 내부에는 침실과 수납공간, 스토브가 있다. 보트에는 1마력 엔진이 달려 있다. 현재 이 보트를 개조 중인데 더 큰 엔진을 구하고 있다.

●● 전기자동차

차량 내부에서 생활이 가능한 전기차를 만들어봤다. 이 차량은 샌프란시스코의 서던 익스포저 갤러리의 의뢰를 받아 제작했다. 재활용 자전거 부품과 합판, 유리섬유를 이용했다. 크리스털 창문은 《셸터》에 나오는 킴 힉Kim Hick의 작품을 보고 아이디어를 얻어 유리와 실리콘 코크를 이용해 만들었다. 차량에는 스토브와 싱크대, 냉장고, 양동이형 화장실이 있다. 침대 밑에는 수납공간이 많다. 운전대로 차량을 조종하고 브레이크를 잡는다. 길이 2.2m, 높이 1.5m, 폭이 1.3m에 무게가 113kg이다.

●●● 혼다 스프리 스쿠터
샌프란시스코의 미션 디스트릭트에서 지낼 때 1일 서핑 여행용 차량으로 만든 스쿠터다. 서핑보드를 휴대하고 해안까지 8km가량 거리를 이동할 수 있는 차량이 필요했다. 수영복과 담요, 도시락을 넣을 수 있는 사물함이 있고, 햇빛을 가릴 수 있는 차양도 설치했다.

●●●● 트리하우스
캘리포니아의 유카이아Ukiah에 있는 집이다. 버클리 아트 뮤지엄 관장인 래리 린더Larry Rinder를 위해 지었다. 주변 풍경을 감상하며 영감을 받고 쉴 수 있는 손님용 오두막이다. 유리섬유와 두께 3mm의 합판을 이용해 만들었다. 도토리 모양을 본뜬 트리하우스가 자리 잡은 곳은 오크 나무다.

멕시코 바하 여행:
바하에 두었던 여행용 자동차 세 대

나는 지난 12년 동안 짬이 나는 대로 바하칼리포르니아Baja California로 여행을 떠났다. 한때 바하 반도 남단에 있는 산호세 델 카보San José del Cabo에 사무실을 마련했던 적이 있다. 이곳에서 신문을 만들 계획이었고(신문보다는 사진 저널에 더 가까운 형태였지만), 실제로 〈엘 코레카미노스El Correcaminos〉라는 제목으로 한 부를 발행했다. 하지만 미국에서도 아무 부족함 없이 출판 업무를 수행할 수 있었기 때문에 멕시코에 계속 사무실을 둘 필요가 없어졌다.

멕시코 바하 지역을 다니는 차량들은 사막과 해변이라는 지리적 특성에 맞게 독특하게 제작되어 있다. 사진에 보이듯이 나도 바하에서 지금까지 총 세 대의 자동차와 인연을 맺었다. 298~299쪽에 보이는 사진은 글렌Glen과 로베르타Roberta가 바하 해변에서 서핑과 캠핑을 즐길 때 이용하는 차량이다. 이들은 1년에 9개월 정도를 바하에서 보낸다.

내가 바하에서 처음으로 이용한 차는 하얗고 몸집이 작은 폴크스바겐 '바하 버그'였다. 지붕에 달린 로켓박스에는 캠핑 장비가 들어 있고, 또 태양광 패널과 고용량 배터리가 들어 있다. 이 차량은 바하의 비포장도로를 여행하기에 알맞게 개조한 것이다. 차량 뒷좌석 후면에는 15갤런의 연료탱크가 설치되어 있고, 커다란 완충기가 차량 내부의 롤 바에 결속되어 있다. 바하 여행용 차량으로는 더할 나위 없이 훌륭했는데 홍수로 침수되고 말았다.

두 번째 차량은 1983년식 빨간색 도요타였다. 수동기어를 쓰는 4기통 엔진의 사륜구동 픽업 차량이다. 차량용 루프탑 텐트가 있고 취침 시에 펼쳐서 사용한다. 자동차 지붕에 설치하기 때문에 부드러운 미풍을 느끼며 쾌적하게 잠을 청할 수

있다. 지름 25mm의 전기도관으로 기둥을 세우고, 크기 3.6m×4.2m의 벼룩시장용 천막을 설치한다. 천막 위에는 알루미늄을 입힌 방수포를 씌우고, 방수포를 볼번지 로프로 고정하면 저렴한 휴대용 햇빛 가리개가 된다. 그리고 각 기둥에 모래를 채운 캔버스 자루를 밧줄로 매달아 지지한다. 천막을 접으면 차량의 로켓박스에 모두 들어간다. 루프탑 텐트 입구를 열면 부서지는 파도를 볼 수 있다. 도요타 트럭 화물칸에는 철제 캠퍼를 설치했고, 트럭 바닥에는 여분의 배터리를 고정해두었다.

세 번째이자 현재 이용하고 있는 차량은 2003년식 은색 도요타 타코마 사륜구동 킹캡 픽업트럭이다. 5단 변속 수동기어와 실수방지 시스템이 설치된 4기통 엔진의 차량이다. 이 차량에는 3면에 입구가 달린 트레이즈맨Tradesman 사의 철제 캠퍼가 설치되어 있다. 홀러럭Haulerrack 사의 지붕선반은 캠퍼의 지붕이 아니라 트럭 차체 양쪽에 고정되어 안정적이다. 조립 선반이므로 UPS로 배송을 받아 직접 조립해야 한다. 중고 차광막을 얻었는데, 당겨서 펼쳤다가 쉽게 말아 넣을 수 있는 형태여서 벼룩시장용 천막보다 설치와 철거 작업이 훨씬 간편하다. 멕시코 여행 시에는 미국 규격이 적힌 렌치와 5톤을 들어 올릴 수 있는 호이스트(중량물을 들어 올리는 기구—옮긴이), 체인, 견인 로프를 휴대한다. 또 해변에서 타이어 공기가 빠졌을 경우를 대비해 시가잭에 연결하는 소형 타이어 펌프를 휴대한다. 이외에도 일일이 열거하지 못한 품목이 많은데, 어쨌든 타코마 픽업트럭은 거친 시골 길을 달리며 여행을 다니기에 더없이 훌륭한 차량이다.

멕시코 바하 지역을 다니는 차량들은 사막과 해변이라는 지리적 특성에 맞게 독특하게 제작되어 있다.

붉은색 캠핑 트레일러

글렌 혼과 로베르타 혼 Geln Horn & Roberta Horn

안녕하세요, 로이드 칸 씨.

얼마 전 《빌더》에 소개된 고드프리 스티븐스Godfrey Stephens 씨의 따님 틸리쿰Tilikum을 만나 즐거운 시간을 보냈습니다. 제가 즐겨 찾는 바하의 외딴 서핑 장소에서 캠핑을 하던 중이었지요. 이런저런 얘기를 많이 나눴어요. 우리 캠핑카를 보더니 내부를 구경하고 싶다고 하더군요. 우리 차는 '엘 토로 로호 그란데El Toro Rojo Grande', 그러니까 커다란 붉은 소라고 불러요. 틸리쿰에게 내부를 구경시켜 주었더니 당신이 흥미를 보일 것이라고 말하더군요. 그래서 우리 캠핑카와 침실로 이용하는 2층 구조물(우리는 펜트하우스 다락방이라고 불러요)을 담은 사진 몇 장을 이렇게 보냅니다.

이 밴은 1955년식 쉐보레 화물운반 차량입니다. 1967년식 사륜구동, 304마력의 V8 엔진과 5단 변속 수동기어를 장착한 적재중량 0.75~1톤 미만의 차량입니다. 차량 내부와 지붕의 다락방은 제가 직접 개조했고, 25년 동안 유지보수를 해오고 있습니다. 처음에는 이 차를 바하 여행용으로 구입했는데 지난 18년 동안은 날마다 이용하고 있어요.

제 아내인 로베르타와 우리 애완견 아폴로와 택시를 데리고 매년 바하에서 8개월 반가량을 지내며 서핑과 캠핑을 즐기는데, 파도가 일지 않는 날은 트리하우스를 짓고 있습니다. 오래전부터 이 트리하우스를 짓고 있는데, 콘크리트와 철을 이용하지 않고 나무로만 짓느라 속도가 더딘 편입니다. 공사는 대부분 제가 직접 하고 아내는 정원을 돌보고 있습니다. 야자수만 해도 380여 그루가 넘습니다. 공사를 시작한 지 14년째 되었지만 아직 완성이 되지 않았어요. 2년 안에는 공사가 마무리되기를 바랄 뿐입니다. 우리가 짓는 트리하우스는 스콜피온 만에 있어요. 이곳에서 서핑을 즐기셨으니 당신도 잘 아실 겁니다. 서핑을 좋아해서 곁길로 새는 시간이 많은 편이지요…….

– 글렌 혼 드림

소박하게 살자. 아낌없이 사랑하자. 진심으로 보살피자. 다정하게 말하자.

1955년식 쉐보레 화물운반 차량입니다. 1967년식 사륜구동, 304마력의 V8 엔진과 5단 변속 수동기어를 장착한 적재중량 0.75~1톤 미만의 차량입니다.

밴을 타고 다니는 화가

캐서린 맥케이 Katherine Mckay

에너지를 자급자족하는 삶은 공공시설을 이용하는 기존의 주택에서 생활하는 것과는 차원이 다른 삶이다. 현대의 주택은 생활의 편리를 위해 만들어진 기계다. 이 기계를 돌리려면 전기와 가스, 수돗물이 유입되어야 하고, 오수와 쓰레기가 배출되어야 한다. 현대인들은 이런 집에 살면서 평생 노동을 하며 월세나 담보대출금을 지불해야 한다. 하지만 주택의 노예로 살아가는 생활을 중단하고 자기 손으로 직접 시골에 집을 짓거나 이동식 주택에 살면서 담보대출 없이 자유롭게 살아가는 이들도 많다.

공공시설에서 단절된다면 모든 편의시설을 직접 해결하든지, 아니면 그런 편의를 포기하고 지내야 한다. 스스로 물을 찾고, 전기를 생산하고, 프로판가스 탱크를 채우고, 쓰레기와 오수를 처리하고, 배선과 배수 문제를 해결해야 한다. 한편 자기 손으로 집을 짓고 관리하다 보면 자기 집에 대한 친밀감이 깊어지고, 삶의 문제들을 해결하는 데에도 자신감이 붙고 지혜가 깊어진다.

처음으로 밴을 구입한 1973년 이후로 나는 해마다 시간을 내어 외딴 지역으로 여행을 떠나 야영을 하며 지낸다. 미국과 캐나다를 수차례 종단하고 횡단했는데, 1984년 이후로는 다채로운 풍경을 보여주는 캘리포니아를 주로 찾고 있다. 여행을 다니는 화가에게는 최적의 장소다. 직장생활을 그만둔 후로 한 해에 절반 정도는 사막과 산악 지대에서 보낸다. 작품을 전시하는 화가이기

때문에 액자에 넣은 작품들과 교육용 자료 외에 내가 직접 휴대할 수 없는 물품을 보관할 만한 공간이 필요하다.

내 작품은 주로 풍경과 식물을 주제로 한다. 외딴 지역에 캠프를 차리고, 밴에서 생활하며 실내에서 혹은 야외에서 그림을 그리곤 한다. 말하자면 내 밴은 이동식 작업실이다. 지금 몰고 다니는 밴은 다섯 번째 밴이다. 밴 내부는 모두 내가 디자인했으며, 항상 이전 것보다 아늑한 공간으로 개조했다. 내 밴의 장점은 이동식 주택이라는 것이고, 캠핑 공간을 많이 차지하지 않는다는 점이다. 길이 12m의 대형 캠핑카는 캠핑카 전용 주차장이나 전용 야영장에만 주차할 수 있고, 정작 나의 흥미를 끄는 비포장 길로는 다니기가 사납다.

업체에서 설계한 대형 캠핑 차량이나 개량한 밴들이 지닌 큰 문제점은 현대 주택이 지닌 기능을 모두 차량에 집어넣기 때문에 바닥에서 운동을 하거나 자리를 옮기는 것은 말할 것도 없고, 편히 숨 쉴 공간도 충분하지 않다는 것이다. 나는 꼭 필요한 기능이 아닌 것들은 모두 제거하고 한 가지 목적에 충실하도록 설계하기 때문에 심리적으로나 물리적으로 여유공간을 많이 확보한다. 공간의 용도를 명확히 구분하지 않고 다양한 용도로 활용하는 전통적인 일본 주택에서 살아본 경험을 바탕으로 나는 7㎡(2.1)평 공간을 다용도로 이용할 수 있게 만들었다. 저녁에는 선반에서 이부자리와 베개를 꺼내 바닥에 깔고 잠자고, 아침이 되면 다시 선반에 올려놓는다. 그러면 아래 공간은 거실 겸 작업실로 변모한다. 내 밴은 효율적인 주거공간이다. 시간대에 따라 같은 공간에서 식사를 하고, 취침을 하고, 용변을 보는 것이다.

군더더기를 정리하고 삶을 간소하게 살려는 사람들에게는 소형화와 휴대성을 추구하는 요즘의 추세가 반갑다. 이런 추세가 반영된 노트북,

● 용설란, 수채화, 2004년, 76cm×55cm

●● 스토브 후드는 카드보드 박스를 은박지로 싸서 만들었다. 박스 위에 구멍을 뚫어 뻣뻣한 기름종이로 만든 관에 연결하고, 기름종이 관의 다른 쪽은 천장 환기구에 연결해 테이프로 붙였다. 카드보드 박스는 나뭇못으로 가스버너에 고정했다. 해체하기도 쉽다. 환기통 왼쪽을 보면 냉장고의 환기호스가 지나가는 것이 보인다. 냉장고는 가스버너 아래에 있다.

●●● 양동이 두 개로 실내에서 용변 문제를 처리한다. 소변과 대변을 구분하고, 먼저 소변 양동이를 이용하는 방식이다. 여성들의 경우 소변을 본 뒤 화장지 대신 물로 씻고 수건으로 닦는다. 그리고 소변은 땅에 버린다. 대변용 양동이 곁에는 파라핀 봉투가 놓여 있다. 스테이플러로 양쪽을 고정해 만들었고, 봉투 안에는 화장지를 깔았다. 비닐봉지를 씌운 대변용 양동이에 이 파라핀 봉투를 넣고 대변을 본다. 조준을 잘하면 대변은 봉투 안에 떨어진다. 볼일을 마친 뒤 비닐봉지를 들고 나가 변기에 버리거나 구덩이를 파서 버리면 된다. 스테이플러로 고정한 파라핀 봉투 측면을 붙잡고 내용물을 버리고 봉투는 쓰레기통에 버린다. 주의: 사람의 배설물을 쓰레기통에 버리는 것은 불법이다. 이런 과정이 번거롭게 보일지 모르지만, 캠핑카에 기본으로 달린 오수 탱크를 달고 다니며 청소하고 관리하는 것보다 훨씬 간편하다. 일반 캠핑카는 변기가 고정되어 있어 자리를 차지하지만, 양동이는 사용하지 않을 때는 치울 수 있다.

●●●● 싱크대 배수시설은 지름 25mm 플라스틱 호스를 바퀴 홈에 구멍을 뚫어 연결한 것이 전부다. 배수가 막혔던 흔적이 보인다. 배수구가 막히면 떼어내서 막대기로 청소하고 씻은 뒤 다시 결합한다. 드레이노Drano 청소액 같은 물품은 필요 없다.

●●●●● 낮에는 스튜디오로 변한다.

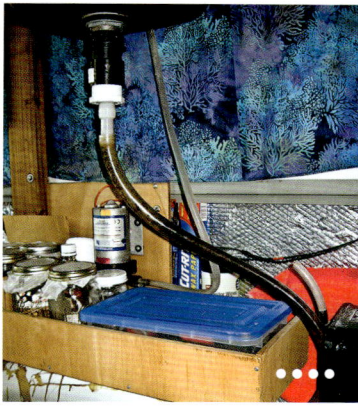

DVD플레이어, 아이팟, 휴대전화, 태양광 패널 등은 공간을 많이 차지하지 않고 초소형 주택이나 차량 내부에 설치할 수 있어서 우리 삶을 더욱 편리하고 쾌적하게 만든다.

작은 공간에 살다 보면 거기에 맞는 습관이 형성된다. 무엇보다 단순하고 정돈된 생활을 하게 된다. 모든 물건을 제자리에 놓는 법을 배우게 된다. 안 그러면 밖에서 잠을 청해야 하니까 별 수 없다. 초소형 주택에서 살면서 나는 보통 사람들보다 훨씬 쉽고, 저렴하게 인생에서 부딪히는 문제를 해결하고 있다. 또 그 보상으로 아름다운 지역을 여행할 수 있는 여건과 자유를 얻었다. 내가 어디에 있든 그곳이 내 집이다.

● 침실. 이부자리 너머에 요강으로 쓰는 양동이가 보인다. 차량 정면 쪽은 커튼이 드리워져 있다.
●● 낮에는 거실 겸 주방으로 변신한다. 침구류는 위쪽 선반에 보관한다.
●●● 설거지를 하거나 몸을 닦을 수 있는 싱크대. 싱크대 아래 펌프가 있고 18갤런 물탱크에서 물을 끌어 쓴다. 물은 플라스틱 관을 타고 위로 올라와서 요구르트 용기에 담긴다. 싱크대 근처에는 이것 말고도 여분으로 여러 생수통을 보관하고 있다. (시중에는 펌프에서 꼭지로 바로 연결해서 쓰는 제품도 있지만 내가 쓰는 펌프는 너무 강력해서 꼭지에 바로 연결해 사용하기 어렵다. 수동 펌프를 이용하는 방법도 있다.)
●●●● 차량 뒤쪽에는 서랍장, 컴퓨터, 가재도구를 놓는 선반, 카운터 두 개, 싱크대, 옷장, 책과 음식을 보관하는 수납장, 비상시 이용하는 보조 전기냉장고, 그림 포트폴리오와 종이가 있다. 서랍장 너머 공간에는 여분의 생수통 여러 개와 재활용 봉투. 태양광 패널과 전선으로 연결된 가정용 배터리 두 개가 있다.

길 위의 여인

1년 전 어떤 사람이 내게 이 사진들을 보내왔다. 길 위에서 생활하는 자유로운 영혼의 소유자인 한 예술가가 자동차 앞에서 포즈를 취하고 있다. 사진 속 여인은 자신의 사진이 출판되기를 바라지 않으며 신분이 알려지는 것도 원치 않는다고 전해 들었다. 그래서 나는 주소를 알아내어 이 사진들을 익명으로 발행하는 것은 괜찮은지 의사를 묻는 편지와 함께 우리 책《빌더》한 부를 전달했다. 이 사진을 보고 기운을 얻는 여성들이 많을 것이라고 그녀를 설득했다.

그녀가 답장을 보내왔다. 사진에 있는 차량은 상시 거주하는 자신의 집이고, 자신의 이름이나 사는 지역을 언급하지 않는 한 사진들을 이용해도 좋다고 말했다.

올해 나이가 일흔둘이고 자식도 여럿 키웠답니다. 지금 모두 예술 계통에서 일하고 있지요. 나이 50이 되어서부터는 길에서 생활하기로 마음먹고 베드포드 스쿨버스를 직접 구입했지요. 이후로 여러 대의 버스와 트럭을 거쳤지요. 차량을 채색하고 꾸며서 전혀 다른 공간으로 만드는 것을 좋아합니다! 그러니까 독자 여러분께도 혹여 자신이 없더라도 일단 저질러보라고 말씀드리고 싶네요.

— '길 위의 여인'으로부터

CHAPTER 7. 주거용 차량

사라진 바다를 찾아서:
노새가 끄는 집

버니 하버츠 Bernie Harberts

우리 노새 '폴리'가 땅콩만 한 수레를 뒤에 매달고 마구 달리기 시작할 때를 빼놓고는 우리 집이 더 컸으면 좋겠다는 생각을 한 적이 없다. 폴리가 뒷발굽을 수레에 부딪치며 몬태나 평원을 힘차게 가로지르다가 장애물이라도 만나 달리기를 멈추기라도 하면 이 조그만 수레가 고꾸라져 부서질 것 같다는 생각이 들기도 한다. 하지만 어떤 신비한 운명이 우리를 지켜주는지 몰라도 그런 일은 생기지 않았다. 걷잡을 수 없이 달리던 폴리는 집에 가까이 오면 울타리를 가뿐하게 뛰어넘어 삐꺽거리며 수레를 멈춘다. 보시다시피 1.7㎡(0.5평)의 우리 수레는 13개월 동안 무사히 캐나다에서 멕시코까지 이동할 수 있었다. 이렇게 여행하는 목적이 무엇이냐고 묻는 사람들에게 나는 사람을 좀 더 알고 싶고 또 미국의 대평원에 남겨진 해양생물들의 화석을 찾기 위해서라고 답한다.

6500만 년 전에는 미 대륙 중심부의 3분의 1이 바닷물에 잠겨 있었다. 과학자들은 이 지역을 '백악기 내해 수로'라고 부른다. 거대한 해양생물들이 풍부했던 지역은 바닷물이 빠져나간 뒤에 초원으로 바뀌었고 그 화석은 미국 중부 지역 곳곳에 흩어져 있다. 일례로 캔자스에서는 표지판만 한 조개 화석이 발견되었고 사우스다코타에서는 자동차만 한 거북이가 발견되었다. 나는 잘 알려지지 않은 이 거대한 해양을 조사하고 싶

눈에 덮인 사우스다코타

은 호기심이 발동해 폴리가 몰 수 있는 작은 수레를 만들었다. 수레에는 페인트칠을 한 뒤에 "사라진 해양 탐험선The Lost Sea Expedition"이라고 쓰고 길을 떠났다.

나는 노새가 끄는 수레로 여행을 다니기로 계획을 세웠다. 그래야 사람들을 관찰하고 대화를 나누기에 적당한 속도로 다닐 수 있기 때문이다. 내게 필요한 것은 노새 한 마리가 끌고 다닐 만큼 작고 가벼운 이동식 주택이었다. 수레에는 잠을 자고, 요리하고, 동영상이나 사진을 촬영하고, 현장 관찰 기록을 적을 수 있을 만큼의 공간이 필요했다. 또 100와트짜리 태양광 패널을 설치하고, 10갤런의 물과 노새에게 먹일 226kg의 건초를 저장할 공간도 필요했다. 내가 가진 예산은 4000달러였다.

일반 주택은 참조할 수 있는 자료가 수없이 많지만 노새가 끄는 현대적인 수레의 디자인은 참고자료를 찾기가 어려웠다. 결국 내가 직접 디자인하고 제작했다. 나는 경량 강철로 틀을 짜고 폼 단열재를 채운 철제 패널로 벽체를 만들고 합판으로 지붕을 덮었다. 수레의 크기는 1.7㎡(0.5평)으로 작았다. 수레에서 보내는 시간은 보통 사람의 육체를 둘러싸는 데 얼마의 공간이 필요한지 실험하는 시간이기도 했다.

대부분의 사람은 외부 세계로부터 자신을 차단하기 위해 집을 짓지만(사람이 거주하는 집은 요새라고들 한다) 나는 정반대로 접근했다. 집을 작게 지음으로써 오히려 외부 세계에 나를 노출시켰다. 4000km, 10개 주를 지나면서 대초원의 진흙과 먼지 폭풍을 뒤집어쓰고, 메뚜기 떼와 방울뱀을 만나고, 마른하늘에 내려치는 벼락을 목격했다. 외부 세계에 노출된 나를 본 사람들은 자

경량 강철로 틀을 짜고 폼 단열재를 채운 철제 패널로 벽체를 만들고 합판으로 지붕을 덮었다. 마차의 크기는 1.7㎡(0.5평)으로 작았다. 보통 사람의 육체를 둘러싸는 데 얼마의 공간이 필요한지 실험하는 시간이기도 했다.

뉴멕시코 횡단

CHAPTER 7. 주거용 차량

집을 작게 지음으로써 오히려 외부 세계에 나를 노출시켰다. 4000km, 10개 주를 지나면서 대초원의 진흙과 먼지 폭풍을 뒤집어쓰고, 메뚜기 떼와 방울뱀을 만나고, 마른하늘에 내려치는 벼락을 목격했다.

신들의 집에 나를 초대하곤 한다. 나는 아주 검소한 침실부터 화려한 침실까지 다양한 손님 방에서 지낸 경험이 있다. 여행을 다니면 하루가 멀게 호의를 베푸는 사람들을 만난다. 나는 사람들과 저녁을 함께하면서 그들의 이야기를 탐구하는 시간을 갖는다.

여행 중에 만난 사람들의 집에서, 포치에서, 식탁에서 나는 평원의 삶과 사라진 해양에 존재했던 생명에 관해 많은 것을 배운다. 텍사스 사람들과 몬태나 사람들이 서로 다르게 기도를 한다는 사실도 알게 되었다. 전자는 비가 내리기를 기도하고, 후자는 우박이 내리지 않기를 기도한다. 사라진 해양이 노아 홍수의 증거라고 믿는 사람들도 만났고, 노아 홍수는 라코타 인디언 신화에 등장하는 고대 시대의 이야기라고 믿는 사람들도 만났다.

낯선 이들의 대형 저택에서 나는 작은 집의 아름다움을 배웠다. 나는 이 작은 집 덕분에 내가 찾던 이야기들을 접할 수 있었다. 때로 여행자는 자신의 몸뚱이만큼 작고 편안한 배를 타고 여행할 필요가 있다.

✻

노스캐롤라이나에 거주하는 작가 버니 하버츠는 20년 동안 혼자서 전 세계를 항해했으며 또 1.7~14㎡(0.5~4.2평) 사이의 수레를 이끄는 노새와 바람의 힘으로 미국을 횡단했다. 인디언들이 쓰는 티피 천막과 수레, 요트로 여행을 하지 않을 때는 3750㎡(1134평) 농장에 세워진 7㎡(2평) 남짓한 주택에 거주한다. 그는 최근에 티피 천막과 변덕이 심한 노새를 이끌고 미 대륙을 횡단한 이야기를 담아 《노새 한 마리로 미 대륙 횡단하기 Too Proud to Ride a Cow》를 출간했다.

www.riverearth.com

테네시에 도착한 '사라진 해양 탐험 마차'

마굿간 집

리타 스테인스 Rita Staines

2008년, 스코틀랜드에 사는 한 미술가와 뮤지션이 사진에 보이는 이동식 차량 주택을 만들었다. 이들은 말 수송차로 쓰였던 목제 짐칸이 달린 1976년식 베드포드 TK 트럭을 구입해 차량 안에 있던 말 운반용 장비를 모두 치우고 후방 경사로문도 제거했다. 웨일스의 한 교회에서 구한 스테인드글라스 창문을 설치하고, 중고 벨파스트 싱크대, 보트의 수동펌프 탭, 스토브, 굴뚝, 찬장, 다락 침실, 소형 중고 가스레인지, 작업용 책상, 테이블, 수납장 겸 의자, 선박 현창, 들보, 책선반, 침실 쪽에 둥근 모양의 회전 창문을 설치했다. 바닥과 천장, 침실은 재활용 플라스틱 병으로 제작한 솜 단열재를 썼다. 공사는 1년이 채 안 걸렸고, 이들은 공사를 하면서 집 짓는 방법을 배워나갔다. 결과물은 아름다웠다. 공사를 마무리 짓고 두 사람은 짐을 꾸려 길을 떠났다.

여행은 힘들었지만 환상적이었다. 이들은 길가에 주차하기도 하고, 친절을 베푸는 사람의 사유지에 주차하면서 영국 전역을 돌아다녔다. 두 사람은 길 위의 삶을 통해 꾸미지 않은, 있는 그대로의 세상을 목격할 수 있었다. 사람들이 베푸는 친절도, 사람들이 내뱉는 편견도 모두 생생하게 경험했다. 물과 불처럼 생활에 꼭 필요한 것들을 확보하느라 많은 시간을 보냈고, 이동 중에 열린 전시회나 축제 혹은 온라인상으로 미술작품을 팔아서 돈을 벌었다. 대개는 아름다운 나무로 둘러싸인 곳에 주차를 하지만 기계가 고장이 나면 정비소 앞마당에 주차하고 한동안 지내기도 했다.

집은 정말로 작지만 갖출 것은 모두 갖추었고 공간도 충분했다. 이들에게는 야외도 집의 일부이기 때문이다. 물론 비가 내리면 이 공간은 줄어든다.

트럭 안에는 변기가 없다. 따라서 이들은 땅에 구멍을 파거나 숲에서 소변을 본다. 목욕은 난로 앞에 놓인 아담한 주석 욕조를 이용한다. 욕조는 벽에 달린 후크에 고정되어 있다. 물은 스토브 위에 올린 철제 물통으로 데운다. 발전기가 돌아가는 시간이 아니면 오일 램프와 촛불로 실내조명을 대신한다. 발전기로 노트북과 책상 전등을 켜고, 휴대전화 충전기와 카메라 배터리를 충전한다.

이들은 길가에 주차하기도 하고, 친절을 베푸는 사람의 사유지에 주차하면서 영국 전역을 돌아다녔다.

이들은 자연의 품 안에 안기는 독특한 경험을 했다. 얇은 벽을 두른 집을 짓고 자연의 한복판에서 사는 사람에게만 허락되는 경험이다. 밤에는 몇 미터 안 떨어진 나무 위에서 올빼미가 우는 소리를 듣는다. 아침에 일어나 맨 처음 하는 일은 문 앞에 놓인 사다리를 내려와 풀을 밟는 것이다. 바람이 파도처럼 집을 흔들고, 비가 천장 위에 떨어지며 즐거운 소리를 낸다.

이동 주택에서 생활하면 충만한 기운을 느낄 수 있다. 매일매일이 소중한 기념일을 추억하듯 생생하다. 이들이 잘 모르는, 혹은 알려지지 않은 장소에 도착하면 소지품을 풀고, 빨랫줄을 걸고 한동안 이곳에 정착한다. 한 달이나 한 주가량 머물겠지만, 그물침대를 묶어두었던 나무들과 지저귀는 새들의 울음소리는 그곳을 떠나는 순간까지 서서히 그들 영혼 깊숙이 스며든다. 짐을 꾸리고 찬장 문을 단단히 걸어 잠그고 익숙해진 초원을 떠나는 순간은 괴로우면서도 새로운 기대가 교차하는 시간이다. 이들은 길을 따라 달리며 새로운 장소를 물색하고, 정착하고 또 작별하는 과정을 반복한다. 이들은 길 위에서 지루할 틈 없이 인생을 사는 법을 배웠다. '하루만 더' 혹은 '만약 그랬다면 좋았을까'라고 아쉬워하지 않고, 매 순간 충실하게 사는 법을 배웠다. 이는 정말로 눈부신 삶이었다.

길 위의 생활을 더 듣고 싶다면 그들의 블로그를 방문하기 바란다.

http://intothehermitage.blogspot.com

바람이 파도처럼
집을 흔들고,
비가 천장 위에
떨어지며 즐거운
소리를 낸다.

CHAPTER 7. 주거용 차량

미국에서의 유목생활

릭 아우어바흐 Rick Auerbach

어렸을 때 나는 떠돌이 방랑자가 되고 싶었다. 하지만 본보기로 삼을 만한 방랑자가 있는 것도 아니고, 서민들이 흔히 동경하는 인간상도 아니어서 자라면서 그 같은 욕구는 차츰 희미해졌다. 고등학교에 들어가자 서부 해안에서 불붙기 시작한 히피 문화가 중서부 지역으로 넘어오면서 잠자던 욕망에 다시 불이 붙었다. 하지만 대학을 다니면서는 베트남전쟁을 멈추는 것이 더 절실한 사명이었기에 내 꿈에 대한 응답은 자연스럽게 연기되었다.

오랜 반전시위로 지친 나는 버몬트에서 휴식을 취한 뒤, 1976년 히치하이킹을 하면서 캘리포니아로 여행을 떠났다. 그곳에서 나는 1963년식 0.5톤짜리 쉐보레 픽업트럭 위에 작은 오두막을 지었다. 버몬트 주 그린마운틴Green Mountains에 있을 때 방 한 칸짜리 오두막에 살았는데 그 집을 떠올리며 지은 것이다. 1950년대에 사회와 부모가 시키는 대로 유년기를 보내고 반전시위로 얼룩진 학창 시절을 경험했던 나와 같은 많은 이들은 길 위의 삶을 거부할 수 없었고 그 삶을 동경했다. 그 부름에 응답해 우리가 가장 먼저 한 일은 히치하이킹을 하면서, 들판이나 숲 혹은 얼어붙은 도로 근처에 침낭 하나 깔고 노숙하면서 수천수만 킬로미터를 이동하는 것이었다. 차량 위에 손수 집을 짓고, 등불을 밝히고, 나무로 불을 때면서 저 지평선 너머를 향해 나아가는 여정은 다름이 아니라 고대로부터 인간에 내재하던 욕망이 새롭게 부활해 자연스럽게 꽃을 피운 결과였다.

이후로 나는 오랜 세월 두 가지 삶을 병행하고 있다. 하나는 보통 사람처럼 도시에서 일을 하고

거래하며 가족과 정착된 생활을 하는 것이다. 다른 하나는 서부 전역을 돌아다니며 축제나 전시회 등지에서 공연을 하고 공예품을 판매해 생활하는 음악가와 미술가들로 구성된 공동체의 일원으로서 여름부터 가을까지 유목생활을 하는 것이다. 축제나 전시회가 없는 기간에는 친구들의 농장이나 산 주변의 호숫가라든가 온천 주위에 주거용 차량을 주차하고 모닥불을 피워놓고 야영하면서 공예품이나 음악을 만든다. 사진가로서 나는 야생을 주로 담지만 방랑자들과 정착민들이 어우러지는 축제나 전시에도 관심이 많다. 대표적으로 오리건 카운티 박람회, 레인보우 축제, 북서 지역의 물물거래 Barter Fairs, 데드 쇼, 치유 축제, 버닝맨 축제 등이 있다. 또 소박한 것부터 화려한 것까지 사람들이 직접 제작한 주거용 차량을 모두 기록으로 남기고 싶었다. 여기 보이는 사진은 35년 동안 유목생활 중에 만난 사람들의 개성 넘치는 주거용 차량을 찍은 것들이다. 마음이 머무는 곳이 바로 그들의 집이라는 진리를 확인할 수 있다.

바퀴 달린 집과 길 위의 삶으로 대표되는 토착 유목문화를 제대로 알게 해주고 나에게 영향을 끼친 사람들, 즉 수많은 로마 사람들('집시'라는 말은 경멸적 표현으로 간주되는 경우가 많다)에게 감사와 존경의 인사를 드리고 싶다. 내가 타고 다닐 집을 만든 지 얼마 후에 영광스럽게도 한 로마인 가족이 구입하고 싶다는 뜻을 내비쳤으나, 나는 그 제안을 정중히 거절했다.

CHAPTER 7. 주거용 차량

미국에서의 유목생활

CHAPTER 7. 주거용 차량

다양한 빈티지 캠퍼

인터넷이 경이로운 이유 중 하나는 이같이 진귀한 사진을 볼 수 있다는 것이다. 여기 실린 사진은 대부분 'RV 센테니얼'과 '올드 우디즈' 웹사이트에서 구했다. 1940년식 헌트 하우스카와 1939년식 린드버그 트래블 트레일러는 〈RV 매거진〉에서 구했다. 'RV 센테니얼' 사이트를 소개해 준 젠 링Jen Ring 씨에게 감사를 전한다.

www.shltr.net/rvcentennial
www.oldwoodies.com/gallery.htm
www.rvmagonline.com
미국의 캠퍼를 소개하는 스미스소니언 박물관 컬렉션:
www.shltr.net/amercampers

● 미네소타 주 세인트폴에 있는 포드 공장에서 한정 수량만 생산한 1937년식 포드 하우스카. 뼈대와 패널은 목제이고, 외장은 철제다.
●● 수제 자동차 주택, 1930년대
●●● 포드 모델 T, 1916년
●●●● 1931년식 포드 모델 A 트레블러
●●●●● 1940년식 헌트 하우스카는 샤워기와 변기가 딸린 욕실, 주방, 책상, 텔레비전을 놓을 수 있는 공간을 갖추었다.

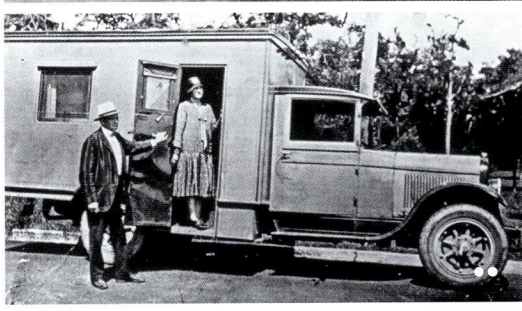

CHAPTER 7. 주거용 차량

● 자글머 캠프카 1920년
●● 프랑스에서 제작한 시골풍의 시트로엥 2CV 목제 캠퍼는 캘리포니아 북부의 히피 캠퍼를 연상시킨다.
●●● 얼 트레일러와 포드 모델 T, 1913년
●●●● 헌트 하우스카 1937년
●●●●● 애덤스 모터 방갈로, 1917년
●●●●●● 포드 하우스카, 1931년
●●●●●●● 1915년 램스티드 캠프카는 포드 모델 T 섀시에 탑재했고 535달러에 팔렸다.

● 수제 캠퍼, 1909년
●● 메이 웨스트가 소유한 쉐보레 하우스카
●●● 레드넥 자동차 주택
●●●● 1915년에 롤란드Roland와 메리 콘클린Mary Conklin이 제작한 '집시 밴'으로 미국 여행에 이용되었다.
●●●●● 1940년대 포드, 주로 모래사장에서 이동하는 차량으로 지붕이 열리는 구조이고, 수납 공간이 넉넉하다.
●●●●●● 에어스트림 1933
●●●●●●● 1920년식 포드 모델 TT 차량주택으로 다락방과 후방에 포치가 있다.
●●●●●●●● 스코틀랜드 북부 지역의 주거용 롤스로이스
●●●●●●●●● 1921년식 포드 모델 T를 개조한 차량
●●●●●●●●●● 1946년식 쉐보레 차량주택은 일차 세계대전 이후 여러 해에 걸쳐 주인이 직접 개조했다.

CHAPTER 7. 주거용 차량   321

CHAPTER **8**

물 위에 지은 초소형 주택

- 폴과 줄리의 항해일지
- 미스티 호
- 브리티시컬럼비아의 유목집
- 온타리오 보트하우스
- 호수 위의 작은 오두막
- 내로우 보트 Narrow boat

폴과 줄리의 항해일지

폴과 줄리의 항해일지

나의 오랜 친구이자 항해사이며 선박건조 기술자 겸 미술가인 고드프리 스티븐스는 이 책에서 요트를 다뤄야 한다고 나를 집요하게 설득했다. 고드프리는 《빌더》에서도 수많은 빌더들에게 영향을 주었는데 나 역시 그의 의견을 반영해 지금 이 책을 집필하는 중이다. 고드프리는 요트야말로 궁극적인 초소형 주택이라고 확신한다. 그는 수많은 사진과 이메일을 내게 폭탄처럼 투하했고, 나는 폴 스멀더스Paul Smulders와 줄리 뉴턴Julie Newton을 소개하고자 한다. 폴과 줄리는 때마침 그리 멀지 않은 샌프란시스코의 소살리토에 정박하고 있었다. 나는 화창한 아침 소살리토로 내려갔다. 폴이 작은 구명정을 몰고 마중을 나왔고, 요트까지 노를 저어 갔다. 폴이 거주하고 있는 요트는 무척이나 아름답고 기능도 충실한 범선이었다. 나는 두 차례 두 사람의 요트를 방문했고, 폴과 줄리도 우리 농장을 한 번 방문했다. 두 사람을 가장 최근에 본 것은 2010년 11월 9일이었다. 그들은 막 떠오르는 태양을 가르며 금문교를 지나 멕시코를 향해 떠났다. 줄리에게 두 사람의 얘기를 들어보자.

❋

미아 호는 우리 집이다. 이 배는 단순한 커터(파도가 거센 대양에서 항해할 수 있는 범선의 일종—옮

간이)가 아니다. 유명 디자이너 로랑 질Laurent Giles 이 설계한 것으로 목재로 건조한 전통 범선이자 우리에겐 더없이 소중한 집이고, 생각지도 못한 미지의 장소로 우리를 데려다주는 최고의 이동 수단이다.

미아 호는 마리나항(요트나 레저용 보트의 정박시설-옮긴이)에서 흔히 찾아볼 수 있는 평범한 보트가 아니다. 하루는 태평양 북서 해안에 정박해 있는 미아 호에 돌아가려고 지나는 배를 얻어 탔다. 운전을 하던 항해사 친구와 말을 트려고 내가 먼저 말을 걸었다. "미아 호는 티크로 되어 있어요."

"아, 유리섬유 보트군요!"

"아뇨. 오크 구조목을 청동으로 고정하고 전부 티크로 마감했어요."

그러자 그가 다시 물었다. "유리섬유를 덮지 않았나요?"

"미아 호는 코킹 작업을 하지 않고 38mm 두께의 티크 널빤지를 빈틈없이 덮었어요." 이렇게까지 설명했지만 그는 내 말이 믿기지 않는 듯했다. 미아 호가 그만큼 고급스러워 보였기 때문이다. 1950년대 후반에는 유리섬유를 이용한 보트가 인기를 끌었지만, 미아 호의 전 주인은 티크를 원해 영국의 사우샘프턴에 있는 유명한 무디 조선소에 건조를 의뢰했고, 조선소 경영진은 티크로 요트를 건조하기 위해 은퇴하려던 기술자들을 붙들어둬야만 했다.

8년 전 폴은 브리티시컬럼비아의 빅토리아에 있는 한 부두에서 미아를 보자마자 그 매끈한 유선형에 마음을 빼앗겼다. 당시에 폴은 길이 10m가량의 요트를 유지관리하며 항해하고 있었고, 해상에서도 생활이 가능한 더 큰 보트를 찾고 있었다. 운 좋게도 주인이 미아 호를 팔려고 내놓았고, 그렇게 우리의 인연은 시작되었다.

네덜란드 사람들은 태생적으로 뱃사람이라는 말이 있다. 폴은 네덜란드 태생이고, 어려서부터 배를 타고 자위더르 해에 나가 캠핑을 즐겼다. 폴은 열여섯 살에 가족과 함께 캐나다로 이주해 왔고, 고등학교를 마친 후에는 독일에서 대장장이 도제 과정을 거쳤다. 폴은 대장장이 일을 하며 가족을 부양하고, 집을 짓고, 선박을 보수하면서 항해를 하고 있다. 폴은 이제 자급자족하는 생활에 완전히 숙련되어 있어서 전기, 수도 등의 공공시설과 단절된 채로 생활할 수 있다. 배관이며 전기, 기계, 목공일까지 모두 혼자 직접 처리한다.

거친 바다에서 항해하며 생활할 수 있는 준비를 마치기 위해 철저히 미아 호를 점검하는 작업이 시작되었다.

브리티시컬럼비아의 빅토리아에서 내가 폴을 처음 만난 것은 2003년의 일이다. 그는 독신이었고, 집을 처분한 뒤 미아 호를 타고 바다 위에서 생활했으며, 칠레의 남쪽 해협을 함께 항해할 여인을 만나게 되기를 꿈꾸고 있었다. 폴은 나에게 "내 아내 될 사람을 위해 더블침대를 만들어야겠어요"라고 말했고, 나는 그의 배로 이사했다. 거친 바다에서 항해하며 생활할 수 있는 준비를 마치기 위해 철저히 미아 호를 점검하는 작업이 시작되었다.

폴은 태양광 패널과 자동조타기, 발전기, 심방전 배터리 네 개를 장착했다. 여기에 수동 커피 분쇄기와 수동 공구들, 태양광 샤워 시설을 갖췄다. 손세탁을 하기 때문에 공간의 제약을 받지 않고 전기 의존도를 최소화했다. 우리는 효율적으로 자급자족하는 생활의 표본이 되었다. 미아 호는 240갤런의 청동 물탱크에 담수를 보관한다. 또 빗물을 집수하고, 식기는 바닷물로 설거지한다. 돛을 올릴 때도 우리 힘으로 한다. 헤드 싱크와 갤리 싱크도 수동 펌프를 이용한다. 돛을 수선하는 데 이용하는 재봉틀은 태양광으로 돌아간다. 미아 호에 장착된 선박용 존 디어John Deere 엔진으로도 전기를 공급할 수 있다.

폴이 미아 호를 손보는 동안 나는 아파트를 비우고, 운영하던 셔츠 의상실을 처분하고, 내가 이끌던 자동차 동호회 활동도 접었다. 또 볼보를 팔았고 물품보관소 물건도 정리했다. 물건을 더하기는 쉬워도 덜어내기는 무척 어려웠다. 미아 호로 물건을 옮길 때는 보통 폴이 살펴보지 않을 때 자전거 짐바구니에 넣어서 한 번씩 옮기곤 했다. 폴은 물건이 꼭 필요한 것인지를 꼼꼼하게 따져보기 때문이다.

'항해사란 어떤 의미인가요?'
항해사란 꼭 필요한 것만 지니고 살아가는 것을 의미한다. 항해하는 과정과 처음으로 뭍이 드러나는 순간을 즐기고, 타지의 언어와 문화에 동화되고, 항상 검박한 처소에 거하며 스스로 문제를 해결할 줄 알아야 한다.

CHAPTER 8. 물 위에 지은 초소형 주택　329

2005년 9월, 우리는 마침내 출항을 했다. 후안 데 푸카 해협을 지나면서는 파도가 심해 멀미가 났다. (마젤란 해협도 항해해봤지만 푸카 해협만큼 험난한 바다는 없는 것 같다.) 7일 뒤에 샌프란시스코에 머물면서 멕시코의 허리케인 시즌이 지나기를 기다렸다. 바하 연안을 따라 이동하던 중 하룻밤은 라파스에서 돌풍이 지나길 기다렸는데 그다음에 모래폭풍을 만나 고생을 했다. 코르테스 해를 건너 마사틀란Mazatlan으로 갔고, 이어서 덥고 습기가 많은 아카풀코에 도착했다.

2006년 2월, 우리는 멕시코를 떠나 갈라파고스로 향했다. 8일 안으로 도착할 것으로 예상했지만 도중에 호된 시련을 맞는 통에 17일이나 걸리게 되었다. 갈라파고스 제도의 북부에 위치한 다윈 섬에 이르니 바람도 불지 않고, 디젤 엔진도 기름이 바닥났다. 우리는 악명 높은 무풍지대에서 9일 동안 꼼짝할 수가 없었다. 바람이 우리를 도와주지 않으면 마냥 무기력하게 기다릴 수밖에 없었고, 2노트 속도의 해류에 의지해 서쪽으로 표류하고 있었다. 생각해보니 이와 유사한 상황에서 좋지 않은 결말을 맞은 경우가 많았다.

하지만 결국 한줄기 바람이 불어오더니, 곧이어 비를 동반한 돌풍이 불었다. 우리는 다행히 사람이 많이 거주하는 큰 섬에 이르렀다. 1개월짜리 비자를 들고 있었는데 비자 만료 하루를 남긴 시점에, 닻을 올리고 떠날 준비를 하던 24m가량의 갈라파고스 국립공원 해양작업선과 충돌을 하고 말았다. 비자 기간은 한 달 연장되었다. 우리는 선장이 피해 보고서를 작성하는 동안 억류되었다. 운이 좋게도 증언 진술문과 사진이 작

업선의 과실을 입증해주었다. 사고 후 10개월 뒤에 우리는 선체 외부에 입은 피해에 대한 배상으로 4100달러를 받았다. 에콰도르가 지구상에서 가장 부패한 나라 가운데 하나라는 점을 고려하면 이는 대단한 보상금이 아닐 수 없다.

이 난리를 겪은 뒤에 우리는 이스터 섬을 들러 칠레로 갈 계획을 세웠다. 하지만 사고가 났었기 때문에 먼저 에콰도르에 들러 검사를 받고 수리를 하기로 했다. 우리는 4개월 동안 만반의 준비를 갖췄다. 준비가 끝나면 우리는 2노트 속도로 끊임없이 밀려드는 훔볼트 해류(페루 해류의 다른 이름-옮긴이)에 맞서 페루 해안을 따라 나아가는 힘겨운 항해를 해야 했다. 그때 배를 정비하면서 우리는 에콰도르 안데스 산맥에 있는 퉁그라우아 화산이 폭발하는 소리에 잠에서 깨어 화산재가 날리는 광경을 목격했다.

2006년 9월, 우리는 칠레의 독립기념일 축제에 맞춰 칠레 북부 아타카마 사막에 위치한 아리카Arica에 상륙했다. 이 지역의 아름다운 자연경관은 물론이고 평생 기억에 남을 문화 체험을 다양하게 했다.

에콰도르에서 칠레까지 21일간의 여정은 가장 힘겨웠던 시간이었다. 거친 파도에 안개 낀 페루 연안을 수월하게 지날 수 있는 선박은 그리 많지 않을 것이다. 한밤중에 해적도 두 차례나 만났다. 우리는 해적을 벗어나기 위해 강력한 조명을 비춰 해적들이 우리를 바라보지 못하게 만들어 놓고, 해양경찰과 교신하는 시늉을 했다.

우리는 아리카에서 왕족 부럽지 않은 시간을 보냈다. 새로 사귄 친구들은 우리를 집으로 초대해 저녁을 대접했고, 수리점을 찾고 부품을 구하는 데 도움을 주었으며, 페루를 대표하는 각테일인 피스코 사워Pisco Sour(피스코라는 술에 레몬주스와 설탕 등을 첨가해 만든다-옮긴이)를 만들어 토스트와 함께 먹는 방법도 알려주었다.

칠레 남단 해협들까지는 3개월이 걸렸다. 우리

> 우리는 빙산편을 피해 가며 빙하 지대를 달렸다. 주변에서 돌고래와 고래들이 헤엄을 쳤다. 퓨마와 콘도르 그리고 신비의 동물 구아나코도 구경하고, 몇몇 어부들을 만나 해산물을 얻기도 했다.

는 바람과 해류에 맞서 힘겨운 항해를 하면서 해안선이 갈색 사막 지대에서 점차 녹지로 바뀌는 풍경을 지켜보았다. 새해가 시작되기 하루 전날 마침내 푸에르토몬트에 도착했다. 여기서 케이프 혼 근처에 있는 지구 최남단 도시 푸에르토 윌리엄스로 항해할 준비를 할 참이었다. 다른 항해사들이 우리를 보더니 이렇게 조언했다. "정박할 때 네 줄로 묶으시오. 네 줄이오. 그래야 밤에 잠을 잘 수 있을 거요." 과연 그날 밤에 느닷없이 광풍이 불어 닥치더니 단 몇 분 사이에 아수라장을 만들고 지나갔다.

푸에르토몬트를 떠난 후 50일 동안 우리는 1500해리를 달리며 자급자족하는 생활을 했다. 우리는 빙산편氷山片을 피해 가며 빙하 지대를 달렸다. 주변에서 돌고래와 고래들이 헤엄을 쳤다. 퓨마와 콘도르 그리고 신비의 동물 구아나코(남미 낙타의 일종-옮긴이)도 구경하고, 몇몇 어부들을 만나 해산물을 얻기도 했다. 이 지역을 지나며 목격한 황홀한 풍경과 다양한 생명체들이 전체 항해를 통틀어 가장 기억에 남는다.

돛이 찢어지고, 돛대가 파손되고, 마젤란 해협에서 뇌우를 만나고, 모래톱에 얹히기도 하고, 눈보라를 맞고, 용오름을 경험하면서 우리는 드디어 푸에르토 윌리엄스의 해군기지 수비대에 도착했다. 바람이 매섭게 몰아쳤다. 해양 VHF 라디오에서는 항구가 폐쇄되었다는 소식을 전했다. 비에 젖어 추위에 온몸이 덜덜 떨렸지만 마음만은 의기양양했다. 우리는 이곳에서 겨울을 나며 해군 장교들에게 영어를 가르쳤다. 이들은 숙제를 해오지는 않았지만, 우리를 저녁식사에 초대해 대접하곤 했다.

봄이 찾아오자 우리는 해협을 따라 푸에르토몬트로 돌아갔다. 그리고 다시 마르키즈 제도까지 37일 동안 4500해리를 항해할 준비를 했다. 이 항로는 항해의 묘미를 제대로 체험하는 경로였다. 우리는 무역풍 경로를 따라 하루 평균 241km 속도로 미끄러져 나갔다.

화가 고갱의 그림에 등장하는 마르키즈 제도는 그야말로 낙원이었다. 우리는 엷은 안개로 뒤덮인 바위투성이 화산섬에서 두 달을 머물며 친절한 폴리네시아인들이 베풀어준 망고와 빵나무 열매, 파파야, 바나나, 그레이프프루트, 아보카도, 멧돼지와 염소 고기를 먹었다. 우리는 떠나기 싫은 발걸음을 뒤로하고 캐나다를 향해 떠났다.

2주일의 항해 끝에 우리 수상주택은 하와이 북쪽에 도착했다. 돈벌이를 최우선에 두는 불친절한 북미 사회에서 우리는 새삼스럽게 또 문화적 충격을 겪었다. 항구에 들어가려고 할 때마다 나가라고 소리치는 사람을 만났고, 미아 호를 몰수하겠다고 협박하는 공무원도 두 번이나 만났다.

안개 낀 초록빛 바다를 3주 동안 더 항해한 끝에 우리는 2008년 6월 빅토리아에 도착했다. 캐나다에 돌아오고 나서 받은 충격은 훨씬 컸다. 내가 유방암 진단을 받은 것이다. 나는 절제수술과

화학요법, 방사선 치료를 받았다. 우리가 살았던 북미 지역으로 돌아와서는 정신적 외상을 입은 것과 다름없는 시간을 보냈다. 커다란 바위에 부딪쳐 좌초된 듯 꼼짝할 수가 없었다. 더 이상 우리 집은 앞으로 나아가지 못했고 우리의 미래는 보류되었다.

2005년 여행을 시작하고 5년 뒤에 미아 호는 남태평양을 가는 길에 들렀던 샌프란시스코 소살리토를 다시 방문했다. 금문교를 지나 출항하던 날 〈래티튜드 38 매거진〉의 편집장이 우리에게 물었다. "바다를 항해하며 산다는 것은 어떤 뜻인가요?"

그것은 꼭 필요한 것만 지니고 살아간다는 뜻이다. 바다에서의 여정과 오랜 항해 후에 뭍에 올라가는 순간을 즐기고, 타지의 언어와 문화를 받아들이고, 항상 소박한 거처에 만족하고, 제 손으로 문제를 해결할 줄 알아야 한다. 우리는 늘 미아 호를 눈 가까이에 두고 지킨다. 미아 호는 우리를 지탱하고 살게 만들기 때문이다. 우리의 관계야말로 진정한 공생관계가 아닐까 싶다. 서로를 사랑하는 50대의 두 연인은 자연 속에서 야영을 하고 지구의 이곳저곳에서 함께 아침을 맞이한다.

바하칼리포르니아에서 날아온 난파 소식

소살리토에서 미아 호를 사진에 담은 지 한 달이 조금 넘었을까? 나는 이 사진과 함께 이메일을 한 통 받았다. 사진을 보니 가슴이 철렁 내려앉았다. 너무 충격적인 소식이라 믿을 수가 없었다. 미아 호가 난파된 것이다. (운명의 장난인지 바로 이 해안에서 내 친구 고드프리 스티븐스도 1970년대에 범선 두 척을 잃은 적이 있다.)

"폭풍우가 심하게 불던 캄캄한 밤에 폴과 저는 사고를 당했어요. 우리가 타고 있던 미아 2호가 좌초되었답니다. 2010년 12월 28일이었죠. 바하칼리포르니아 연안의 외딴 지역을 지나는 도중이었어요……."
www.shltr.net/mia-shipwreck에 들어가면 줄리의 자세한 설명과 사진을 볼 수 있다.

미스티 호

헨리크 린스트룀 Henrik Lindström

밴쿠버에 있는 내 친구 고드프리 스티븐스의 스튜디오에서 몇 해 전에 헨리크를 만났다. 당시 나는 《빌더》를 집필하던 중이었고, 이 책에서도 고드프리와 여러 친구를 소개했다. 고드프리는 오래전부터 요트를 건조해 항해를 하고 다니기 때문에 배에서 생활하는 친구들을 많이 안다. 스웨덴 출신의 헨리크는 용접기사로 일하고 있었으며 강철로 건조한 요트를 타고 멕시코를 항해하려던 참이었다. 용접 기술은 시장성이 좋다. 덕분에 헨리크는 자유롭고 자립적으로 살아가면서 모험이 일상인 나날을 보내고 있다. 그의 이야기를 들어보자.

*

대안적 삶, 특히 주택의 기능에 여행과 탐험을 결합한다는 아이디어는 늘 내 흥미를 끌었다. 20대 초반에는 스톡홀름에 있는 3.3㎡(1평) 남짓

한 아파트에서 살았다. 장거리 여행을 떠나려고 돈을 모으던 나는 더욱 효율적으로 여행하기 위해 물건을 대거 처분하고, 그 돈으로 친구에게서 폴크스바겐 버스를 구입한 후 차량에서 생활했다.

운이 좋았는지 요트 정박지 곁의 해안가에 버스를 주차할 공간을 얻었다. 나에게는 카누가 한 척 있어서 카누를 타고 스톡홀름의 물길을 따라 돌아다니곤 했다. 이때부터 지금까지 나는 탈 것을 개조해 우리 집으로 삼고 있다.

버스에서 살다가 몇 년 뒤 '마리아 호', 즉 길이 15m가량의 오래된 강철 스쿠너(돛대가 두 개 이상인 범선-옮긴이)로 이사했다. 이 배는 스톡홀름의 아름다운 바다가 보이는 그림 같은 부두인 '쇠데르 멜라르슈트란드 Söder Mälarstran'에 정박해 있었다. 나는 이 배에서 3년간 생활했다. 이때 용접기사 자격증을 따려고 공부했고, 용접기사가 되어 지금까지 생계를 유지하고 있다.

그리고 얼마 지나지 않아 한 여자를 만났다. 그녀에게는 길이 18.2m가량의 예인선인 '노티카 호'가 있었다. 우리는 배 전체를 개조했고 나는 그녀의 배로 이사해 두 해를 보냈다. 스톡홀름 바다 한가운데 떠 있는 노티카 호도 훌륭한 대안주

내가 최고로 생각하는 예술작품은 손으로 만든 보트주택이다.

6년이 지난 지금
나는 멕시코에
있고,
미스티 호에서
아직 살고 있다.

택이 되었다.

 하지만 더 자유롭게 여행 다닐 수 있으려면 이보다 더 작은 항해용 범선이 있어야겠다는 생각을 떨칠 수 없었다. 돈을 모으기 위해 나는 노르웨이 조선소에서 일하기 시작했다.

 2003년에는 미국에 갔다. 워싱턴 주 포트 타운젠드에서 우연히 '미스티 호'라는 길이 10.9m가량의 커터를 보았다. 윌리엄 앳킨_{William Atkin}이 디자인한 커터였다. 우아하게 곡선을 그리며 아름답게 빛나는 미스티 호는 선두-선미 대칭형에 강철로 건조된 배였다. 1960년대 중반에 건조된 배라 디자인이 단순하지만 상당히 시간이 흘렀는데도 상태가 무척 양호했다. 이 배에는 신형 얀마 디젤 엔진이 장착되어 있었다. 나는 미스티 호를 구입해 한 달 동안 배를 정비했다. 그리고 밴쿠버 섬 주변을 6개월간 항해했다. 이듬해에는 알래스카까지 항해했다.

 6년이 지난 지금 나는 멕시코에 있고, 미스티 호에서 아직 살고 있다. 돈이 떨어지면 조선소나 석유 굴착시설에서 몇 개월 동안 일했다.

 나는 북서 태평양 지역을 항해하면서 좋은 사람들을 많이 만났다. 이들은 예쁘장한 '요트 스타일'보다는 상업용으로 만들어진 투박하고 실용적인 강철 선박을 더 좋아한다.

 아주 복잡하고 어려운 일이라면 모를까 사람이라면 가능한 한 제 손으로 뭐든 할 수 있어야 한다는 것이 내 지론이다. 내가 최고로 생각하는 예술작품은 손으로 만든 보트주택이다. 범선에는 금속, 목재, 직물 같은 다양한 재료가 들어가고, 디자인과 건조 과정에서는 기능을 따져야 한다. 범선은 바람과 바닷물에 노출되기 때문에 모든 부분이 견고하고 튼튼해야 한다. 배에서 살려

미스티 호는 태양광과 풍력으로 전기를 생산한다(물론 엔진을 돌릴 때에는 엔진으로 전기를 이용한다).

면 정비 작업은 일상이다. 그래도 범선에서 살기 때문에 자립적으로 생활하며 어디든지 여행할 수 있다.

미스티 호는 태양광과 풍력으로 전기를 생산한다(물론 엔진을 돌릴 때에는 엔진으로 전기를 이용한다). 배에는 12볼트를 110볼트로 전환해주는 인버터가 있다. 나는 바다 한가운데에서도 용접기를 돌릴 수 있다. 식수는 해수를 담수로 만들어주는 증류기를 이용한다. 난방을 하는 화목난로가 있고, 요리할 때에는 프로판가스 스토브를 이용한다.

나는 압력밥솥에 빵을 굽는다. 제분기로 밀알을 직접 빻아 쓰는데, 가루 상태보다 훨씬 유통기간이 길다. 새싹식물도 길러 먹는다. 본격적으로 채소를 가꾸거나 좋은 작업실이 필요한 경우가 아니라면 굳이 육지에 처소를 마련해야 하는 이

유를 모르겠다. 합주실도 욕심이 나기는 한다.

작년에 멕시코에서 카약 강사인 지니Ginni를 만났다. 그녀는 멕시코에서 카약과 관련한 사업을 하고 있었다. 숙련된 항해사는 아니었지만 배우려는 열정이 대단했다. 우리는 서로 닮은 점이 많아 연인으로 발전하게 되었다. 지니는 빠르게 항해술을 익혔고, 배를 만드는 솜씨도 어떨 때는 나보다 낫다.

항해하고 배를 정비하는 일 외에 우리가 우선시하는 활동은 세상을 탐험하고 하이킹이나 스노클링처럼 야외에서 하는 활동이다. 물론 카약도 빼놓을 수 없다. 균형감각을 키우려고 서핑이나 스케이트보드도 즐기고 있다.

미스티 호의 갑판에는 카약이 두 척, 서핑보드가 두 대, 직접 제작한 스케이트보드 세 대가 놓여 있다. 이제는 지니와 함께 이 모든 활동을 즐긴다.

CHAPTER 8. 물 위에 지은 초소형 주택

브리티시컬럼비아의 유목집
헨리크 린스트룀

온타리오 보트하우스

웬디 베스트워드 Wendy Bestward

《셸터》,《행복한 집짓기》,《빌더》를 보내주셔서 감사합니다. 책을 받자마자 정신없이 빠져서 읽었어요. 책에 소개된 집들을 보니 우리가 캐나다 온타리오의 와우바우쉰Waubaushene에서 지난 2년 동안 작업한 보트하우스랑 트리하우스와 유사하다는 생각이 들더군요.

휴양지로 지은 우리 보트하우스는 기본적으로 컨테이너형이고 2.1m×3.9m, 즉 8㎡(2.5평)입니다. 실외 공간으로 물 위에 삼나무 데크와 선창을 놓았습니다. 바깥쪽으로 활짝 열리는 여닫이 창문을 달고, 베이비 베어 피셔Baby Bear Fisher 화목난로를 설치하고, 문과 자물쇠는 손수 제작했어요. 바닥에는 제혀쪽매 결구 방식으로 소나무를 깔고, 붙박이 책장을 설치했어요. 하천이 내려다보이는 흔들의자에서 보내는 시간이 많지요. 올해에는 카누와 카약을 보관하는 곳 바로 위로 새로 거실을 확장하고, 바깥쪽으로 문이 열리는 대형 창문을 달았어요.

보트하우스의 실내 공간은 이제 6m×6m로 36㎡(11평)가량 됩니다. 현관의 포치는 땔감을 쌓아놓는 헛간 구실을 합니다. 현관 앞쪽으로 정원과 해먹을 매달아놓은 공간도 있습니다. 삼나무 데크와 선창이 있는 쪽 건너편에는 하천 생태

CHAPTER 8. 물 위에 지은 초소형 주택 341

파란 왜가리
둥지,
휘파람고니,
캐나다
기러기 떼,
밍크 가족,
물수리와 수달,
붉은어깨
찌르레기 둥지,
제비갈매기,
갈매기,
아비(되강오리),
물총새, 제비,
가마우지가
있어요.
지금은
낚시철인데,
이맘때에는
연어가 바로
우리 집 선창
앞을 지납니다.
이 지역에는
말코손바닥
사슴과 곰도
서식합니다.

계가 있어요. 이곳 생태계는 살아 숨 쉬며 끊임없이 변합니다. 파란 왜가리 둥지, 휘파람고니, 캐나다기러기 떼, 밍크 가족, 물수리와 수달, 붉은어깨찌르레기 둥지, 제비갈매기, 갈매기, 아비(되강오리), 물총새, 제비, 가마우지가 살고 있어요. 지금 낚시철인데, 이맘때에는 연어가 바로 우리 집 선창 앞을 지납니다. 이 지역에는 말코손바닥사슴과 곰도 서식합니다. 올봄에 우리는 부엽토 화장실을 설치하고, 야외에서 빵을 구울 수 있는 오븐을 마련할 계획입니다. 전원은 태양광 패널로 공급하는데, 몇 개의 전등을 밝히고 휴대전화를 충전할 수 있습니다. 오일 램프와 초를 이용해 불을 밝히기도 합니다. 여름에는 캠핑용 스토브나 정원에 모닥불을 피워 요리합니다. 식수는 마을에 있는 샘에서 길어다 쓰고, 빗물을 집수해서 씻는 물로 이용합니다. 태양광 샤워 시설을 이용해 목욕을 하고, 다른 곳에서 얼린 물병들을 아이스박스에 넣어 냉장고로 이용합니다. 올해는 품앗이 교환으로 장작을 구했습니다.

1층 높이 정도의 버드나무 그루터기 위에 삼나무 통나무와 나뭇가지를 이용해 크기 2.4m×2.4m인 팔각형 모양의 트리하우스를 지었어요. 물가에 가까워서 하천의 생태계를 관찰할 수 있습니다. 트리하우스에는 나무 사다리를 타고 올라갑니다. 트리하우스의 천장 한가운데는 아크릴 유리로 되어 있어 별을 관측할 수 있답니다. 트리하우스 주변에는 철마다 풍딴지 꽃을 비롯해 여러 구근식물이 꽃을 피웁니다. 트리하우스 아래쪽에는 정원 도구창고가 있습니다. 이곳에 가려면 인근 오두막에 사는 어르신이 가꾼 아름다운 화단과 채소밭을 통과해야 합니다.

손수 제작한 46㎡(14평) 이하의 소형 주택을 소개하는 책을 집필하고 계신다는 소식을 들었어요. 흥미를 느끼실 듯해 이곳 보트하우스와 트리하우스 사진을 보냅니다.

호수 위의 작은 오두막

마기 러츠 Margy Lutz

남편 웨인과 함께 브리티시컬럼비아 연안에서 휴가를 보내면서 나는 무척 특이하고 재미난 집을 발견했다. 파웰 호수에 있는 수상 오두막이었는데, 첫눈에 반하고 말았다. 우리는 은퇴해서 지낼 만한 장소를 물색하던 중이었고, 바로 이곳이 우리가 찾던 곳임을 알았다. 우리는 오두막을 구입하면서 존(소유주이자 오두막을 지은 빌더)도 함께 살 수 있으면 좋겠다고 웃으며 말했다. 농담처럼 던졌지만 휴가철에만 사용할 오두막이라 사실이 문제는 우리에게 중요했다. 다행히 존은 우리 오두막을 점검하고 잡일을 도와주기로 동의했다.

수상 오두막은 브리티시컬럼비아 연안에서는 역사가 오래되었다. 이동이 가능한 수상 오두막은 벌목과 낚시가 성행하던 시절에 인부들의 현장 지원 캠프로 이용되었다. 이후 파웰 호수 근처의 수상 오두막은 제지공장 노동자들이 사냥과 낚시를 즐기는 저렴한 휴양시설로 탈바꿈했다. 오늘날에는 규제가 강화되어 주변 오두막들은 모두 수상시설로 정식 등록되어 있고, 우리 역시 재산세를 납부한다.

수상 오두막을 지을 때는 물에 띄울 부두를 만드는 작업부터 시작한다. 존은 커다란 삼나무들을 19mm의 강철 케이블로 묶었다. 윈치와 유압잭을 이용해 케이블을 단단히 조이고 철도 선로용 대못으로 케이블들을 고정했다. 그다음 데크를 깔고, 그 위에 오두막을 짓는다. 존은 브리티시컬럼비아 연안에 사는 보통 사람의 표본으로 온갖 일을 척척 해내는 자립적인 사람이다. 존은 끝까지 포기하지 않고 '도시 촌놈'인 우리에게 가

아침에 눈을 뜨면 책상에서 느긋하게 커피 한 잔을 마시며 새로운 하루를 알리는 태양이 고트 섬 위로 떠오르는 광경을 지켜본다. 이보다 더 기분 좋은 일이 있을까 싶다.

르침을 베풀었다.

우리 오두막은 크기는 작지만(6m×6.4m) 부족함이 없다. 1층에는 방이 두 개인데 하나는 목욕통과 다른 가재도구를 보관하는 용도로 쓰고, 큰 방은 널찍해서 주방 겸 식당, 생활공간으로 이용한다. 2층 큰 다락방은 우리 침실인데, 공간이 넉넉한 편이다. 야외용품들을 모두 현관 앞 데크에 꺼내놓으면 더 많은 공간이 생긴다. 오두막을 떠 있게 만드는 12m×12m 크기의 기본 부유물이 있지만 선창과 헛간, 채소를 가꿀 정원을 만들기 위해 부유물을 추가로 제작했다. 수상 정원에는 도르래를 설치했다. 채소를 가꿀 때에는 오두막 쪽으로 끌어당기고, 그러지 않을 때에는 유목으로 만든 방파제로 이동시켜 굶주린 동물들이 채소에 접근하지 못하도록 했다.

우리는 정박지에서 25분 거리에 있는 호수 상류에 살고 있다. 주로 태양광과 풍력을 이용해 냉장고와 조명을 돌리고, 요리는 프로판가스를 이용한다. 겨울에는 작은 발전기를 이용해 이따금 배터리에 전기를 공급한다. 화목난로가 오두막 실내를 따뜻하게 데우기 때문에 사시사철 생활할 수 있다. 육지에 지은 옥외 화장실은 곧 퇴비 화장실로 대체할 생각이다. 바람이 많이 부는 날에는 절벽에 설치된 4층 높이의 계단을 오르는 일이 즐겁지만은 않다.

은퇴한 뒤로 1년에 9개월 정도는 이곳 수상 오

두막에서 지낸다. 계절에 따라 하는 일도 다양하다. 나무를 모으고, 정원을 가꾸고, 수영을 하고, 낚시를 하고, 경치를 감상한다. 아침에 눈을 뜨면 책상에서 느긋하게 커피 한 잔을 마시며 새로운 하루를 알리는 태양이 고트 섬 위로 떠오르는 광경을 지켜본다. 이보다 더 기분 좋은 일은 없을 듯싶다.

http://PowellRiverBooks.blogspot.com
www.PowellRiverBooks.com

CHAPTER 8. 물 위에 지은 초소형 주택　345

내로우 보트 Narrow boat

시릴 우드 Cyril Wood

사진: 필리스 그리너프 Phyllis Greenough

석탄, 목화, 도자기를 비롯한 여러 화물을 운반해 산업혁명을 가속화하는 데 톡톡히 기여한 영국 운하 시스템의 기초가 놓인 것은 1700년대 중엽의 일이다. 운하는 운송수단으로서 인기를 끌었고, 이에 따라 언덕 지형을 비롯해 높낮이가 서로 다른 여러 지역을 관통할 일이 생겼다.

이를 위해 갑문을 설치하고 수위를 조절함으로써 선박들이 서로 다른 높이의 운하를 오갈 수 있도록 만들었다. 토목기사인 제임스 브린들리 James Brindley가 길이 22m에 폭 2.1m 크기의 갑문을 설치했는데 이것이 표준으로 자리 잡았다. 이 갑문을 지나려면 자연히 폭이 좁고 기다란 형태의 배가 필요했다. 운하를 다니는 선박은 보통 길이 21m에 폭이 1.8m 정도였다. 갑문의 폭이 좁기 때문에 사용되는 물의 양도 적었고, 따라서 운하에 물을 공급하는 일은 별 문제가 되지 않았다.

선체 길이와 보의 비율을 10 대 1로 유지한 덕분에 선체의 유체 역학적 특성을 살리면서도 물살이 세지 않아 물살에 강기슭이 침식되는 일을 방지할 수 있었다. 초창기에는 운하 옆으로 나 있는 길을 따라서 말이 배를 끌었지만, 지금은 디젤 엔진을 사용한다. 연료전지로 생산된 전기로 움직이는 선박도 개발 중이다.

1960년대에 화물 수송이 중단되면서 레저용 선박들이 그 자리를 대체했다. 상업용으로 쓰던 화물선은 선체 길이를 줄여 레저용으로 개조를 했지만, 깊이가 얕은 운하에서는 운행하기가 수월치 않았다. 선박 제작자들은 이 점을 고려해 얇은 강철과 합판, 유리섬유 강화 플라스틱 GRP을 이용해 폭이 좁은 레저용 보트를 건조하기 시작했다.

목제 선박과 GRP 선박은 차츰 인기를 잃었고 현재는 강철 선박이 우위를 점하고 있다. 현대의 내로우 보트(영국 내륙 운하를 다니는 길고 좁은 배-옮긴이)는 온수와 냉수 시스템, 전기, 취사시설을 완비한 주방, 텔레비전, 하이파이 오디오 시

스템, 욕실 등의 시설을 갖추고 있어 집처럼 아늑하고 편안하다. 내로우 보트의 가격은 쓸 만한 중고 선박이 보통 2만 5000달러선이고 최상급은 25만 달러에 이른다.

영국 내륙 운하는 휴가철에 전 세계 관광객들이 찾아오는 명소다. 몇 해 전에 해리슨 포드 Harrison Ford와 캘리스타 플록하트 Callista Flockhart도 내로우 보트를 임대해 웨일스의 랭골렌 운하에서 휴가를 즐겼다. 내로우 보트는 레저용으로도 쓰이지만, 날마다 색다른 풍경을 감상하고 싶은 사람들의 대안주택으로도 쓰인다.

www.canalscape.net

CHAPTER 8. 물 위에 지은 초소형 주택 347

> 필요한 기능은 모두 갖추고 있어서 우리가 매우 아끼는 보트다.

'토털 이클립스Total Eclipse 호'는 핸콕 앤드 레인 Hancock and Lane 사에서 제작한 '노스맨 S40' 모델이다. 광택이 눈부신 신형 보트는 아니지만 최신식 고급 장비를 갖추었으며 필요한 기능은 모두 갖추고 있어서 우리가 매우 아끼는 보트다. 몇 차례 토털 이클립스 호에 올랐던 절친한 친구와 그의 파트너는 어느 날 복권에 당첨되면 우리에게 신형 보트를 선물하겠노라고 말했다. 나는 그들에게 감사를 표하면서도 우리는 토털 이클립스 호를 사랑하기 때문에 이 배를 수리하고 새로 페인트칠을 해서 계속 사용할 생각이라고 대답했다.

현대 선박은 보통 재활용 강철로 제작하지만, 토탈 이클립스 호는 새 강철로 만든 제품이다. 강철 구조물에 드릴로 구멍을 내야 할 때나 구조물이 너무 단단해서 특수 드릴을 사용할 때 혹은 연 2회 선박을 청소하고, 점검받고, 선체를 새로 칠하기 위해 물에서 끌어올릴 때마다 나는 이 사실을 분명하게 확인할 수 있다. 여기저기 녹슨 부분이 눈에 띄는 현대 선박과 달리 녹 하나 없이 깨끗하다. 이 배를 정기적으로 관리하면서 오랜 세월 함께하기를 바랄 뿐이다.

www.shltr.net/narrowboats

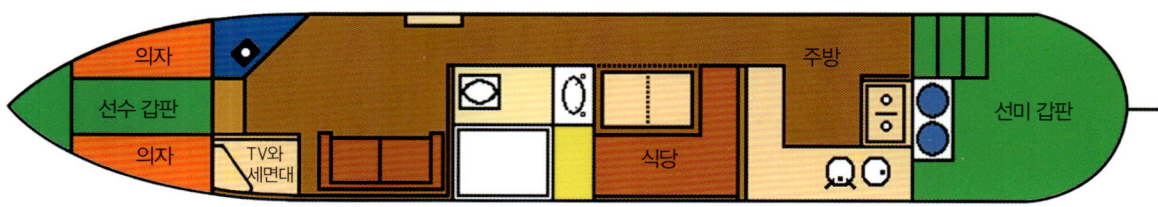

CHAPTER 8. 물 위에 지은 초소형 주택   349

로이드 칸의 **아주 작은 집**

1판 1쇄 발행 | 2013년 4월 30일
1판 3쇄 발행 | 2014년 3월 25일

지은이 로이드 칸
옮긴이 이주만
펴낸이 김기옥

실용본부장 박재성
편집 류인경, 정상미
영업 김선주
지원 고광현, 이봉주, 김형식, 임민진

디자인 네오북
인쇄·제본 (주)상지사P&B

펴낸곳 한스미디어(한즈미디어(주))
주소 121-839 서울시 마포구 서교동 392-34 강원빌딩 5층
전화 02-707-0337 | **팩스** 02-707-0198 | **홈페이지** www.hansmedia.com
출판신고번호 제 313-2003-227호 | **신고일자** 2003년 6월 25일

ISBN 978-89-5975-533-2 13610

책값은 뒤표지에 있습니다.
잘못 만들어진 책은 구입하신 서점에서 교환해 드립니다.